中国创业孵化发展报告 2019

科学技术部火炬高技术产业开发中心
首都科技发展战略研究院 编

科学技术文献出版社
SCIENTIFIC AND TECHNICAL DOCUMENTATION PRESS
·北京·

图书在版编目（CIP）数据

中国创业孵化发展报告. 2019 / 科学技术部火炬高技术产业开发中心，首都科技发展战略研究院编. —北京：科学技术文献出版社，2019.5
ISBN 978-7-5189-5499-5

Ⅰ.①中… Ⅱ.①科… ②首… Ⅲ.①创业—研究报告—中国—2019 Ⅳ.① F249.214

中国版本图书馆 CIP 数据核字（2019）第 075552 号

中国创业孵化发展报告2019

策划编辑：丁坤善 丁芳宇 责任编辑：刘 亭 宋红梅 责任校对：文 浩 责任出版：张志平

出 版 者	科学技术文献出版社
地 址	北京市复兴路15号 邮编 100038
编 务 部	(010) 58882938，58882087（传真）
发 行 部	(010) 58882868，58882870（传真）
邮 购 部	(010) 58882873
官方网址	www.stdp.com.cn
发 行 者	科学技术文献出版社发行 全国各地新华书店经销
印 刷 者	北京时尚印佳彩色印刷有限公司
版 次	2019 年 5 月第 1 版 2019 年 5 月第 1 次印刷
开 本	889×1194 1/16
字 数	326千
印 张	15
书 号	ISBN 978-7-5189-5499-5
定 价	98.00元

编　委　会

前　言

　　进入 2019 年，"大众创业，万众创新"作为中国抢占新一轮国际竞争制高点和推动大国崛起的重要战略，被摆在了更加显著的位置。年初，国务院《政府工作报告》明确提出，进一步把"大众创业，万众创新"引向深入。鼓励更多社会主体创新创业，拓展经济社会发展空间，加强全方位服务。新时代下，科技企业孵化器、众创空间等各类创业孵化载体作为"双创"发展战略的有力抓手，承担了更大的历史责任，对于推动新旧动能转换和结构转型升级，以及中国经济高质量发展都起到了不可替代的作用。

　　为展现中国创业孵化发展全貌，科学技术部火炬高技术产业开发中心和首都科技发展战略研究院自 2017 年开始出版《中国创业孵化发展报告》。报告旨在提供全国（不含台湾地区）和各地区科技企业孵化器和众创空间客观、翔实的数据及简洁的分析解读，全方位地揭示全国及各地区创业孵化发展状况，便于相关决策部门、创业孵化从业者、投资人、大企业和行业研究人员较为全面地掌握孵化器及众创空间的发展格局，了解我国创业孵化载体建设各方面的情况。

　　《中国创业孵化发展报告 2019》将沿袭 2018 年报告的主体内容，以全国科技企业孵化器和众创空间的调查统计数据为基础进行分析，准确地呈现中国创业孵化载体发展的整体现状。同时，新增专题分析篇，从专业孵化器、国家高新区创业孵化机构和民营创业孵化机构 3 个角度分析展现中国创业孵化机构发展的重点内容。

　　本报告分为三大部分。

　　第一部分为概况篇。概述 2018 年全国创业孵化发展总体状况，并分别对科技企业孵化器和众创空间的整体发展特点进行总结。

　　第二部分为监测篇，分为孵化器的发展状况、众创空间的发展状况、孵化器专题分析和各地区创业孵化发展情况 4 章内容，数据来源为科学技术部火炬高技术产业开发中心对全国孵化器和众创空间的统计数据，截止日期为 2018 年年底。

　　孵化器的发展章节主要从总体情况、孵化绩效情况、孵化器运营情况三大板块，详细介绍中国 2018 年科技企业孵化器的发展状况。其中，总体情况细分为孵化器数量、孵化面积、在孵企业情况和毕业企业情况 4 个部分；孵化绩效情况细分为在孵企业经营状况、技术创新情况、创造的就业机会、获得投融资情况 4 个部分；孵化器运营情况细分为孵化器性质、获得的投资情况、孵化基金情况、财税支持情况、收支情况、管理人员情况、开展孵化服务情况 7 个部分。

众创空间的发展章节主要从总体情况、孵化绩效情况、众创空间运营情况三大板块，详细介绍中国 2018 年众创空间的发展状况。其中，总体情况细分为众创空间数量、场地、服务团队/企业数量 3 个部分；孵化绩效情况细分为新注册企业情况、创业项目入驻周期、创业团队/企业类型、获得投融资情况、财政支持情况、创造的就业机会、技术创新情况 7 个部分；众创空间运营情况细分为设立情况、众创空间性质、经营收入和成本情况、服务人员情况、提供服务情况、融资和上市/挂牌情况 6 个部分。

孵化器专题分析章节，分为专业孵化器、国家高新区创业孵化机构和民营创业孵化机构三大内容。专业孵化器部分从总体情况、孵化绩效情况、孵化器运营情况三大板块，详细介绍中国 2018 年专业孵化器的发展状况。国家高新区创业孵化机构部分从总体情况、绩效情况、运营情况三大板块，详细介绍中国 2018 年国家高新区创业孵化机构的发展状况。民营创业孵化机构部分同样从总体情况、绩效情况、运营情况三大板块，详细介绍中国 2018 年民营创业孵化机构的发展状况。

各地区创业孵化发展章节对北京、天津、河北等 31 个省（市、区）和新疆生产建设兵团的创业孵化发展现状进行单独分析，展示各地区科技企业孵化器和众创空间 2018 年的发展情况。

第三部分为附录，包括港澳地区部分创业孵化机构情况和 2018 年创业孵化大事记。

目　　录

概 况 篇

监 测 篇

中国创业孵化发展报告2019

概况篇

第一章 总 论

2018 年，中国"大众创业，万众创新"经历了深化、升级的过程。创业孵化事业不断向更大范围、更高层次、更深程度发展，已形成了主体多元、类型多样、业态丰富的发展格局。创业孵化已成为推动科技和经济结合的重要力量，为培育经济发展新动能，促进实体经济转型升级，建设现代化经济体系提供了有力支撑。

一、创业孵化事业保持强劲发展态势

截至 2018 年年底，全国创业孵化机构①总数达到 11 808 家，其中，科技企业孵化器（以下简称"孵化器"）为 4849 家，同比增长了 19.2%；众创空间共计 6959 家，同比增长了 21.3%。全国在孵企业和团队有 62.0 万个，其中，孵化器在孵科技型创业企业有 20.6 万家，同比增长了 17.7%；众创空间服务的初创企业和创业团队有 41.4 万个，与上一年基本持平。

2018 年，创业孵化机构运营收入为 646.2 亿元，其中，孵化器总收入为 463.3 亿元，众创空间总收入为 182.9 亿元；运营成本为 515.7 亿元，其中孵化器运营成本为 341.5 亿元，众创空间运营成本为 174.2 亿元。在孵企业和团队科技含量进一步提升，其中，在孵企业拥有有效知识产权超过 65.6 万件，其中发明专利 10.6 万件。全国创业孵化机构从业人员达到 21.8 万人，其中，孵化器从业人员为 7.3 万人，众创空间从业人员为 14.5 万人。创业带动就业作用进一步发挥，在孵企业和创业团队人员数达到 395 万人。

二、孵化器持续快速发展

2018 年，党中央、国务院加快推进结构调整和动能转换，迫切需要创新创业更好地发挥关键作用。中国孵化器持续向高质量、高水平迈进，成为传统企业转型升级和新兴企业快速成长的重要手段和选择。当前，孵化服务精细化和专业化程度在逐步增强，在孵企业的科技含量和质量在同步提升，孵化器总体呈现出"各类主体全面参与，科技含量不断突显，服务注重结果导向，孵化产出质

---

① 本书创业孵化机构指纳入火炬统计的孵化器及众创空间。

量更高"的发展态势，为实现实体经济转型升级，推动经济高质量发展提供了重要支撑。

（一）创业孵化与更多主体融合发展，开辟企业发展新路径

孵化器成为产业转型切入点。2018 年，超过 50% 的省、市反映本地区的传统企业及新兴企业试图借力于孵化器，以实现传统产业转型升级，抢占新兴市场的目标。以传统企业为例，湖北省武汉市爱帝集团通过建立"一个品牌、两大园区、八大平台"体系，打造开放式、全生态、产业化的创业孵化体系，探索出由传统服装产业向时尚产业转型的新路径。以新兴企业为例，安徽华米科技通过打造华米硬客公园，专注于培养和投资智能硬件领域创业项目，集聚了 40 余个创业企业和团队，"抱团"式迅速占领新兴市场。江苏省南京甄视智能科技有限公司联合山西大数据产业研究院及上海交通大学等单位，通过投建人工智能产业孵化器，孵化培育 AI 关联产业及在孵企业，在细分领域对其主体形成有力延伸和补充，增强市场竞争力。

创业孵化与研发机构深度融合发展。随着科技成果转化体制机制的不断创新和创业理念的深入人心，科研人员对科研成果的追求不再仅止步于研究层面，而是更进一步地开拓新局面，努力实现科研与产业结合，将理论指导实践落到实处。得益于灵活变通的体制，新型研发机构有能力实现基础研究、应用开发、产业化、企业孵化等各环节联动，从而产生极强的产业带动力，得到地方政府的高度重视。《广东省科学技术厅关于新型研发机构管理的暂行办法》的出台给予了广东省新型研发机构巨大鼓励和动力。2018 年广东省共计 219 家新型研发机构拥有有效发明专利 1.1 万件，其中成果转化及技术服务收入达到 620 亿元。江苏省以市场化为导向，坚持促进新型研发机构以混合所有制建设运营；以股权激励为核心，明确支持人才团队持大股，催生了南京膜科学技术研究所、劳德（南京）国际转化医学研究院、南京奇偶创想人工智能研究院等百余家新型研发机构，成为地方经济发展新的增长点。陕西省在全省范围内推广以中科院西安光机所和西北有色院为代表的"一院一所"模式，积极发挥科教资源和龙头企业优势，支持中电科 20 所、39 所、中联西北院等多家院所和兵器集团、陕煤集团、西电集团等企业打造专业孵化器。

（二）有针对性、专业化的孵化服务成为新亮点

整合各类资源，提供有效服务。2018 年，在组织活动、开展培训的基础上，孵化服务创新发展，立足于企业的实际需求，整合孵化器的各类资源，提供更加有效、切实的服务。2018 年，孵化器开展创新创业活动的场次同比下降了 15.86%，创业导师对接企业的数量同比上涨了 34.45%，表明孵化器对在孵企业的服务正在由"重场次"向"重效果"方向转变。上海市漕河泾技术创业中心通过盘活开发区内 83 家国际 500 强企业，聚焦 AI 技术、智能物件、大数据与智能分析、信息安全等技术，以"精准融资"和"场景落地"为双核心，构建"媒体＋法律＋财税＋人力"服务体系，累计培育科技企业 400 余家，成活率超过 90%。黑龙江省哈尔滨创业投资集团整合旗下 7 家孵化器和 4 家基金公司，打造"孵化＋投资＋增值"一站式服务，累计完成项目投资 26 项，投资总额为

7010 万元，带动机构跟投 2 亿元。

（三）高度重视自主研发，优质企业争相涌现

孵化器高度重视研发，科技含量不断提升。在孵企业普遍加大研发投入。2018 年，全国在孵企业研发投入强度达 8.7%，研发总支出为 726.6 亿元，同比增长了 23.4%。全国在孵企业知识产权申请数量为 26.8 万件，同比增长了 40.4%；拥有有效知识产权数为 44 万件，其中发明专利为 8.5 万件；在孵企业总数为 20.5 万家，其中获得国家高新技术企业认定达 1.3 万家，科技型中小企业近 6 万家。平均每家在孵企业的当年知识产权申请数达 1.3 件，同比增长了 19.27%。同时，各省、市政府同步出台激励政策。湖南省支持企业研发财政奖补政策，首次兑现奖补资金 3.71 亿元，带动企业新增研发经费投入约 93 亿元，引导比为 1∶24。第七届中国创新创业大赛参赛企业有 3.1 万家，平均研发投入强度超过 8%，通过大赛不断聚集各类创新资源。

孵化器培育出一批优质企业，创新成果受到广泛认可。青岛留学人员服务中心成功孵化出海通机器人公司，推出具有全部自主知识产权的移动机器人电控软件平台、多模式导航系统及系统控制平台，填补国内该领域空白。广东工业大学研究院"高清晰图像和海量信息传输芯片设计"项目团队，专门从事集成电路芯片设计开发，所开发的产品被世界一流公司高度认可。青岛工研院孵化的融智生物科技公司，研发出国内首个大分子检测分析质谱仪并成功将其推向市场。目前，该项目已经获得高达 2 亿元的第三轮融资，企业估值超 10 亿元。厦门海沧生物科技公司孵化的艾德生物，专注于肿瘤精准医疗诊断，其研发的肿瘤伴随诊断试剂成功在全球 50 多个国家和地区得到广泛应用。

（四）在孵企业盈利能力增强，专业孵化器蓬勃发展

在孵企业盈利能力稳步提升。2018 年，平均每家在孵企业收入为 404.94 万元，同比增长了 12.29%；平均每家在孵企业当年获得风险投资额 30.58 万元，同比增长了 11.73%。专注于智能汽车领域的蔚来汽车由腾讯众创空间孵化，2018 年 9 月在美国纽交所成功上市，市值超过 60 亿美元。

专业孵化器蓬勃发展。2018 年，全国共计 4849 家孵化器，其中专业孵化器 1429 家，数量较 2017 年增加了 224 家，增幅达 18.6%。然而，2018 年专业孵化器数量占所有孵化器的比重不到 30%，较 2017 年略有下降。究其原因，其一是专业孵化器的技术门槛相对较高，技术与服务管理知识兼备的高级人才的稀缺导致了专业孵化器的运营和管理苦难；其二是专业孵化器的回报周期相对较长，专业孵化器项目周期长、前期资金成本投入高的特点导致专业孵化器占比一直较低。因此，专业孵化器的发展还需要进一步的政策引导和激励。

（五）孵化器构建局部良好创新创业生态，促进区域协调发展

京津冀创新创业资源逐步协同。2018 年，京津冀共有众创空间和孵化器 1243 家，占全国总数的 10.5%。河北省积极推动优秀孵化品牌落户，柴火空间北方中心落地石家庄，雄安新区首个"双

创"项目雄安绿地双创中心挂牌开业，全国首个人工智能汽车双创基地落户保定满城区。紧抓 2022 冬奥会的契机，张家口冰天雪地孵化器、冰雪装备产业园区等冰雪产业孵化器迅速发展。

粤港澳大湾区引领高水平创新创业。2018 年，粤港澳大湾区新增专业孵化器比例超 50%。粤港澳创新创业基础雄厚，拥有 1680 家孵化载体，占全国总数的 14.2%。以广东省为例，2018 年广东省培育了大量专注于生物医药、机器人与智能制造等领域的专业孵化器。支持粤港澳地区的孵化器加强合作交流，鼓励发展粤港澳青年创业基地，能够促进粤港澳大湾区协同发展。

长三角创新创业呈阶梯发展。2018 年，长三角共有众创空间和孵化器 2601 家，占全国总数的 22%，是中国创业孵化载体最集中的区域。同时，长三角城市群的创新创业已经初步具备阶梯发展、联动发展的基本格局：既有创业孵化发展水平很强的城市，如上海、无锡、苏州、杭州；也有具备一定创业孵化基础的发展中城市，如无锡、常州、宁波、合肥等；还有创业孵化发展较为一般，发展潜力较大的城市。

（六）孵化器持续推进国际化发展，国际合作潜力巨大

孵化器成为国际合作新的落脚点。随着"一带一路"倡议的开展和改革开放的深度实施，众多海外企业投资中国的孵化器，中国的"双创"企业也有机会走出去。例如，海南自贸区探索国际离岸孵化。目前，海南省国际离岸创新创业示范基地起步区已入驻团队 15 家。海南生态软件园建设"中国（海南）－东盟创新创业园"，已经吸引新加坡、马来西亚、柬埔寨等东盟国家各类科技项目 12 个。

孵化器领域的国际合作仍处于初步开拓阶段，未来具有巨大潜力。围绕建设需求，协助对接国内外创业孵化相关资源，支持国际离岸创新创业示范区建设，助力产业结构升级，同步对接长江经济带发展需要，能够大力推动相关地区孵化器等创业孵化载体的"聚变式"发展，辐射带动周边地区发展。

三、众创空间保持良好发展势头

众创空间的发展势头依然强劲。2018 年，全国众创空间的发展呈现出"以科技为引领、向高质量发展"的态势，在培育科技型企业、活跃社会创新氛围、促进经济转型升级等方面发挥了积极作用。

（一）数量保持稳健增长，呈现多元化发展趋势

各地区众创空间数量增长迅猛。2018 年，各省、市积极出台鼓励创新创业的政策，助力众创空间在数量上实现了增长，同时也提升了质量。2018 年，全国众创空间共计 6959 家，同比增长了 21.3%；提供创业工位 122.44 万个，同比增长了 16.08%。从绝对数量来看，广东省众创空间总数

位列全国第一，共有 716 家，占全国总数的 10.3%。从增长速度来看，河北省增长最快，新增众创空间 135 家，增幅为 37.7%。从区域分布来看，京津冀、粤港澳、长三角占全国众创空间总数的 38.6%。

众创空间性质呈现多元化。从运营主体性质角度出发，2018 年，民营性质的众创空间占比为 66.2%；国有性质的众创空间占比为 11.5%；事业性质的众创空间占比为 10.2%。同时，由高校、科研院所成立的众创空间有 863 家，占比为 12.4%，高校、科研院所是发展众创空间的中坚力量。全国的众创空间上市（挂牌）企业有 621 家。此外，由投资机构直接建立的众创空间有 532 家，"投资＋孵化"成为众创空间发展的重要模式。当前，民营性质的众创空间逐步成为众创空间发展的主力军；国有性质的众创空间有效激发了大企业的创新能力；事业性质的众创空间虽然数量较少，但仍在发挥正面、积极作用；高校、科研院所成立的众创空间在推动科研成果向实际效益转化方面发挥了重要作用。

（二）高度重视技术创新，众创空间"强身健体"

在孵企业知识产权数量增加较快，创新能力不断提升。2018 年，全国众创空间常驻企业和团队拥有有效知识产权数量达到 21.6 万件，同比增长 41.8%；拥有发明专利数量 3.95 万件，同比增长 18.3%；全国众创空间初创团队和企业拥有留学人员 2.45 万人，为企业技术创新提供强大动力。以上数据表明众创空间内在孵企业高度重视技术创新，科技型创业企业逐步成为入驻企业的重要组成部分。

众创空间经历了"瘦身"的过程，吸纳在孵团队、企业和就业人数有所下降。2018 年，全国众创空间服务的创业团队和企业 41.4 万个；吸纳就业人员 151.4 万人，同比下降 12.7%；平均每个众创空间常驻团队和企业 30.36 个，比上年度入驻率下降 17.3%。但是，高层次创业群体呈现增长趋势。2018 年，众创空间内大学生创业、留学归国人员创业、科技人员创业、大企业高管离职创业、外籍人士创业等团队和企业数量共计 18.7 万个，同比增长 16.5%。其中，大学生创业团队和企业的数量突破 10 万个，同比增长 12.7%。新型研发机构、大企业创新中心、科技资源开放平台齐头并进，寒武纪、旷视科技、商汤科技等一批科技型企业茁壮成长，科技型中小企业入库 13 万家，高新技术企业已达 18.1 万家。

（三）管理体制逐步完善，服务活动水平不断提升

建立备案众创空间淘汰机制，形成优胜劣汰的发展氛围。2018 年，科技部对 42 家国家备案众创空间取消资格，各省同步建立省级众创空间淘汰机制。另外，优秀众创空间培育体系进一步完善。面向全国推出的寻找 100 家特色空间活动，使得品牌化、特色化众创空间脱颖而出。上海市建立"专业化、国际化、品牌化"培育体系，形成了以宝武集团、中科院微系统所为代表的专业化众创空间，以"莘泽""苏河汇"为代表的品牌化众创空间。

全国众创空间质量精准化提升。2018 年，全国众创空间举办创新创业活动累计达到 12.4 万次，同比下降了 18.3%；开展创业教育培训 10.6 万场，基本与上年持平。从服务活动总量来看，2018 年服务场次有所下滑，说明众创空间更重视创业孵化的实际效果。从服务人员、创业导师、参与数量角度出发，当年众创空间总体质量有大幅提升。2018 年，众创空间内服务人员数量超过 15 万人，同比增长了 43%；全国众创空间共吸纳 14.1 万名创业导师，同比增长了 16.2%；开展的国际交流活动达 9206 场，同比增长了 8.2%。澳门创业孵化中心进入国家备案众创空间，促进了港澳与内地创新资源的进一步对接。

（四）创业项目获得资本青睐，政策持续予以支持

民间资本成为创业者的主要投资来源。2018 年，1.75 万个服务团队和企业获得的投资总额达到 764.7 亿元人民币，其中：获得民间社会资本投资 670.5 亿元，占投资总额的 87.7%；获得众创空间自身投资约 65.08 亿元，占投资总额的 8.5%。相较于 2017 年，民间社会资本投资占比上升了 3.4 个百分点。

全国众创空间运营收入保持增长。2018 年，全国众创空间运营总收入为 190.5 亿元。从收入来源构成来看，服务收入占比 37.6%，成为众创空间第一收入来源，并且已经连续 3 年超过房租物业收入。从运营成本来看，2018 年，全国众创空间运营成本急剧上升，达到 227.9 亿元，增长了 59.6%。其中，人员费用、场地费用共计 119.8 亿元，成为运营成本中最大的支出。

（五）融合现有优势资源，为城市发展保驾护航

原有空间改造升级，促进城市转型过渡。北京市利用腾退闲置土地改造升级建设众创空间，将首钢老厂区、北京电机厂、3501 服装厂等腾退空间改造成众创空间，优化了市区经济结构；浙江省宁波市构建新材料科技城、国际海洋生态科技城，打造膜幻动力小镇、宁海智能汽车小镇等"双创"载体；江苏省建设高标准众创社区，全省备案试点 50 家众创社区，集聚了全省 46% 的科技创业载体和 15% 的高新技术企业，为区域经济转型升级和高质量发展提供了有力支撑。

专业化众创空间与企业、科研院所合作，提升创新能力。各地积极与高校、科研院所合作，联合建立专业化众创空间。武汉市实施"高校众创空间全覆盖工程"，鼓励在汉高校、科研院所建设专业化众创空间。陕西省西电集团成立电气研究院，打造智能输配电领域专业化众创空间，促进企业创新发展。2018 年，专业化众创空间继续高质量提升，在农业领域和扶贫方面发挥重要作用，专业化和精品化成为创新创业载体的重要方向。

中国创业孵化发展报告2019

监测篇

第二章　孵化器的发展状况

本章主要从总体情况、孵化绩效情况、孵化器运营情况三大板块，详细介绍中国 2018 年孵化器的发展状况。其中，总体情况包含孵化器数量、孵化面积、在孵企业情况和毕业企业情况四部分；孵化绩效情况包含在孵企业经营状况、技术创新情况、创造的就业机会、获得投融资情况四部分；孵化器运营情况包含孵化器性质、获得的投资情况、孵化基金情况、获得的财税支持情况、收支情况、管理人员情况、开展孵化服务情况 7 个部分。

一、总体情况

（一）孵化器数量

2018 年，上报有效年报数据的孵化器为 4849 家，相比 2016 年增长了 49.0%。国家级孵化器 980 家，上报数据 967 家，占比为 19.9%；非国家级孵化器有 3882 家，占比为 80.1%。2016—2018 年，孵化器数量从 3255 家增加到 4849 家，呈现迅速增长的态势，平均增长率达 22.1%；国家级孵化器的数量也从 860 家增长到 980 家。2018 年，由于孵化器管理办法修订，当年未认定国家级孵化器，并对 8 家不合格孵化器进行了摘牌，因此，2018 年国家级孵化器的数量较 2017 年略有减少（图 2 - 1、表 2 - 1、图 2 - 2）。

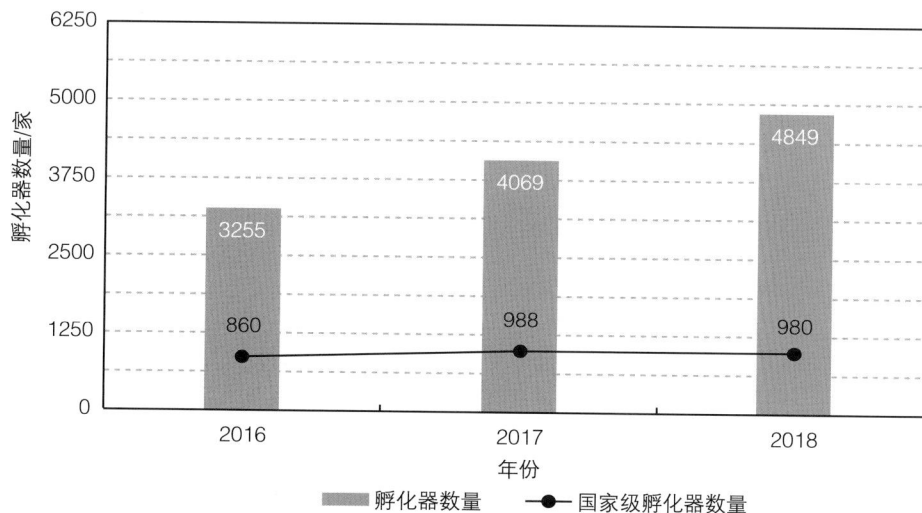

图 2 - 1　2016—2018 年孵化器数量

注：2018 年，共有 13 家国家级科技企业孵化器未上报统计数据，本报告以 967 家国家级孵化器进行分析。

表 2-1　全国及各地区孵化器数量情况　　　　　　　　　　　　单位：家

地区	2016 年			2017 年			2018 年		
	孵化器总数	国家级孵化器	非国家级孵化器	孵化器总数	国家级孵化器	非国家级孵化器	孵化器总数	国家级孵化器	非国家级孵化器
合计	3255	860	2395	4069	988	3087	4849	967	3882
北京	101	49	52	106	55	51	152	55	97
天津	108	37	71	72	39	39	72	33	39
河北	102	19	83	139	23	116	228	23	205
山西	25	11	14	45	13	32	59	13	46
内蒙古	36	9	27	40	10	30	51	10	41
辽宁	73	28	45	72	30	42	68	27	41
吉林	87	21	66	94	22	72	112	21	91
黑龙江	129	16	113	158	16	142	178	16	162
上海	156	43	113	176	49	127	180	47	133
江苏	548	158	390	610	175	435	695	175	520
浙江	160	59	101	235	68	167	321	68	253
安徽	109	20	89	139	25	114	157	25	132
福建	117	11	106	115	12	103	144	11	133
江西	33	16	17	52	19	33	53	18	35
山东	216	74	142	303	84	219	378	83	295
河南	126	30	96	148	36	112	169	36	133
湖北	67	41	26	176	45	131	192	45	147
湖南	47	16	31	70	19	51	85	19	66
广东	576	83	493	755	110	645	962	108	854
广西	45	8	37	74	10	64	89	10	79
海南	4	1	3	5	1	4	6	1	5
重庆	51	14	37	50	17	33	65	16	49
四川	108	26	82	143	29	114	147	28	119
贵州	28	4	24	29	6	23	31	6	25
云南	20	11	9	32	12	20	33	11	22
西藏	1	1	0	1	1	0	1	1	0
陕西	66	27	39	85	31	54	69	30	39
甘肃	70	7	63	84	8	76	86	8	78
青海	5	5	0	11	5	6	14	5	9
宁夏	14	3	11	17	4	13	18	4	14
新疆	17	8	9	24	9	15	24	9	15
新疆生产建设兵团	10	4	6	9	5	4	10	5	5

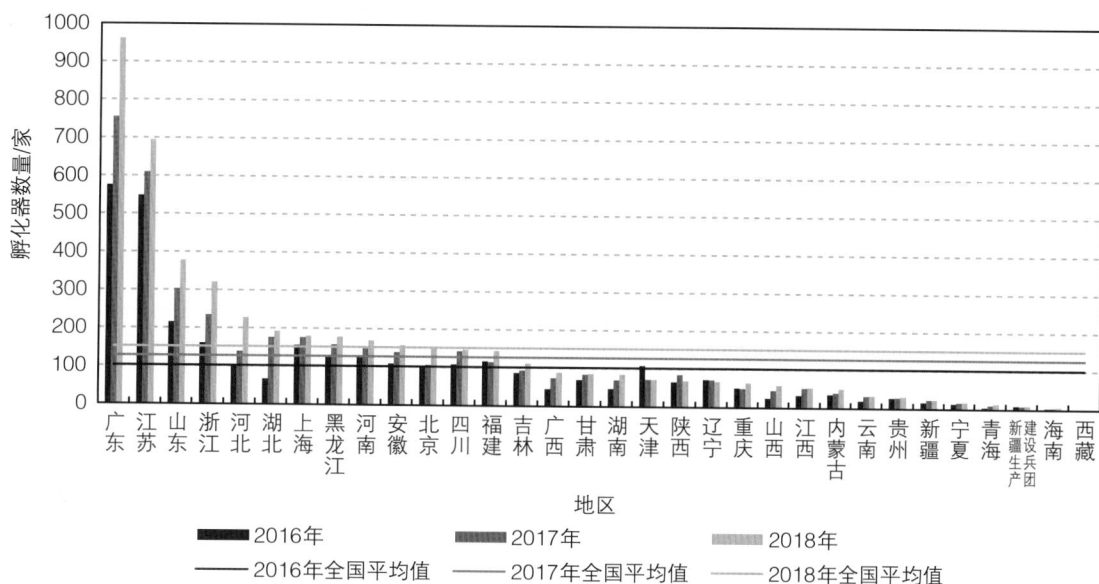

图 2-2　各地区孵化器数量

　　2018 年，孵化器数量最多的前 5 个地区分别为广东、江苏、山东、浙江和河北。较前两年，河北的孵化器数量有了较大增长（图 2-2）。广东及江苏的孵化器数量连续 3 年位列全国前二，2018年较 2016 年分别增长了 67.0% 和 26.8%。2018 年，前 5 个地区孵化器总数量的占比超过 50%（图 2-3）。

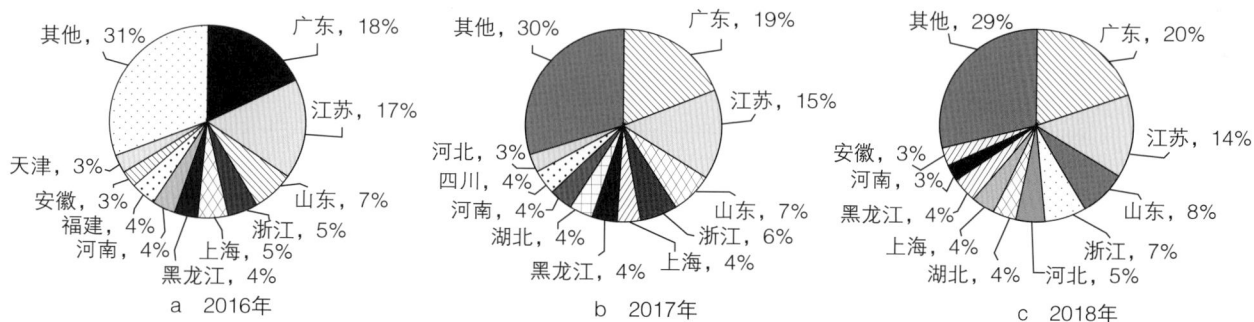

图 2-3　各地区孵化器数量占比情况

　　2016—2018 年，东部地区、中部地区、西部地区和东北地区的孵化器数量依旧保持稳定增长的趋势。2018 年，东部地区共有孵化器 3138 家，占比为 64.7%，同比增长 24.7%；中部地区共有孵化器 715 家，占比为 14.7%，同比增长 13.5%；西部地区共有孵化器 637 家，占比为 13.1%，同比增长 6.3%；东北地区共有孵化器 358 家，占比为 7.4%，同比增长 10.5%（图 2-4）。

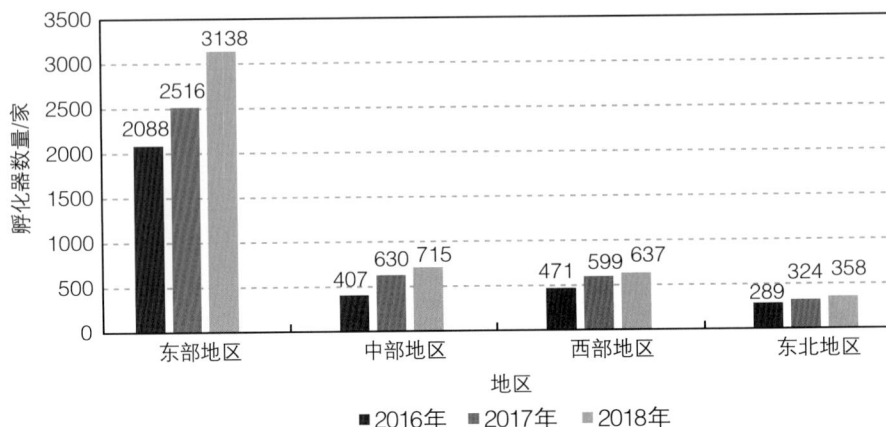

图 2-4 各地区孵化器数量

（二）孵化面积

2018 年，全国孵化器使用总面积为 131.93 百万平方米，和 2017 年相比，增长了 10.3%（图 2-5）。其中，67% 的面积为在孵企业用房，7% 的面积为办公用房，13% 的面积为公共服务用房，较前两年相比无明显变化，在孵企业用房的面积依旧处于最大占比，达 92.03 百万平方米（图 2-5、图 2-6、表 2-2）。

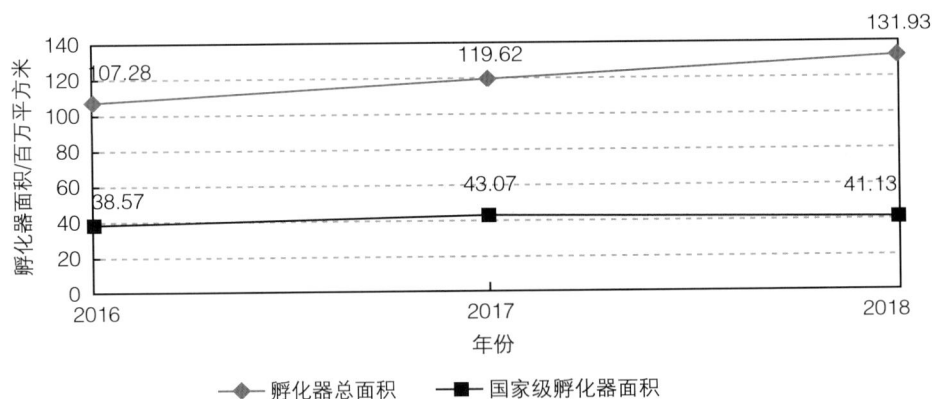

图 2-5 2016—2018 年孵化器面积

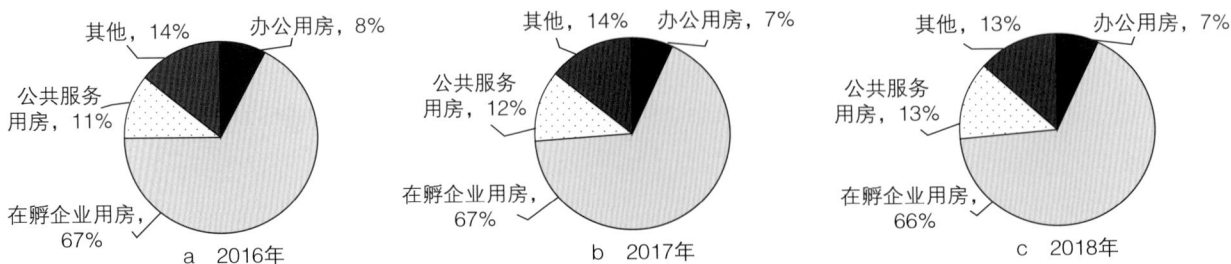

图 2-6 孵化器不同用途面积占比情况

表2-2　全国孵化器孵化面积情况　　　　　　　　　　　　　　　　　　　　单位：百万平方米

年份	孵化器使用总面积	其中				国家级孵化器总面积	非国家级孵化器总面积
		办公用房	在孵企业用房	公共服务用房	其他		
2016	107.28	8.08	71.97	12.30	14.93	38.57	68.71
2017	119.62	8.68	80.20	14.58	16.16	43.07	76.55
2018	131.93	9.49	92.03	17.40	17.31	41.13	90.80

2016—2018年，全国孵化器面积从107.28百万平方米增加到131.93百万平方米，呈现稳定增长的趋势；国家级孵化器的面积从38.57百万平方米增加到41.13百万平方米，但2018年较2017年略有减少。

2018年，国家级孵化器总孵化面积为41.13百万平方米，较2017年下降了4.5%，占比为31.2%；非国家级孵化器总孵化面积为90.80百万平方米，较2017年增长了18.6%，占比为68.9%。

2018年，孵化器孵化面积较大的前5个地区分别为江苏、广东、山东、浙江和河北（图2-7）。同2017年相比，河北超过河南排名第五。前5个地区的孵化器总面积占全国孵化器总面积一半以上（图2-8）。

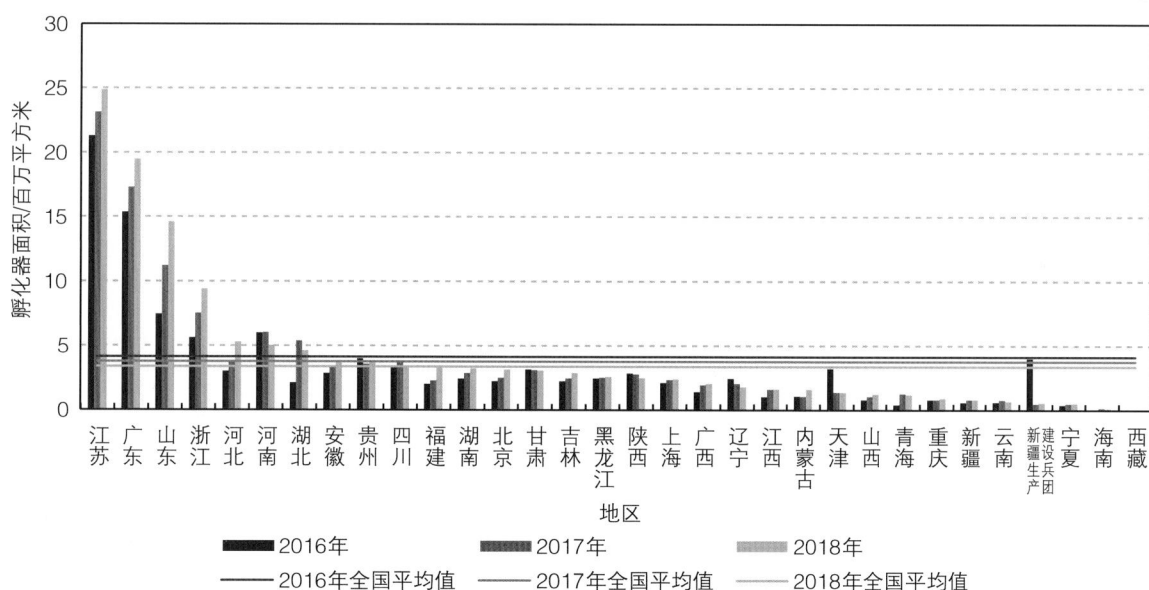

图2-7　各地区孵化器面积

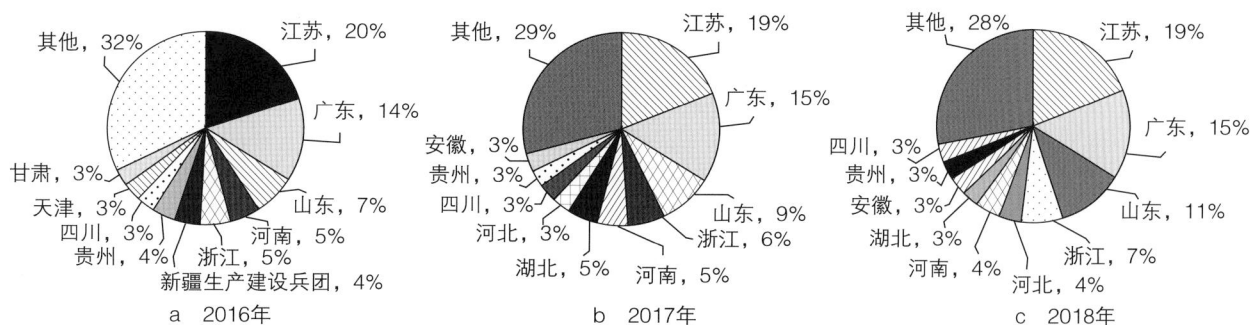

a　2016年　　　　　　　　　　b　2017年　　　　　　　　　　c　2018年

图2-8　各地区孵化器面积占比

（三）在孵企业情况

2018 年，全国孵化器内共有在孵企业 205 972 家，较 2017 年增长了 17.5%。其中，当年新增的在孵企业数为 60 293 家，占比为 29.3%，较 2017 年增长了 6.1%（表 2－3）。

2018 年，全国国家级孵化器中的在孵企业数为 86 625 家，增长率为 1.1%，占比为 42.1%；非国家级孵化器中的在孵企业数为 119 347 家，增长率达到 33.2%，占比达 57.9%（表 2－3）。

表 2－3　全国和各地区孵化器在孵企业数量

地区	2016 年				2017 年				2018 年			
	在孵企业总数	国家级孵化器内	非国家级孵化器内	当年新增在孵企业数	在孵企业总数	国家级孵化器内	非国家级孵化器内	当年新增在孵企业数	在孵企业总数	国家级孵化器内	非国家级孵化器内	当年新增在孵企业数
北京	5316	3849	1467	1900	6717	4641	2076	1963	9629	5211	4418	3139
天津	5080	2831	2249	1402	4264	2647	1617	1076	4263	2571	1692	1201
河北	3078	1671	1407	1215	4907	2147	2760	1712	6788	2164	4624	2089
山西	1190	756	434	427	1956	863	1093	674	2435	894	1541	565
内蒙古	1297	746	551	496	1588	830	758	454	1926	824	1102	525
辽宁	3290	2216	1074	1103	3953	2641	1312	1032	3940	2614	1326	990
吉林	2474	1531	943	921	3214	1742	1472	1175	3616	1589	2027	1122
黑龙江	3467	1375	2092	1435	4649	1509	3140	1729	5405	1411	3994	1736
上海	6639	3211	3428	2162	7836	3534	4302	2347	8730	3446	5284	2131
江苏	24 154	13 855	10 299	6495	28 185	15 727	12 458	6374	31 337	15 916	15 421	7857
浙江	8534	5279	3255	3019	11 927	6099	5828	3994	15 709	6271	9438	5076
安徽	4114	1906	2208	1326	5243	2310	2933	1820	5896	2406	3490	1571
福建	2671	1106	1565	1014	3150	1226	1924	1081	3380	1123	2257	1018
江西	1839	1381	458	640	2994	1632	1362	878	2987	1739	1248	650
山东	10 640	6403	4237	3997	13 755	7484	6271	4370	16 840	7696	9144	4687
河南	6733	3436	3297	2520	8548	4065	4483	2915	9089	4178	4911	2499
湖北	4438	3314	1124	1576	9066	3946	5120	3405	10 344	3961	6383	3196
湖南	3231	1694	1537	1155	4746	2088	2658	1290	5527	2177	3350	1498
广东	16 535	6535	10 000	7466	23 459	8391	15 068	9115	30 928	8539	22 389	10 803
广西	1665	820	845	696	2330	1068	1262	1151	2842	1144	1698	1125

地区	2016 年				2017 年				2018 年			
	在孵企业总数	国家级孵化器内	非国家级孵化器内	当年新增在孵企业数	在孵企业总数	国家级孵化器内	非国家级孵化器内	当年新增在孵企业数	在孵企业总数	国家级孵化器内	非国家级孵化器内	当年新增在孵企业数
海南	414	125	289	221	988	212	776	405	1335	228	1107	338
重庆	1834	928	906	857	2081	1107	974	759	2585	1091	1494	740
四川	5423	2565	2858	2340	6970	2955	4015	2573	7590	2954	4636	2403
贵州	905	450	455	348	1124	581	543	327	1047	566	481	257
云南	1196	1001	195	456	1893	1176	717	611	2073	1056	1017	418
西藏	12	12	0	0	20	20	0	10	13	13	0	4
陕西	3037	2182	855	1085	4096	2586	1510	1451	3644	2363	1281	973
甘肃	1992	637	1355	972	2816	738	2078	1143	2820	732	2088	707
青海	318	318	0	82	513	322	191	116	457	244	213	148
宁夏	376	192	184	168	525	208	317	196	629	214	415	193
新疆	1046	656	390	438	1394	856	538	427	1640	931	709	491
新疆生产建设兵团	376	261	115	159	439	366	73	249	528	359	169	143
合计	133 314	73 242	60 072	48 091	175 346	85 717	89 629	56 822	205 972	86 625	119 347	60 293

2018 年，56% 的孵化器内在孵企业数量在 10～50 家；27% 的孵化器内在孵企业数量在 50～100 家；在孵企业数量不足 10 家的孵化器占比为 11%；在孵企业数量超过 100 家的孵化器仅占 6%（图 2-9）。孵化器内在孵企业的数量在 10～100 家的依旧占大多数。

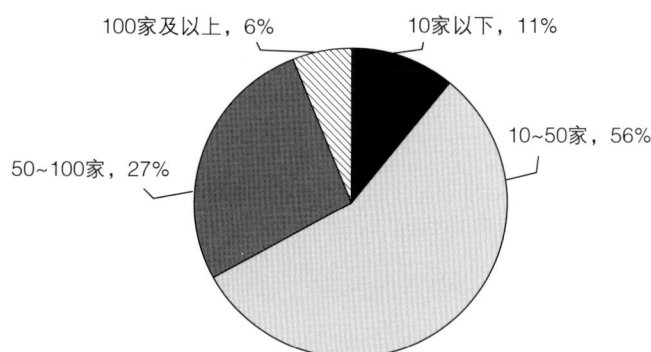

图 2-9　不同在孵企业数量的孵化器占比

2018 年，孵化器在孵企业数量较多的前 5 个地区分别为江苏、广东、山东、浙江和湖北，较去年相比排名无变化。其中，江苏在孵企业数量为 31 337 家，与 2017 年相比增长了 11.2%，占全国在孵企业总数的 15.2%，比重逐年降低；广东在孵企业总数为 30 928 家，较 2017 年增长了 31.8%（图 2-10）。前 5 个地区的孵化器总孵化面积占到全国总孵化面积的 51%（图 2-11）。

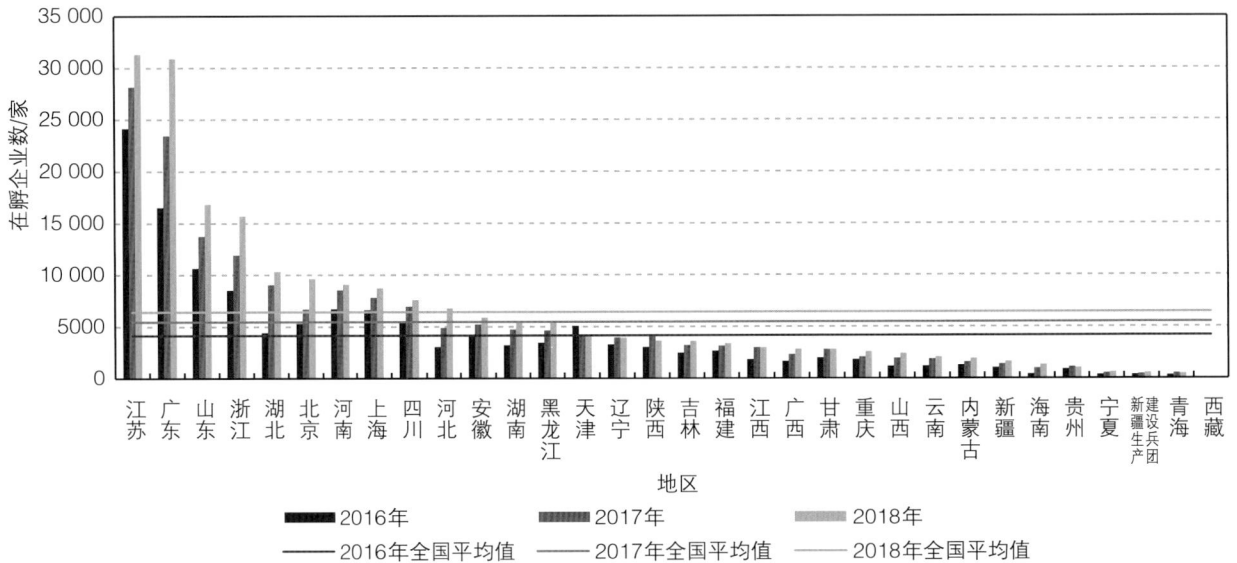

图 2-10　各地区孵化器内在孵企业数量

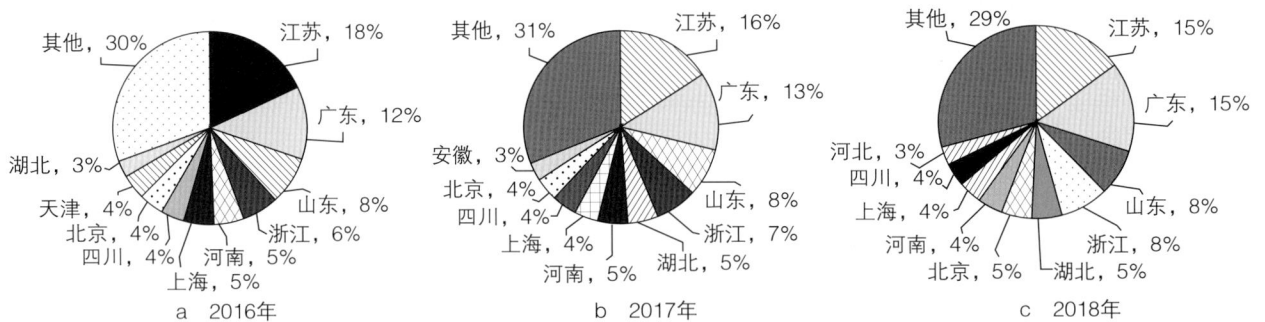

图 2-11　各地区孵化器内在孵企业数量占比

（四）毕业企业情况

2018 年，全国上报有效数据的孵化器内累计毕业企业有 139 395 家，较 2017 年增长了 25.7%。其中，当年毕业 23 434 家，依旧保持增长态势；当年上市（挂牌）企业数量为 944 家，较去年略有减少；当年被兼并和收购的企业有 723 家，当年营收超过 5000 万的企业有 3272 家（表 2-4）。

表2-4 全国毕业企业概况　　　　　　　　　　　　　　　　　　　　　　　　　　　单位：家

指标	2016 年	2017 年	2018 年
累计毕业企业	89 658	110 922	139 395
毕业企业累计上市（挂牌）企业	2512	3165	3870
当年毕业企业	15 002	20 268	23 434
当年上市（挂牌）企业	983	1007	944
当年被兼并和收购企业	633	763	723
当年营业收入超过 5000 万企业	2183	2804	3272

　　2018 年，孵化器内累计毕业企业数量排名靠前的前 5 个地区分别为江苏、广东、北京、浙江和山东（图 2-12）。其中，江苏依旧保持排名第一的位置，较 2017 年增长了 23.5%，突破 20 000家。累计毕业企业数量最多的前 5 个地区总占比达 54%（图 2-13）。

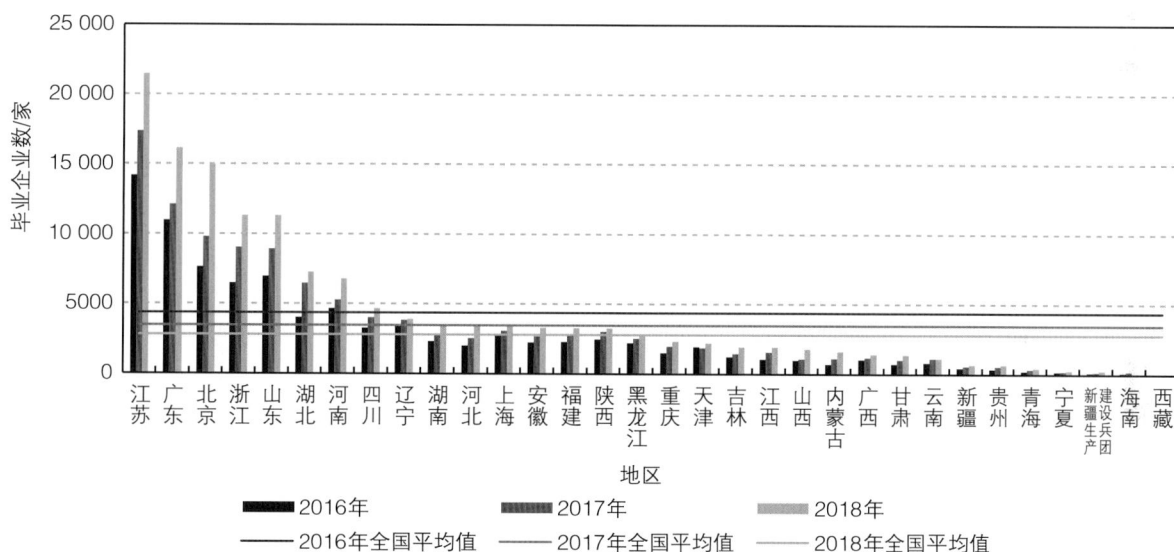

图 2-12　各地区孵化器内累计毕业企业数量

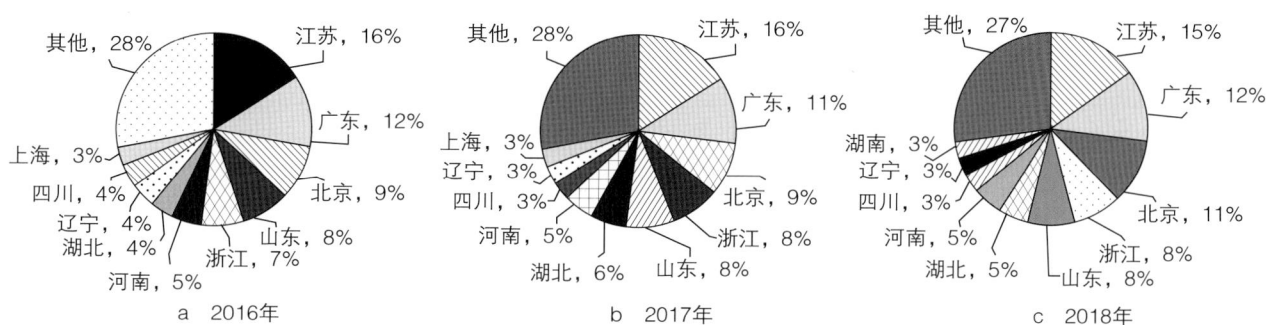

图 2-13　孵化器累计毕业企业数量占比

二、孵化绩效情况

（一）在孵企业经营状况

2018 年，全国孵化器内在孵企业总量为 205 972 家，其中，留学人员企业 10 389 家，与 2017 年相比，增长了 5.9%，占比为 5.0%；大学生科技企业 34 562 家，增长了 7.9%，占比为 16.8%；高新技术企业 13 669 家，增长了 23.0%，占比为 6.6%（图 2－14）。

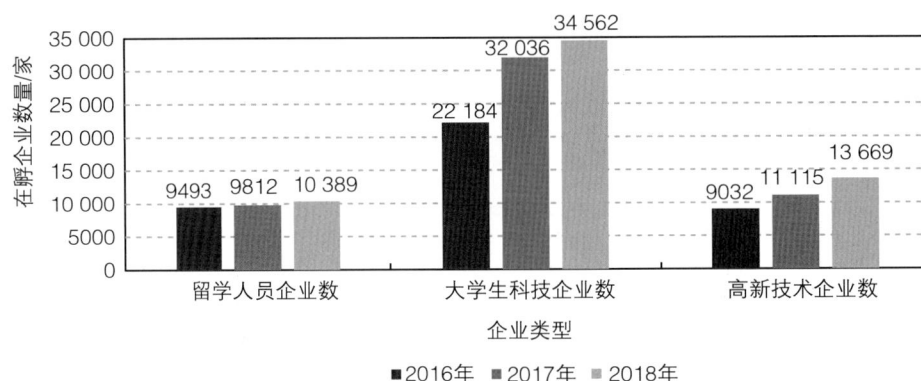

图 2－14　孵化器内不同类型的在孵企业数量

2018 年，全国在孵企业总收入为 7554.33 亿元，较 2017 年增长了 19.5%。其中，国家级孵化器在孵企业总收入为 3628.29 亿元，占比为 48.0%，非国家级孵化器在孵企业总收入为 3926.04 亿元，占比为 52.0%（表 2－5）。

表 2－5　孵化器内在孵企业总收入　　　　　　　　　　　　　　　　　　　　单位：亿元

年份	在孵企业总收入	国家级孵化器在孵企业总收入	非国家级孵化器在孵企业总收入
2016	4782.36	2670.57	2111.79
2017	6323.47	3293.35	3030.12
2018	7554.33	3628.29	3926.04

2018 年，全国在孵企业平均收入为 366.7 万元，较 2017 年略有上升。北京、贵州、新疆生产建设兵团、西藏、内蒙古、江苏、陕西、江西、青海、安徽、广东、福建、湖南、四川、吉林和上海等 16 个省份在孵企业平均收入高于全国平均值。其中，北京市在孵企业平均收入最高，达 775.0 万元（图 2－15）。

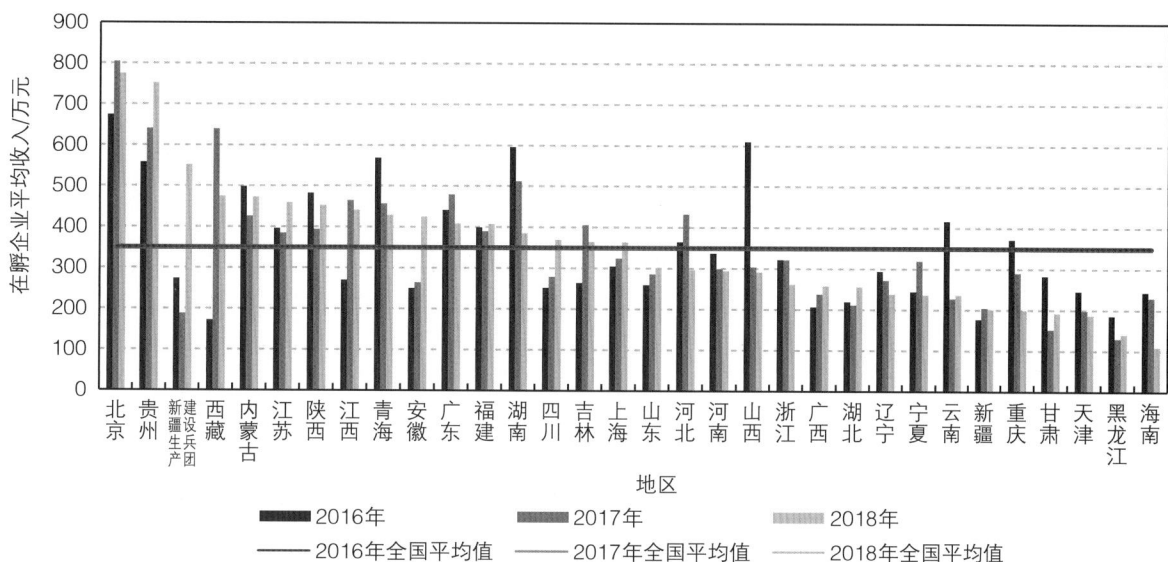

图 2-15 各地区在孵企业总收入

（二）在孵企业技术创新情况

2018 年，全国在孵企业的 R&D 总支出为 726.6 亿元。在孵企业 R&D 支出排名前五的地区分别为广东、江苏、北京、浙江、上海。其中，广东的在孵企业 R&D 支出超过江苏，达 197.3 亿元，占全国在孵企业 R&D 支出 27.2%，较 2017 年增长了两倍（图 2-16）。前 5 个地区在孵企业的 R&D 总支出占比超过全国的一半，占比为 58%（图 2-17）。

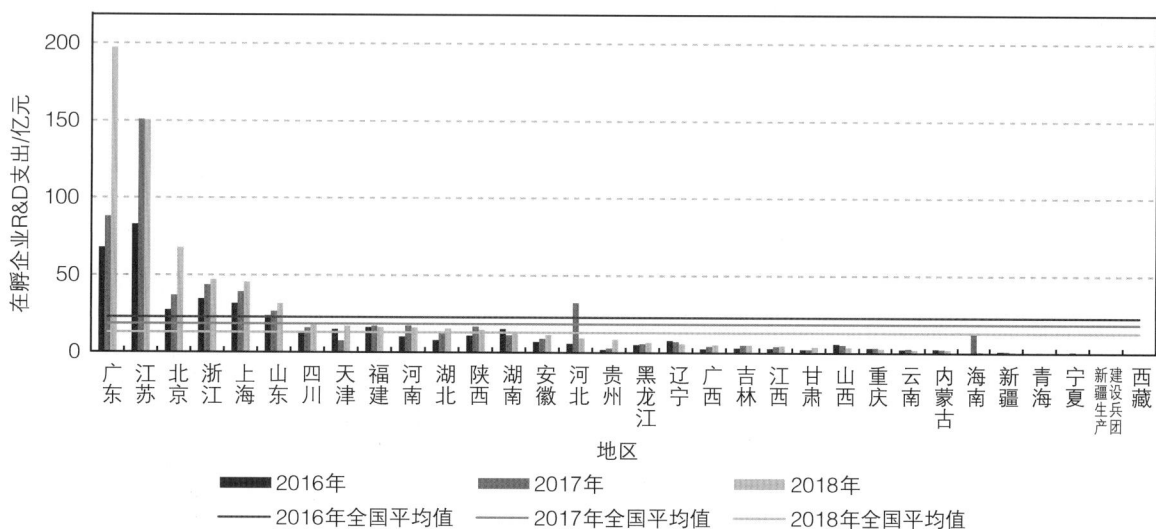

图 2-16 各地区在孵企业 R&D 支出

2018 年，全国知识产权申请数为 268 139 件，较 2017 年增长了 40.4%，涨幅明显。拥有的有效知识产权数为 440 757 件，其中发明专利 86 237 件，比 2017 年增长了 23.9%，占比为 19.6%；软件

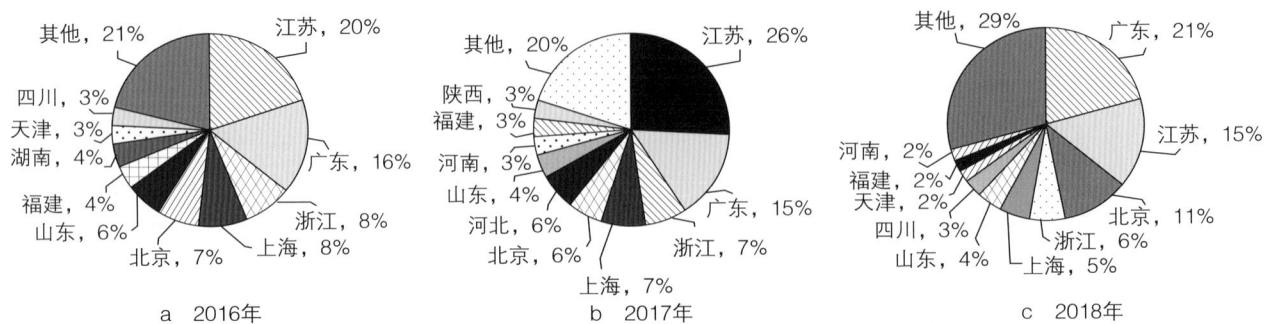

a 2016年　　　　b 2017年　　　　c 2018年

图 2-17　各地区在孵企业 R&D 支出占比

著作权 157 570 件，集成电路布图 2736 件，植物新品种 894 件（表 2-6）。

表 2-6　在孵企业获得知识产权情况　　　　　　　　　　　　　单位：件

年份	当年知识产权申请数	拥有有效知识产权数				
		总数	发明专利	软件著作权	集成电路布图	植物新品种
2016	139 953	222 973	51 953	63 818	2376	698
2017	190 976	307 343	69 597	100 750	3198	817
2018	268 139	440 757	86 237	157 570	2736	894

2018 年，知识产权申请数量较多的地区分别为江苏、广东、浙江、北京和河南。其中，江苏以 6.5 万件知识产权申请量保持第一，较 2017 年增幅达到 63.7%，再次拉大与广东的距离。广东与 2017 年相比，知识产权申请量增长了 44.2%，涨幅稳定（图 2-18）。知识产权申请数量排名前 5 个地区的总占比达 59%（图 2-19）。

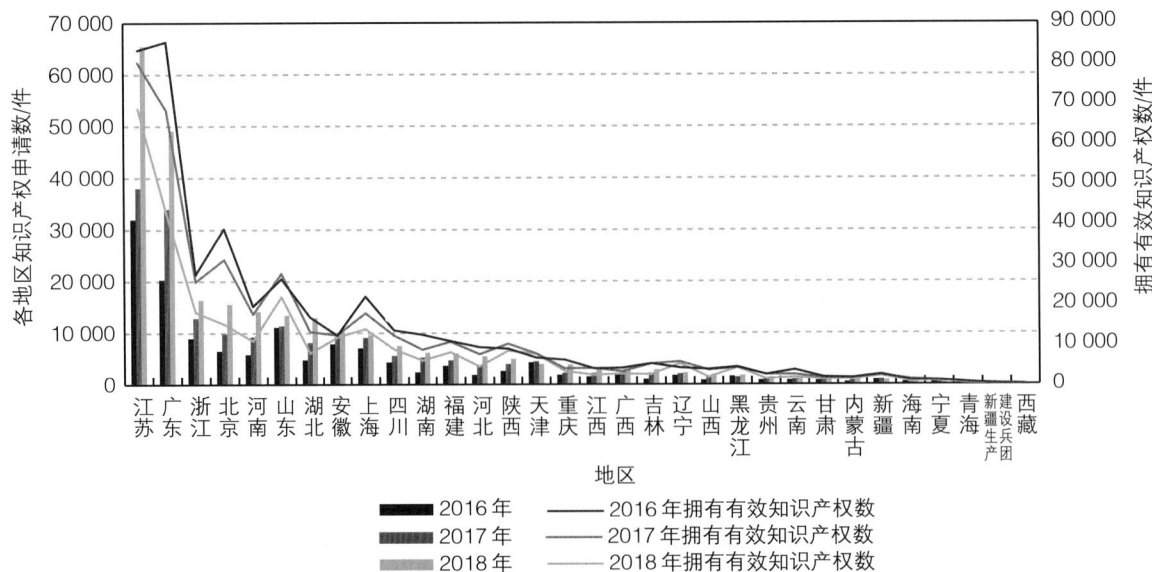

图 2-18　各地区知识产权申请数和拥有有效知识产权数

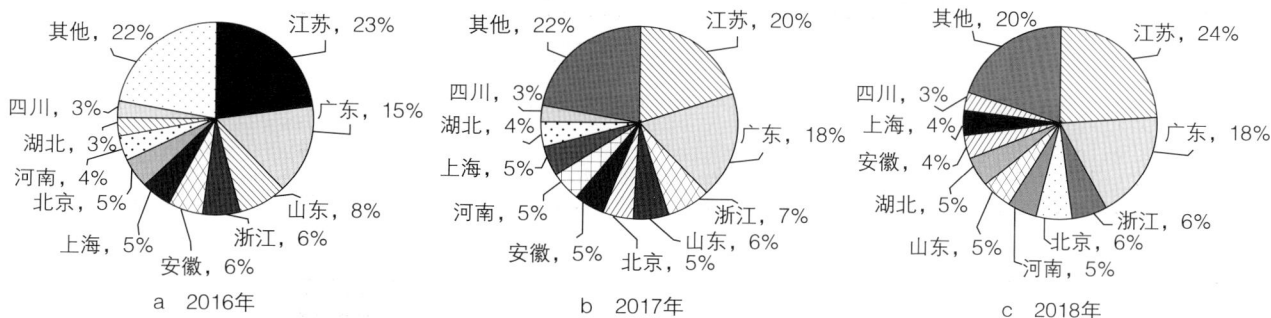

图 2 - 19　各地区知识产权申请数占比

2018 年，拥有有效知识产权数较多的地区分别为广东、江苏、北京、浙江和山东。其中，广东以拥有有效知识产权数 8.5 万余件继续位列第一，较 2017 年增幅达 60.8%，占比为 19%。江苏以 8.3 万余件占据第二，增幅为 33.5%，占比为 19%，与广东持平（图 2 - 18）。数量排名前五的地区总占比为 59%，与 2017 年一致（图 2 - 20）。

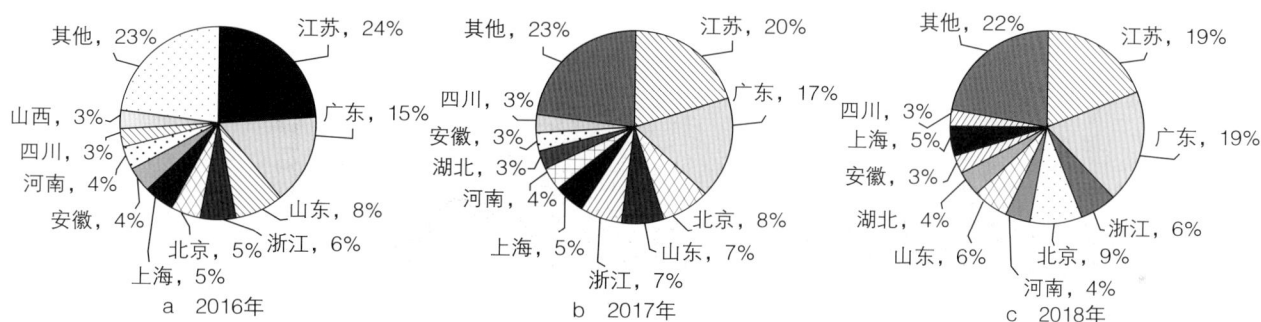

图 2 - 20　各地区拥有有效知识产权数占比

（三）在孵企业创造的就业机会

2018 年，全国孵化器内在孵企业从业人员有 290 万余人，比 2016 年增加了 36.7%。其中，国家级孵化器内在孵企业的从业人员数为 134 万余人，占比为 46.4%；非国家级孵化器内在孵企业的从业人员数为 155 万余人，较 2017 年增长了 29.4%，占比为 53.6%，逐年上涨（表 2 - 7）。非国家级孵化器内在孵企业的从业人员数首次超越国家级孵化器内在孵企业从业人员数，持续保持较大增幅，占比逐年提高。

表 2 - 7　全国在孵企业从业人员情况

单位：人

年份	在孵企业从业人员	国家级孵化器内在孵企业从业人员	非国家级孵化器内在孵企业从业人员
2016	2 122 701	1 198 157	924 544
2017	2 564 799	1 363 850	1 200 949
2018	2 901 118	1 346 850	1 554 268

2018 年，全国在孵企业从业人员中，大专以上人员有 225 万余人，比 2016 年增加了 37.5%，占比为 77.7%，较 2017 年略有增加；应届大学毕业生 28 万余人，增幅放缓。在孵企业从业人员中，留学人员有 2.7 万余人，较 2017 年增长了 9.7%（表 2 - 8）。

表 2 - 8　在孵企业从业人员
单位：人

年份	大专以上人员	留学人员	应届大学毕业生
2016	1 638 237	21 319	210 950
2017	1 985 092	25 276	272 740
2018	2 253 022	27 723	280 012

2018 年，孵化器内在孵企业从业人员数量较多的地区为江苏、广东、山东、浙江和河南（图 2 - 21）。其中，在孵企业从业人员的数量排名第一的依旧为江苏，较 2017 年相比增长了 15.9%，涨幅明显，占全国在孵企业从业人数的 16%，与上年保持一致（图 2 - 22）。

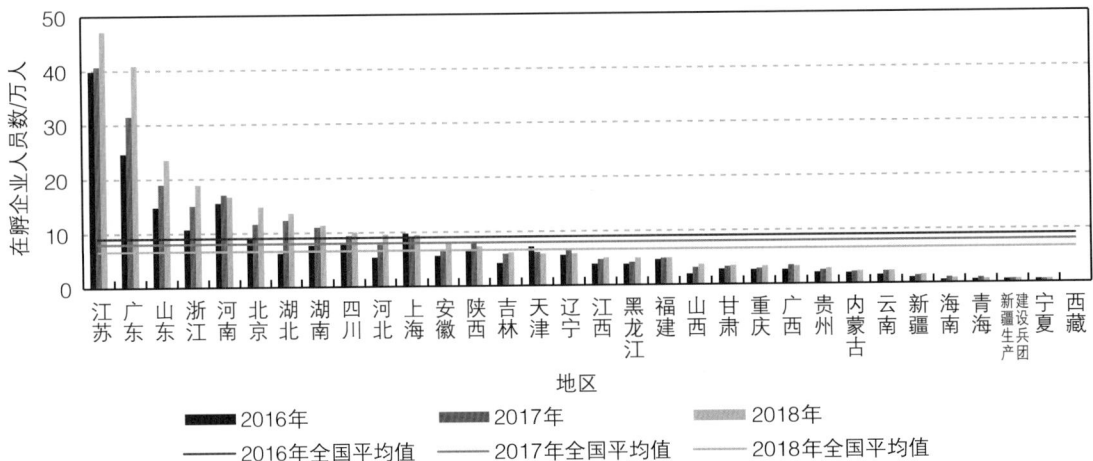

图 2 - 21　各地区孵化器内在孵企业人员数

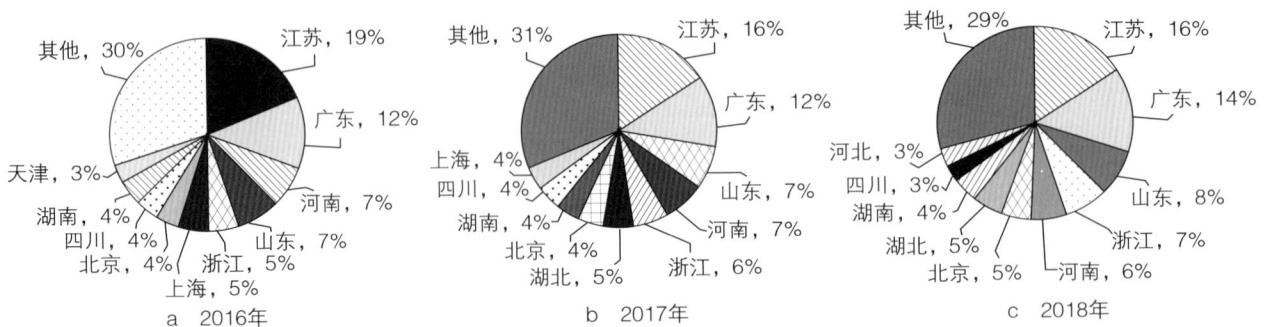

a　2016年　　　　b　2017年　　　　c　2018年

图 2 - 22　各地区孵化器内在孵企业占比

2018 年，全国孵化器内在孵企业从业人员中大专以上人员占比达77.7%，较2017 年提高了0.2个百分点。在孵企业从业人员大专以上人员占比较高的地区为北京、上海、天津、广东、新疆，其中北京依旧位列第一，达92.7%（图2－23）。

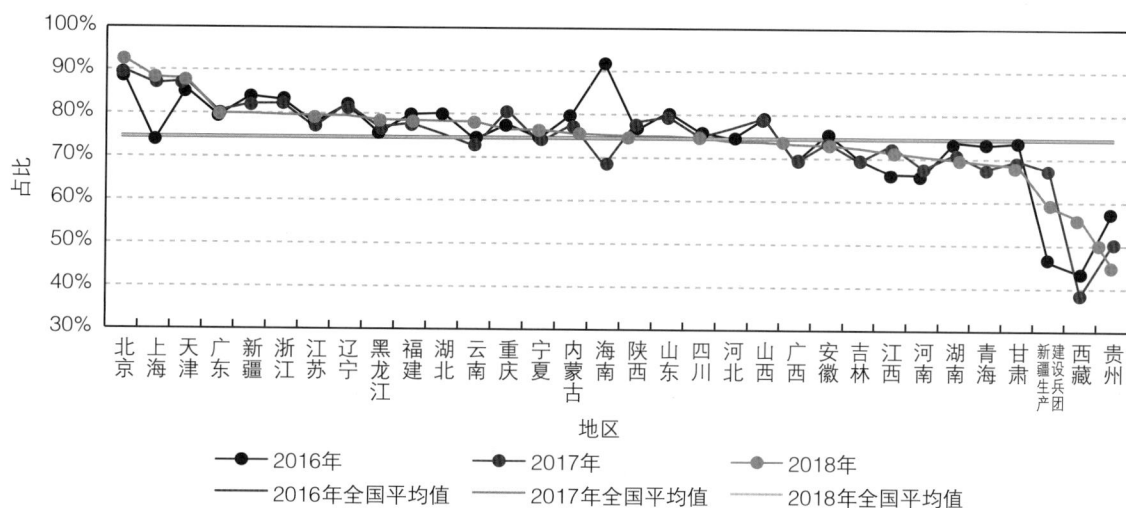

图2－23　各地区孵化器内在孵企业从业人员中大专以上人员占比

（四）在孵企业获得投融资情况

2018 年，获得孵化基金投资的在孵企业数量为11 447 家，较2017 年略有减少。其中，国家级孵化器内当年获得孵化基金投资的在孵企业数量为5553 家，占比为48.5%，较2017 年减少了10.8%。

2018 年，在孵企业累计获得风险投资额为2756 亿元，其中国家级孵化器内在孵企业累计获得风险投资额为1664 亿元，占比约60.4%，逐年减少。在孵企业当年获得风险投资额为630 亿元，其中国家级孵化器内在孵企业当年获得风险投资额为345 亿元，占比为54.8%。国家级孵化器内的在孵企业获得的风险投资额依旧高于非国家级孵化器内的在孵企业。

2018 年，累计获得投融资的企业数量有48 060 家，其中在国家级孵化器内的有32 430 家，占比为67.5%。当年获得投融资的企业共有11 198 家，其中在国家级孵化器内的有6399 家，占比为57.1%（表2－9）。获得投融资的在孵企业大多都在国家级孵化器内。

表2－9　全国在孵企业投融资情况

指标	2016 年	2017 年	2018 年
当年获得孵化基金投资的在孵企业数量/家	11 619	11 822	11 447
国家级孵化器内当年获得孵化基金投资的在孵企业数量/家	5155	6226	5553
在孵企业累计获得风险投资额/亿元	1480	1940	2756
国家级孵化器内在孵企业累计获得的风险投资额/亿元	957	1356	1664

续表

指标	2016 年	2017 年	2018 年
其中：当年获得风险投资额/亿元	386	480	630
国家级孵化器当年获得的风险投资额/亿元	237	324	345
累计获得投融资的企业数量/家	33 230	39 846	48 060
国家级孵化器内累计获得投融资的企业数量/家	24 042	28 586	32 430
其中：当年获得投融资的企业数量/家	7485	9571	11 198
国家级孵化器当年获得投融资的企业数量/家	4861	5909	6399

2018 年，在孵企业累计获得风险投资额排名靠前的地区分别为北京、上海、广东、江苏和湖北，和 2017 年相比，湖北首次跻身前五。北京、上海两地的在孵企业累计获得的风险投资额占比较上年略有缩减。前 5 个地区的总占比为 74%，与 2017 年一致，风险投资额地域不平衡的情况依旧明显（图 2-24）。

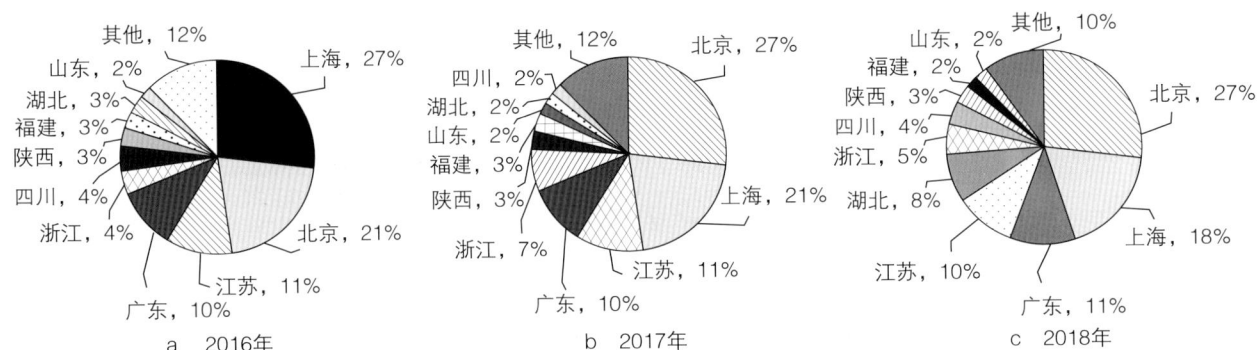

图 2-24　各地区在孵企业累计获得的风险投资额占比

2018 年，孵化器内累计获得投融资的企业数量排名前五的地区分别为江苏、广东、北京、上海和山东。其中，江苏累计获得投融资的企业数量达 6865 家，总占比 14%，较 2017 年缩小 2 个百分点，位居第一（图 2-25）。

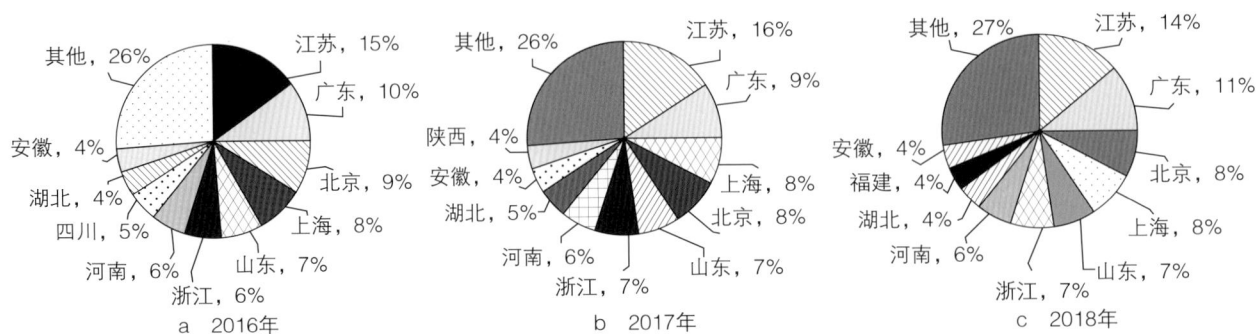

图 2-25　各地区在孵企业累计获得投融资的企业数量占比

三、孵化器运营情况

（一）孵化器性质

2018 年，全国共有孵化器 4849 家，其中 1344 家孵化器位于国家高新区内，占比为 27.7%；国家级孵化器共有 967 家，其中 448 家在国家高新区内，占比为 46.3%。非国家级孵化器共有 3882 家，其中 896 家在国家高新区内，占比为 23.1%（图 2-26）。

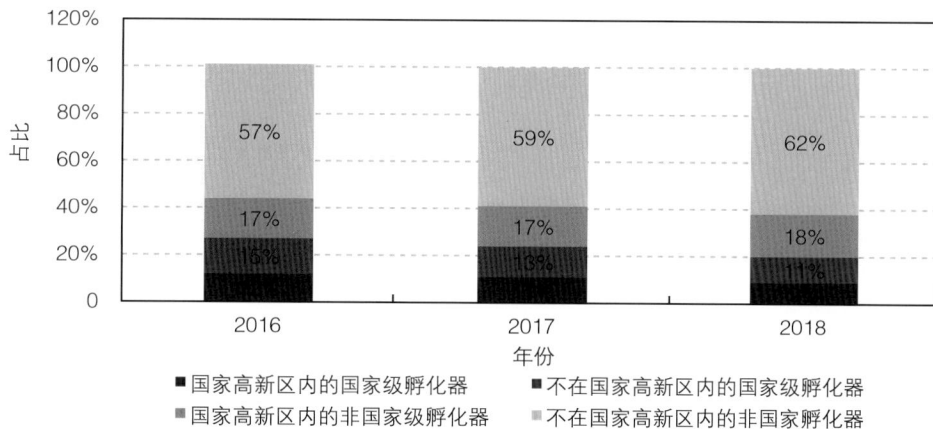

图 2-26　不同性质的孵化器数量占比

2018 年，国家高新区内有国家级孵化器 448 家，占比为 33%；非国家级孵化器 896 家，占比为 67%。2016—2018 年，国家高新区内的非国家级孵化器占比逐年增加（图 2-27）。

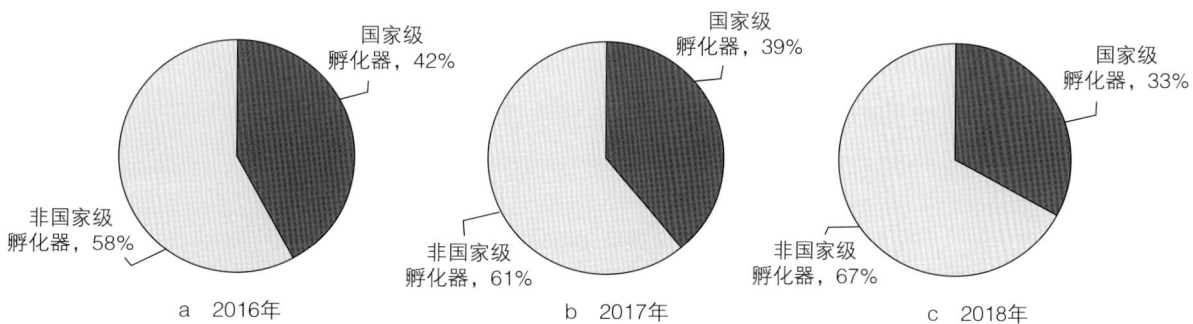

图 2-27　国家高新区内不同性质的孵化器数量占比

2018 年，根据孵化器性质划分，民营企业数量为 2828 家，占比为 58%，较 2017 年上涨了 6 个百分点，国有企业占比为 21%，继续保持逐年下降态势，事业单位性质的孵化器占比为 14%，民办非企业、社会法人性质的孵化器数量较少，占比均低于 5%（图 2-28）。

2018 年，国家级孵化器中，民营企业数量首次超过国有企业，为 354 家，占比为 37%，较上年上涨 7 个百分点，国有企业占比持续缩减，为 34%，较上年降低了 5 个百分点（图 2-29）。国家级

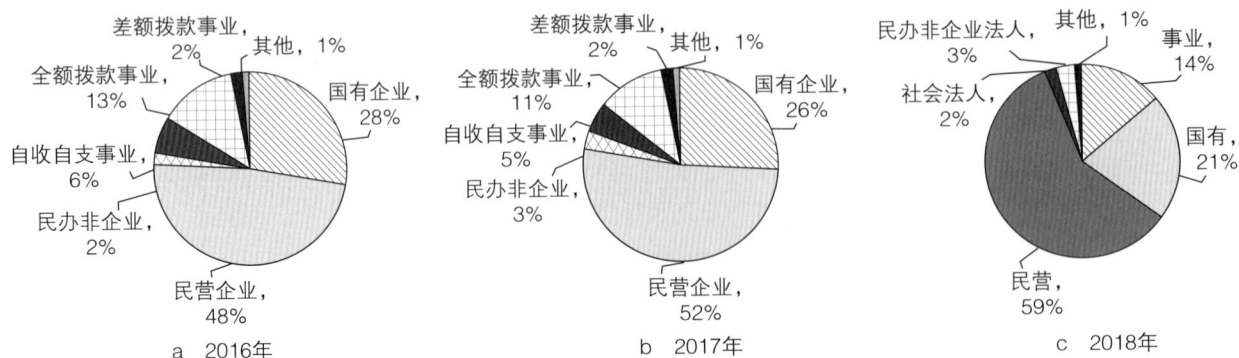

图 2-28 全国孵化器按性质分类占比

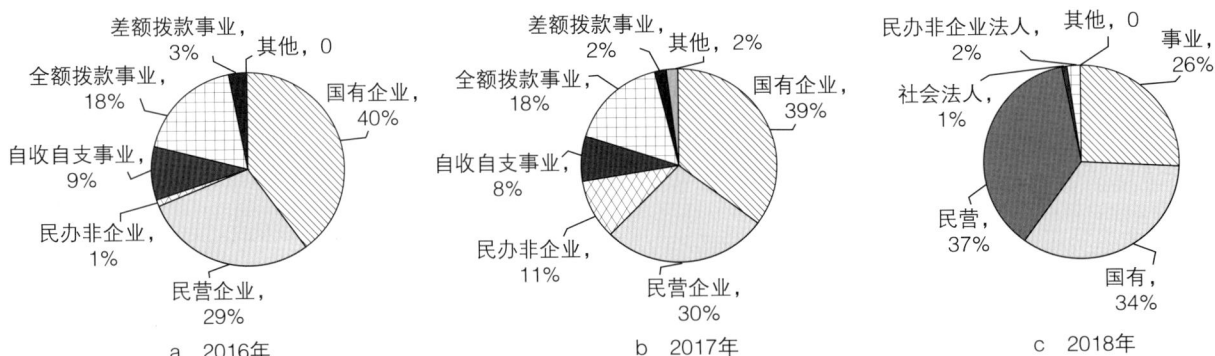

图 2-29 国家级孵化器按性质分类占比

孵化器中民营企业占比逐年递增。

（二）孵化器获得的投资情况

2018 年，全国孵化器获得的投资总额为 2525.5 亿元。其中，企业投资金额较 2017 年增长了 21.2%，占比为 62%，增长趋势显著。其次是政府财政投入，占比为 34%，逐年缩减。社会组织投资及其他投资额占比较 2017 年减少，仅为 3%（表 2-10 和图 2-30）。

表 2-10　全国孵化器获得投资构成

单位：亿元

年份	投资总额	其中				国家级孵化器投资总额	非国家级孵化器投资总额
		财政投入	企业投资	社会组织投资	其他投资		
2016	2013.9	736.7	1180.8	24.7	71.7	925.8	1088.1
2017	2220.0	805.0	1300.7	41.9	72.4	1013.0	1207.0
2018	2525.5	859.4	1576.9	34.6	54.6	1032.6	1492.9

2018 年，国家级孵化器获得的投资总额较 2017 年有略微增长，为 1032.6 亿元，占比为 40.9%；非国家级孵化器投资总额为 1492.9 亿元，较 2017 年增长了 23.7%，占比为 59.1%（表 2-10）。

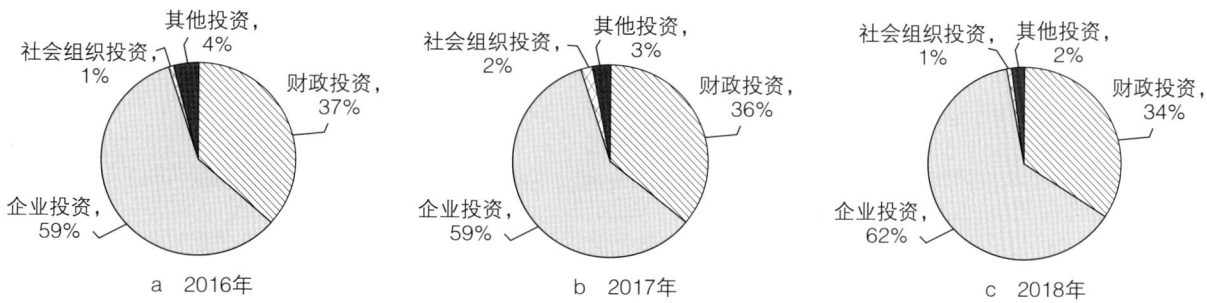

图 2-30 全国孵化器不同来源投资额占比

2018 年，孵化器获得投资总额较高的前 5 个地区分别为江苏、广东、山东、浙江和河南，与上年保持一致，5 个地区孵化器所获得的投资总额均超过百亿元。其中，江苏地区以 531.4 亿元位居第一，占全国投资总额的 21%。前 5 个地区的投资总额占比达 57%，较上年略有缩减（图 2-31、图 2-32）。

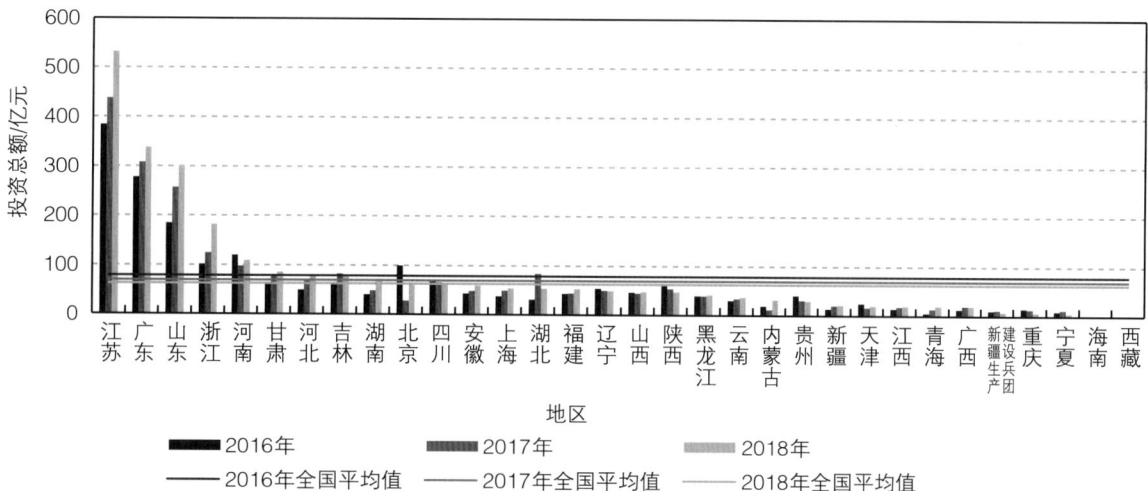

图 2-31 各地区孵化器获得的投资总额

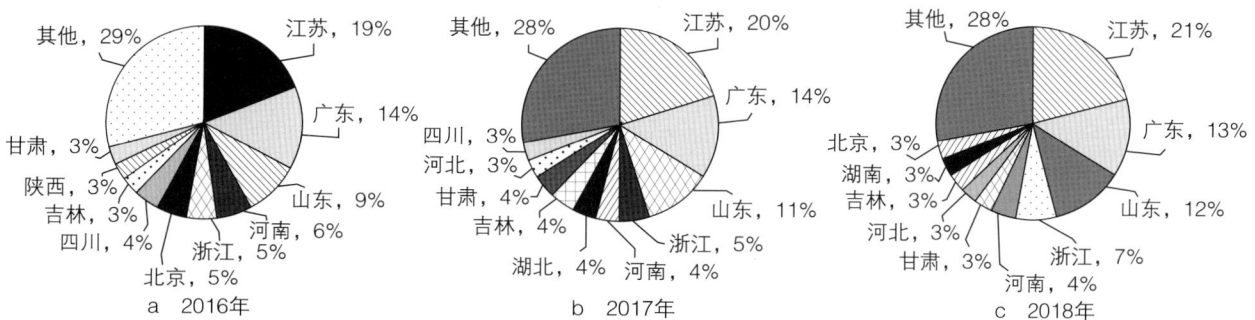

图 2-32 各地区孵化器投资额占比

（三）孵化器的孵化基金情况

2018 年，全国孵化器孵化基金总额为 1071.2 亿元，比 2017 年增长了 27.5%，逐年上涨。其中，国家级孵化器孵化基金总额为499.6亿元，较2017年上涨明显，占比为46.6%；非国家级孵化器孵化基金总额571.6亿元，较2017年增长了10.8%，占比达到53.3%。2016—2018年，非国家级孵化器孵化基金总额逐年增加（表2-11）。

表2-11　全国孵化器孵化基金总额表　　　　　　　　　　　　　　　单位：亿元

年份	孵化器孵化基金总额	国家级孵化器孵化基金总额	非国家级孵化器孵化基金总额
2016	687.8	324.3	363.4
2017	840.2	324.5	515.7
2018	1071.2	499.6	571.6

2018年，孵化器孵化基金总额较多的5个地区分别为北京、江苏、广东、陕西和上海，总占比为63%，同上年相比波动显著。北京和陕西更加注重孵化器孵化基金池的建立，一跃分别成为全国第一和第四。2018年，北京孵化器孵化基金总额以205.3亿元位居第一，占比为19%，较2017年增长两倍多（图2-33和图2-34）。

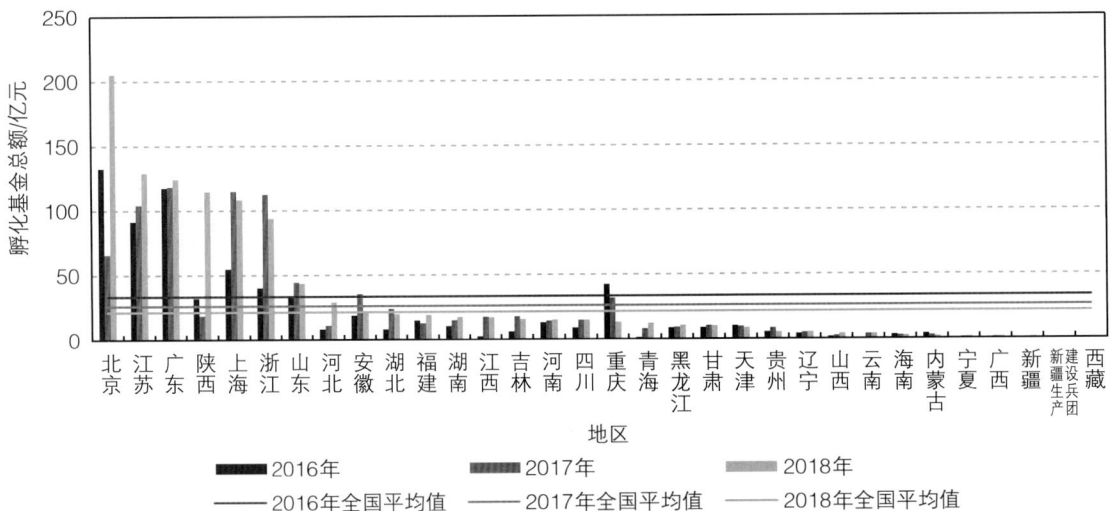

图2-33　各地区孵化器孵化基金总额

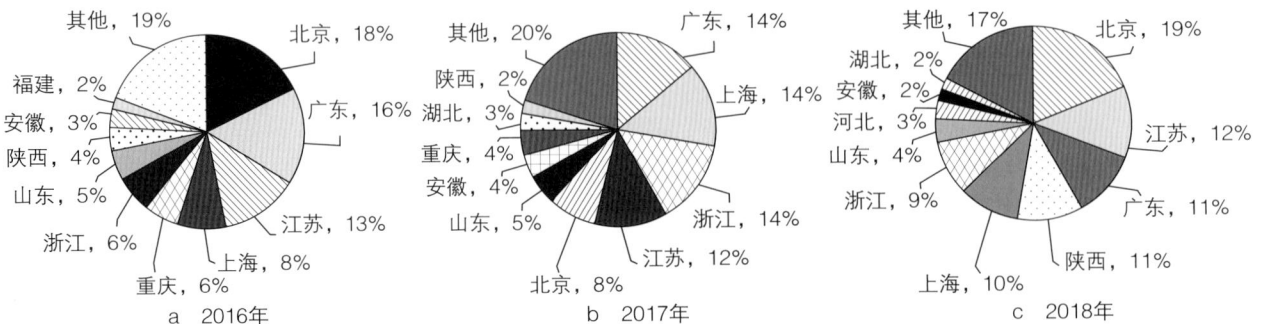

图2-34　各地区孵化器孵化基金总额占比

（四）孵化器获得的财税支持情况

2018 年，全国孵化器获得各级财政资助额 71.6 亿元，较 2017 年增加了 6.1%。其中，获得各级财政资助额较多的地区分别为广东、江苏、四川、浙江和山东（图 2-35）。

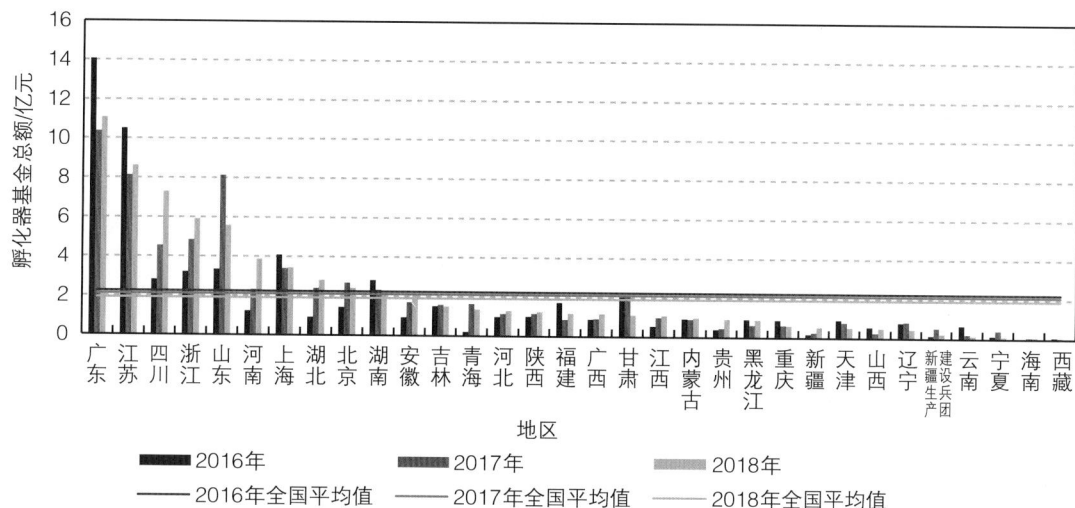

图 2-35　各地区孵化器获得各级财政资助额

（五）孵化器收支情况

2018 年，全国孵化器总收入为 463.3 亿元，较 2017 年增加了 20.9%，涨势放缓。其中，综合服务收入为 129.6 亿元，占比为 28.0%；物业收入为 188.9 亿元，占比为 40.8%；投资收入为 39.1 亿元，占比为 8.4%，其他收入为 105.7 亿元，占比为 22.8%。国家级孵化器总收入为 170.5 亿元，占比为 36.8%；非国家级孵化器总收入为 292.8 亿元，占比为 63.2%（表 2-12）。

表 2-12　全国孵化器收入情况　　　　　　　　　　　　　　　　单位：亿元

年份	孵化器总收入	其中				国家级孵化器总收入	非国家级孵化器总收入
		综合服务收入	物业收入	投资收入	其他收入		
2016	308.0	116.8	97.2	28.5	65.5	123.7	184.3
2017	383.1	141.2	127.6	32.0	82.4	165.7	217.4
2018	463.3	129.6	188.9	39.1	105.7	170.5	292.8

综合服务收入和物业收入依旧是中国孵化器收入的主要来源，占比为 69%。2016—2018 年，孵化器总收入中，综合服务收入的占比继续下降，物业收入占比持续增加，投资收入的占比基本保持不变，其他收入的占比逐年上升（图 2-36）。

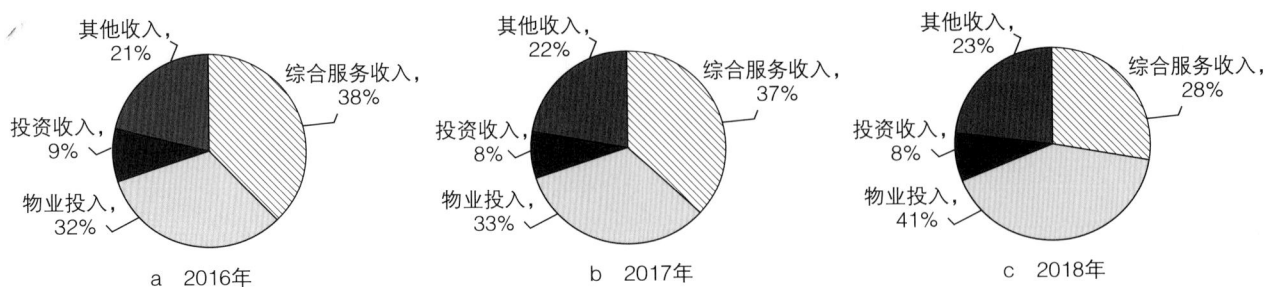

图 2-36　孵化器收入来源占比

2018 年，孵化器总收入排名前五的地区分别为广东、江苏、北京、河北和浙江。广东孵化器总收入首超百亿，较上年增长了 54%，占比达 26%，超过江苏位居第一。江苏孵化器总收入较 2017 年相比显著下降（图 2-37）。2016—2018 年，全国孵化器的总收入地区不均衡的现象依旧明显，且差距逐渐增大（图 2-38）。

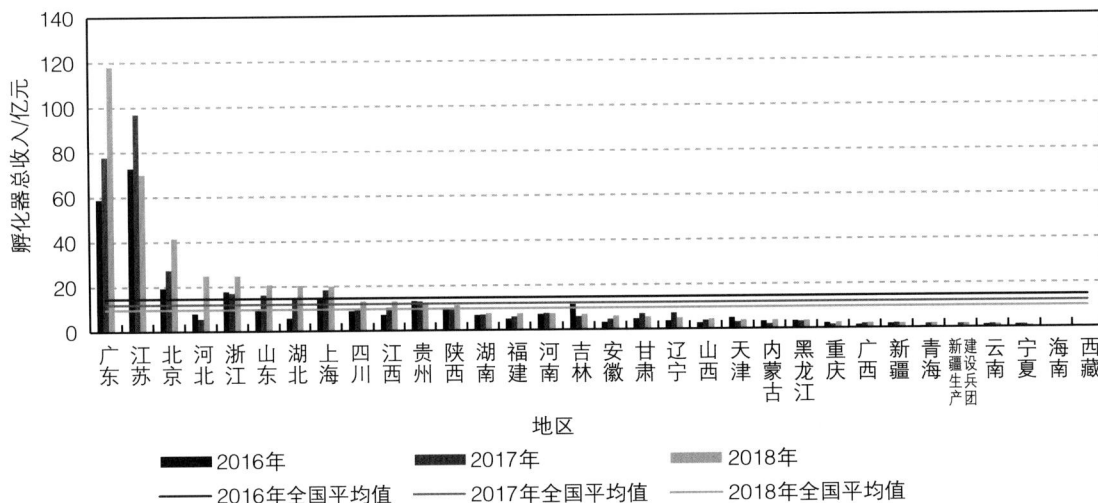

图 2-37　各地区孵化器总收入

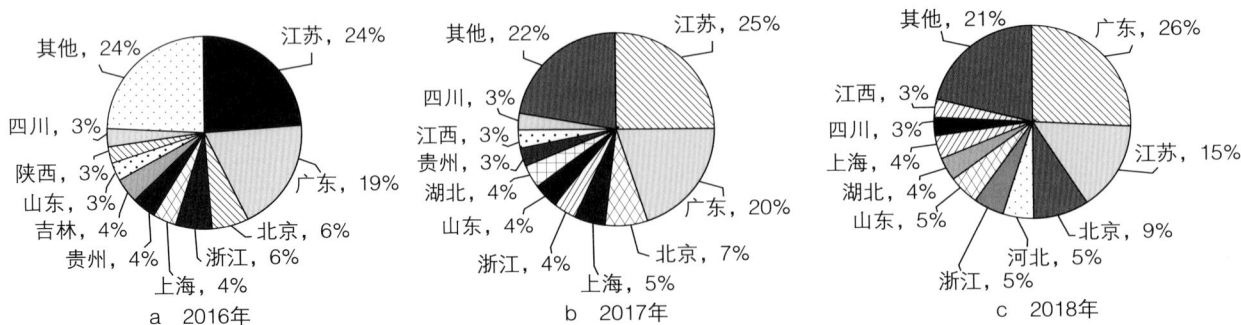

图 2-38　各地区孵化器收入占比

2018 年，全国孵化器的运营总成本为 341.5 亿元，其中，人员费用为 61.1 亿元，占比为 18%；场地费用为 95.7 亿元，占比为 28%；管理费用为 72.6 亿元，占比为 21%；其他费用为 75.0 亿元，占比为 22%；纳税额为 37.2 亿元，占比为 11%（表 2 - 13）。

表 2 - 13　孵化器运营成本　　　　　　　　　　　　　　　　单位：亿元

年份	孵化器的运营成本	其中				
		人员费用	场地费用	管理费用	其他费用	纳税额
2016	260.5	43.5	87.4	62.8	43.1	23.8
2017	277.3	49.4	77.8	59.7	64.1	26.3
2018	341.5	61.1	95.7	72.6	75.0	37.2

较上年相比，场地费用仍然是孵化器运营成本中占比最高的一项，但是占比逐年下降。人员费用、管理费用及其他费用的占比较 2017 年都略有减少（图 2 - 39）。

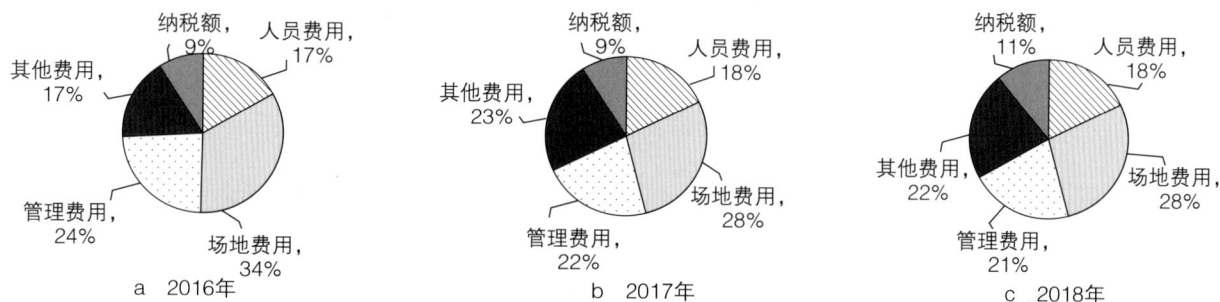

图 2 - 39　全国孵化器运营成本分类

2018 年，孵化器运营成本较高的地区分别为广东、江苏、北京、浙江和上海，5 个地区总运营成本超 200 亿元。其中，广东和江苏运营成本均超过 50 亿元，运营成本较高（图 2 - 40）。

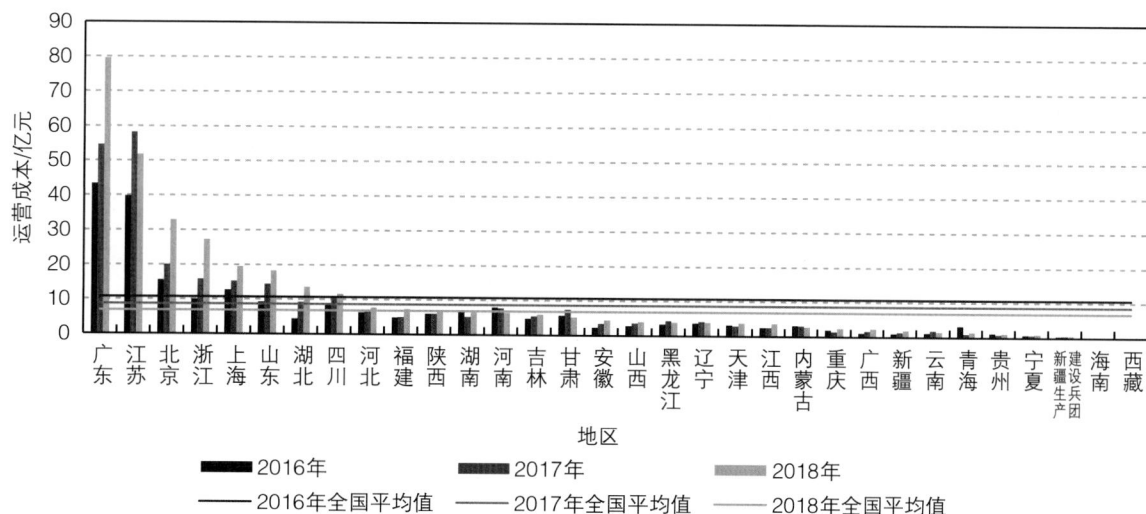

图 2 - 40　2016 年各地区孵化器运营成本

（六）孵化器管理人员情况

2018 年，全国孵化器管理机构从业人员共计 72 953 人，较 2017 年增加了 16.3%。其中，大专以上人员为 65 747，占比为 90.1%，较 2017 年上升了 0.4 个百分点；接受专业培训的人数为 34 780 人，占比为 47.7%，较 2017 年上升了 1.7 个百分点。国家级孵化器管理机构从业人员数为 20 936 人，比 2017 年增长了 6.6%，占比为 28.7%；非国家级孵化器管理机构从业人员数为 52 017 人，比 2017 年增长了 20.8%，占比为 71.3%（图 2-41）。

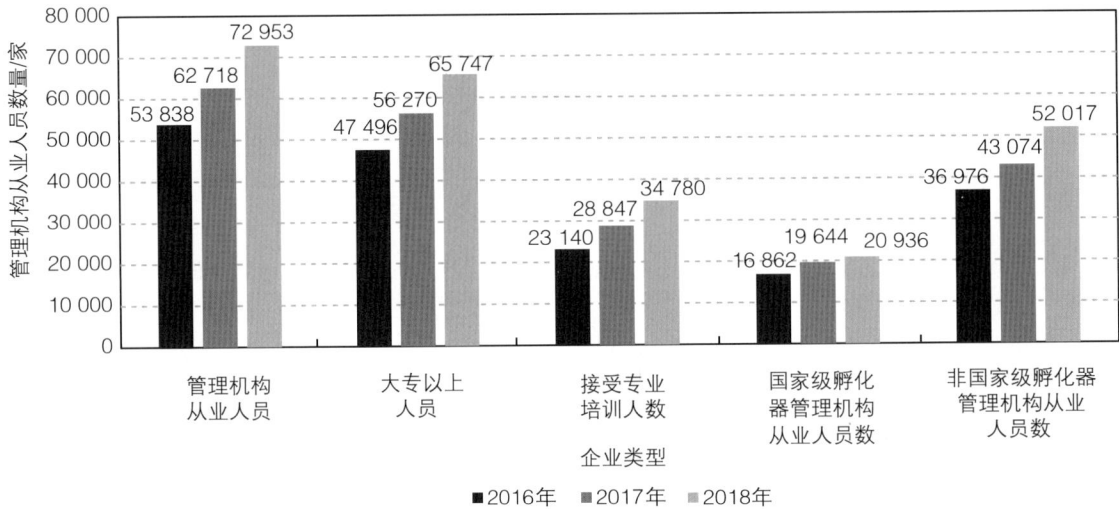

图 2-41 孵化器管理机构从业人员数量

2018 年，全国各地区孵化器管理机构从业人员数平均值为 2279 人。孵化器管理机构从业人员较多的 5 个地区分别为广东、江苏、山东、浙江和河北。其中，广东超过江苏位居第一，较 2017 年增长 34.8%，占比 16.2%。广东和江苏的孵化器管理机构从业人员数均突破万人（图 2-42）。

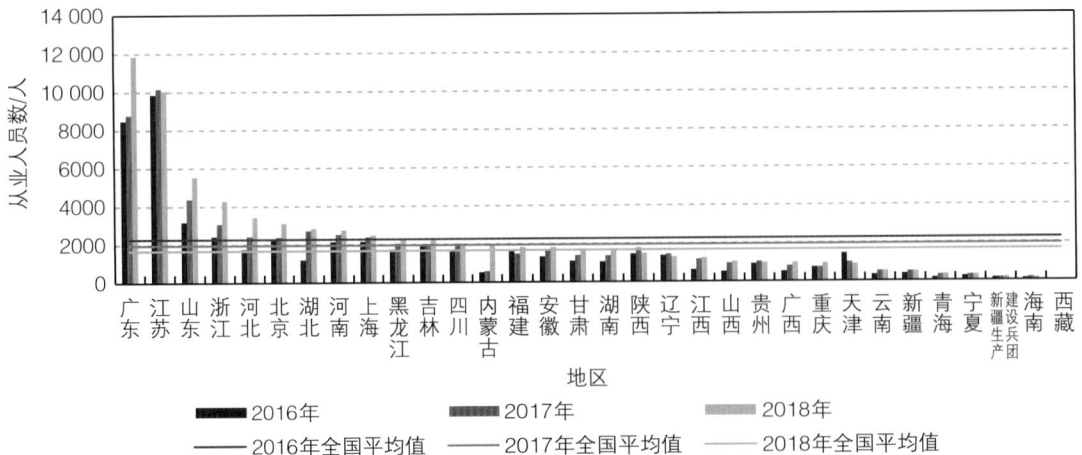

图 2-42 各地区孵化器管理机构从业人员数

2018 年，全国各地区孵化器管理机构从业人员中，大专以上人员占比平均值为 90.1%，较去年占比稳步增加。孵化器管理机构从业人员中大专以上人员占比较高的地区为天津、陕西、重庆、河南和上海。天津孵化器管理机构从业人员中大专以上人员占比达 97.3%，位列第一，较2017 年略有增加。2018 年，共有 17 个地区孵化器管理机构从业人员中大专以上人员占比超过90%（图 2 - 43）。

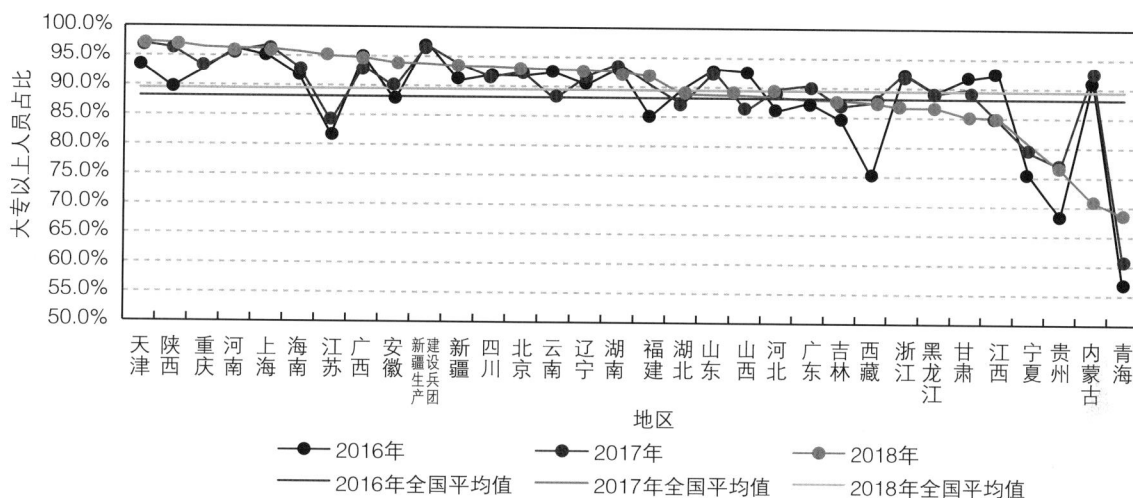

图 2 - 43　各地区孵化器管理机构从业人员中大专以上人员占比

2018 年，全国各地区孵化器管理机构从业人员中，受过专业培训的人员占比平均值为 47.7%其中，受过专业培训人员占比较高的 5 个地区分别为江西、内蒙古、云南、陕西和宁夏（图 2 - 44）。

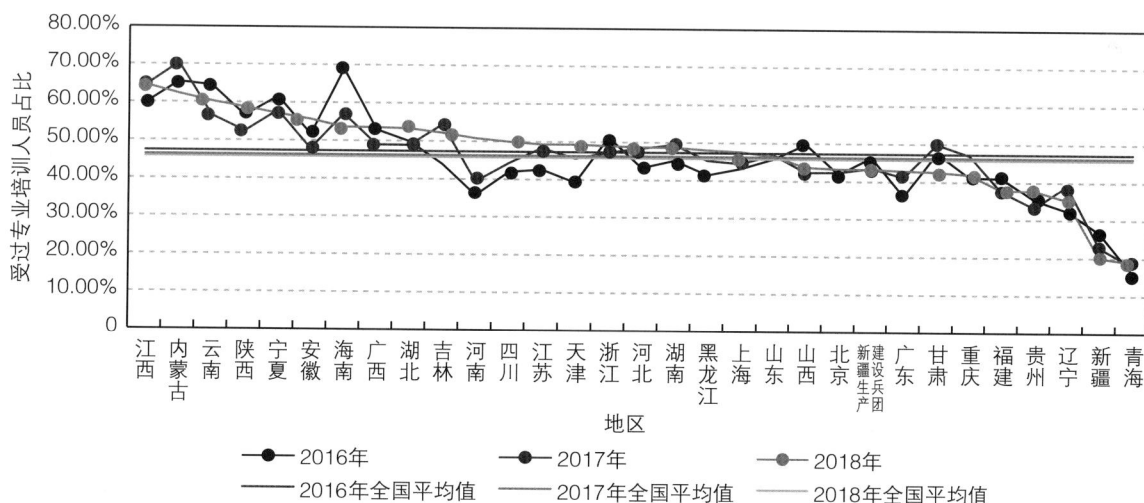

图 2 - 44　各地区孵化器管理机构从业人员中受过专业培训的人员占比

（七）孵化器开展孵化服务情况

2018 年，孵化器对在孵企业共培训 413 万人，较 2017 年增长 22.6%，增速放缓。孵化器共开展创业教育培训活动 8.8 万次，较 2017 年减少 15.4%（表 2 - 14）。

表 2 - 14　全国孵化器开展创业辅导情况

年份	对在孵企业培训人次/万人	开展创业教育培训活动场次/万次
2016	233	6.8
2017	337	10.4
2018	413	8.8

　　2018 年，对在孵企业培训人次较多的 5 个地区分别为广东、山东、江苏、上海和浙江。其中，广东孵化器对在孵企业培训人次接近 70 万人，占全国的 16.9%，位列第一，继续拉开与其他地区的距离。开展创业教育培训活动场次较多的地区分别为广东、江苏、山东、上海和浙江，开展的创业教育培训活动场次均超过 5000 场次，远远高于其他地区（图 2 - 45）。

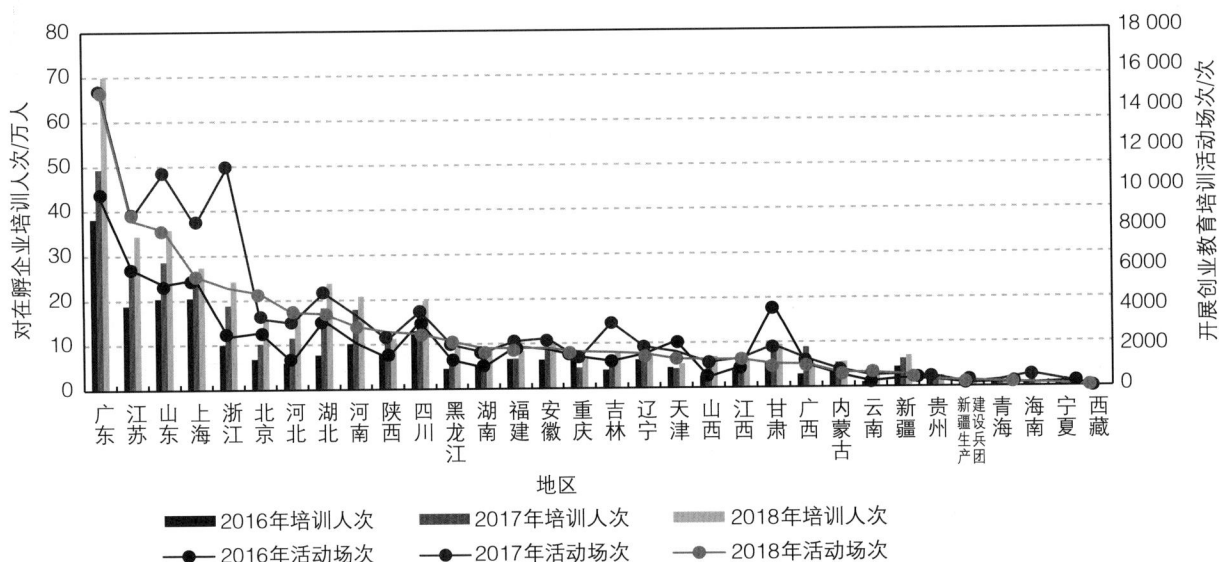

图 2 - 45　对在孵企业培训人次及开展创业教育培训活动场次

　　2018 年，孵化器签约中介机构数量 42 435 个，较 2017 年增长 27.7%。其中，孵化器对公共技术服务平台投资额为 73.6 亿元，较上年略微减少。公共技术服务平台总收入 34.5 亿元，逐年增加（表 2 - 15）。

表 2 - 15　孵化器运行管理情况

年份	孵化器签约中介机构数量/个	孵化器对公共技术服务平台投资额/亿元	公共技术服务平台总收入/亿元
2016	23 370	69.8	24.8
2017	33 222	77.4	30.0
2018	42 435	73.6	34.5

第三章　众创空间的发展状况

本章主要从总体情况、孵化绩效情况、众创空间运营情况三大板块详细分析中国 2018 年的众创空间发展情况。其中，总体情况细分为众创空间数量、场地、服务团队/企业数量 3 个部分；孵化绩效情况细分为新注册企业情况、创业项目入驻周期、创业团队/企业类型、创业团队/企业获得投融资情况、创业团队/企业财政支持情况、创业团队/企业创造的就业机会、创业团队/企业技术创新情况 7 个部分；众创空间运营情况细分为设立情况、众创空间性质、运营收入和成本情况、服务人员情况、提供服务情况、融资和上市（挂牌）情况 6 个部分。

一、总体情况

（一）众创空间数量

2018 年是中国双创工作高质量发展、成果颇丰的一年。截至 2018 年年底，全国共有 6959 家众创空间，比上一年度增加 21.26%，这与国家打造"双创"升级版、健全创新创业服务体系等政策和措施是分不开的。

从各地区情况来看，几乎所有省份在众创空间数量方面均实现了比上一年度的突破。其中，广东延续了去年数量第一的排名，共计 716 家众创空间，占据全国总数的 10.29%；湖北、安徽、陕西、山西在新的一年中异军突起，与广东、江苏、浙江、山东、河北、福建齐列全国前 10 位，共同占据了全国众创空间数量的 62.83%。数量较少的地区有青海、宁夏、黑龙江、海南、西藏 5 个地区，合计占到全国总数的 2.04%。其中，西藏新增 20 家众创空间（图 3 - 1 和图 3 - 2）。

从地域分布来看，东、中、西、东北地区的众创空间数量均有不同幅度的增加。其中，东部地区增加数量最多，将近 4000 家；中部地区增长速度最快，较去年增长 46.4%。东部地区凭借天然的发展优势，仍然是孕育众创空间最为肥沃的土地，在众创空间数量最多的前 10 个地区中，有 6 个位于东部地区（图 3 - 3）。

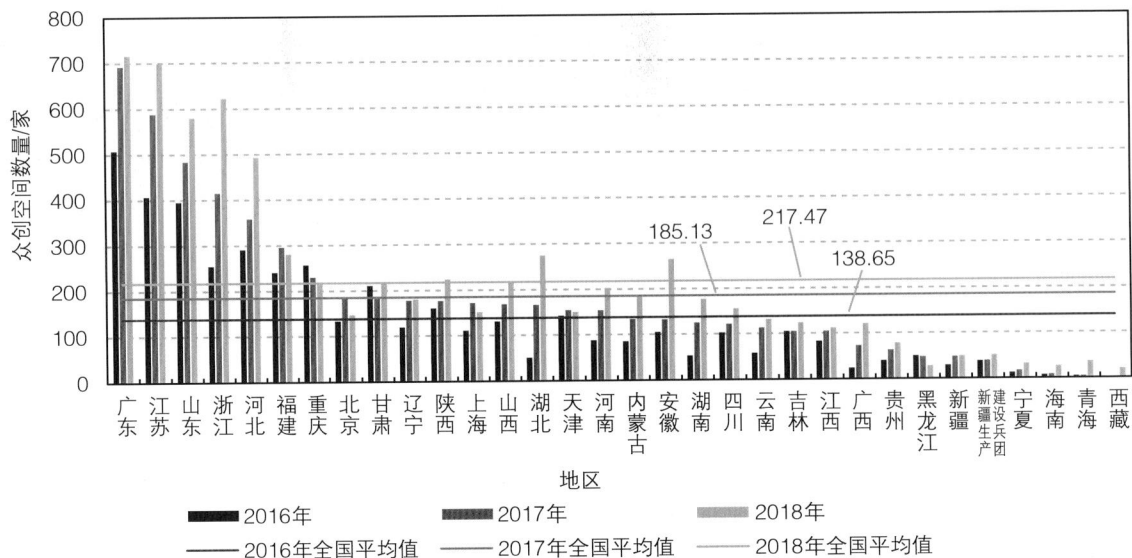

图 3-1　各地区众创空间数量

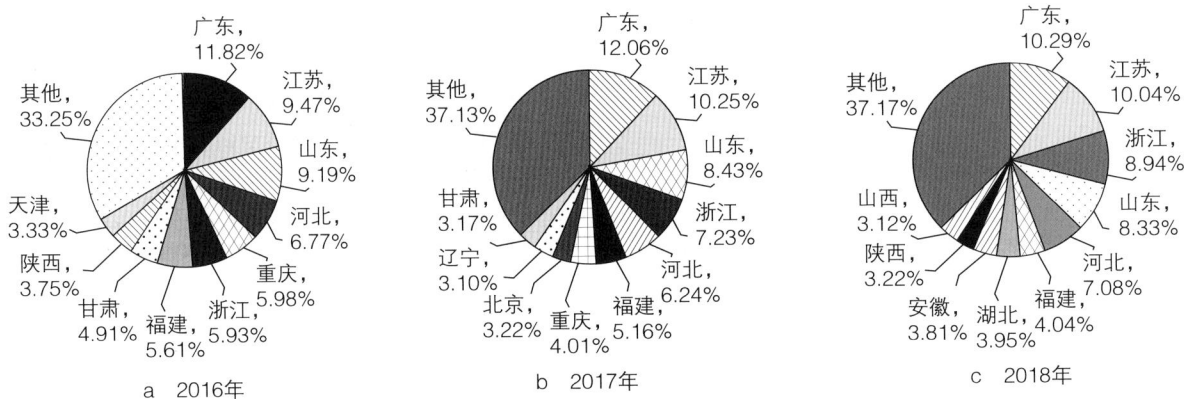

a　2016年　　b　2017年　　c　2018年

图 3-2　各地区众创空间数量占比

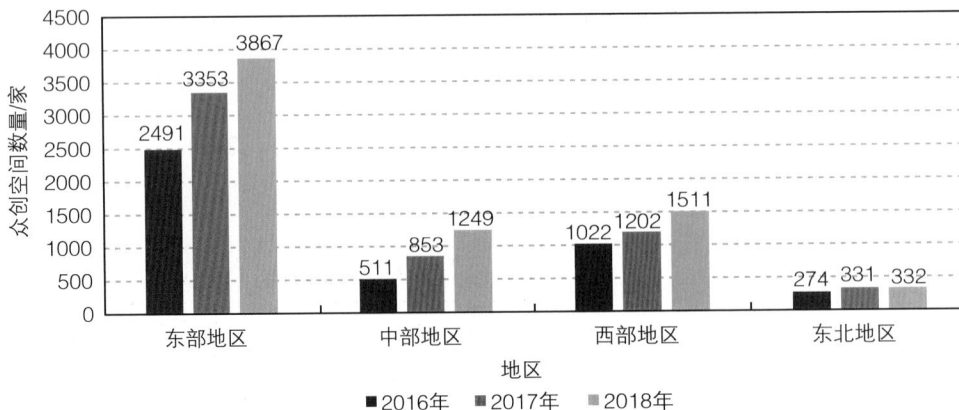

图 3-3　各地区众创空间数量

（二）场地

按照场地的使用功能划分，众创空间四类功能用地的面积比例排列顺序没有发生变化。用于供常驻团队和企业使用的面积占比进一步提高，目前已接近 2/3；公共服务使用面积和管理办公使用面积占比较 2017 年略有下降，说明众创空间在 2018 年给予了创业团队和企业更加充足的发展空间，有力推动了创新创业工作的开展（图 3-4）。

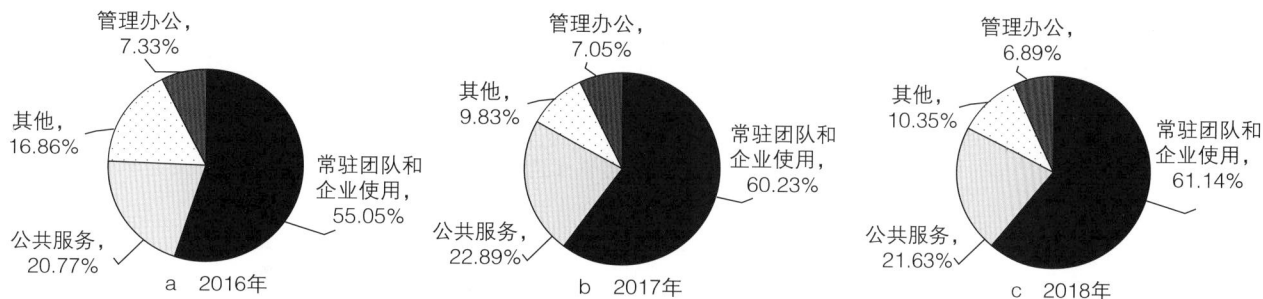

图 3-4 众创空间不同使用功能的场地空间面积占比

按照空间所有权来看，2018 年众创空间的自有面积与租赁面积继续保持去年的格局，租赁面积占比近六成，自有面积占比约四成（图 3-5）。

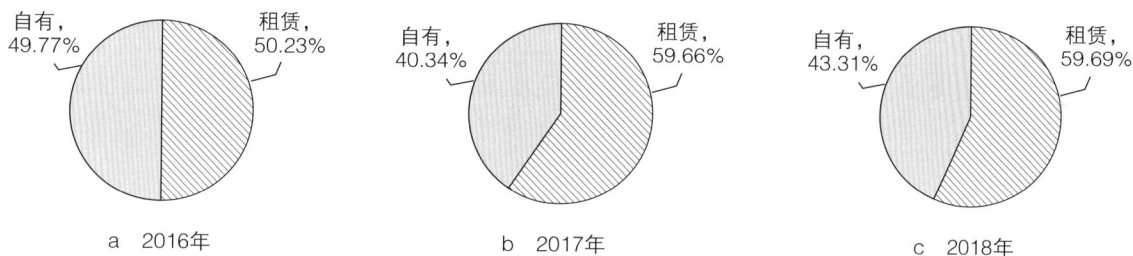

图 3-5 众创空间自有面积与租赁面积占比

新的一年中，众创空间提供了超过 129.47 万个工位，同比增加 22.8%。北京、浙江、广东、江苏、山东、河北、陕西、上海、江西、湖北合计提供了全国 63.25% 的工位，为这些地区的创业团队和企业创造了更加富足的办公条件（图 3-6）。

（三）服务团队/企业数量

2018 年，全国众创空间共计服务创业团队 23.90 万个，比 2017 年的 23.71 万个略有增加。2018 年，各地区平均服务创业团队 7468 个，比 2017 年各地区平均服务创业团队 7649 个有所减少，是因为 2018 年增加了西藏地区的数据。绝大多数地区服务的创业团队数量都有所提高。北京成为服务创业团队数量最多的地区，与广东、福建合计服务创业团队 59 821 个，达到全国服务总数的 1/4（图 3-7）。

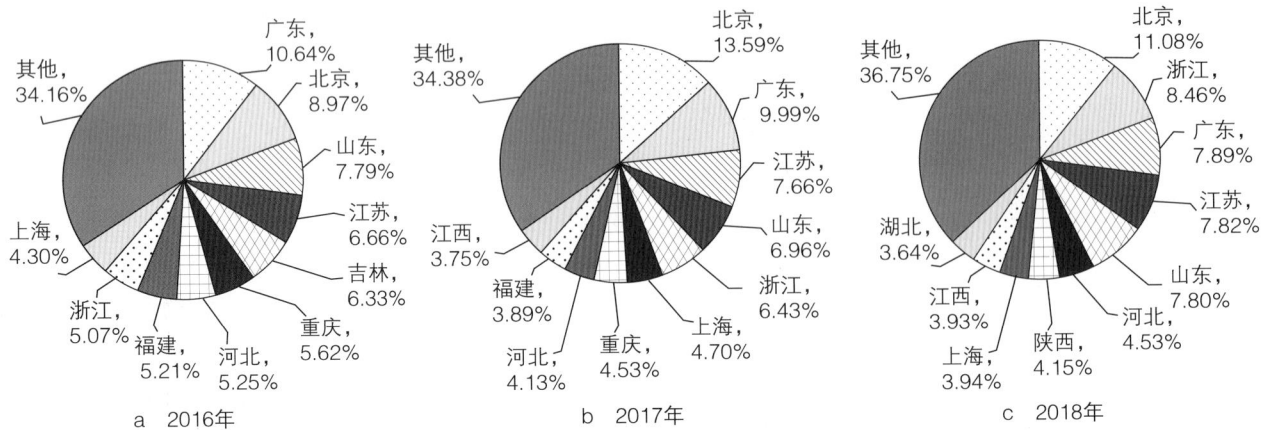

图 3-6　众创空间提供工位数占比

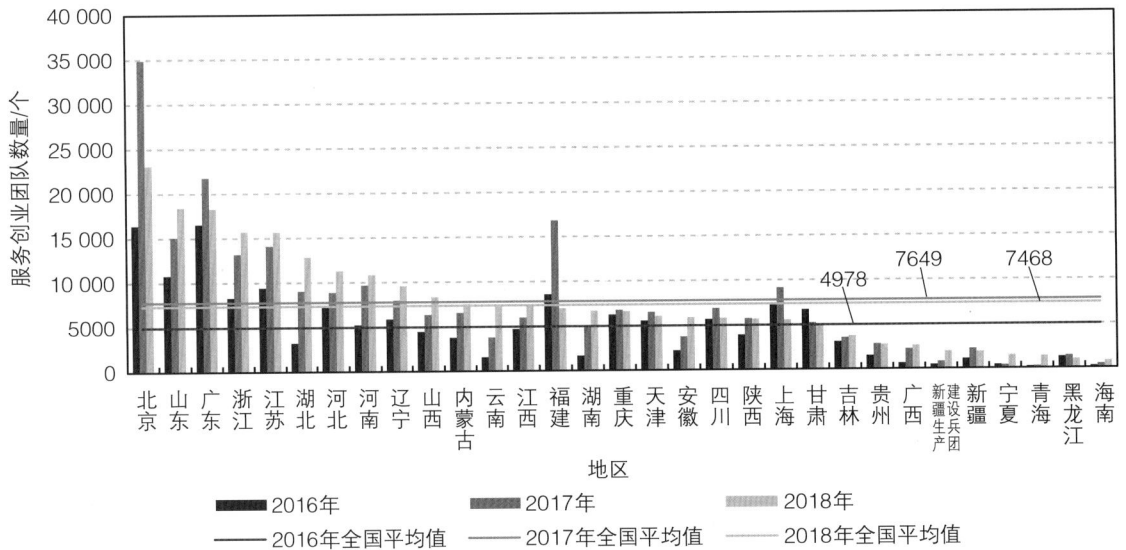

图 3-7　众创空间服务创业团队数量

与 2017 年相比，不同服务创业团队规模的众创空间分布比例大致未变，服务 10～100 个创业团队的众创空间在数量上仍然占据着绝对优势，服务 10 个及以下的众创空间数量超过 1/4，服务超过 100 个创业团队的众创空间十分稀少，占比不足 5%（图 3-8）。

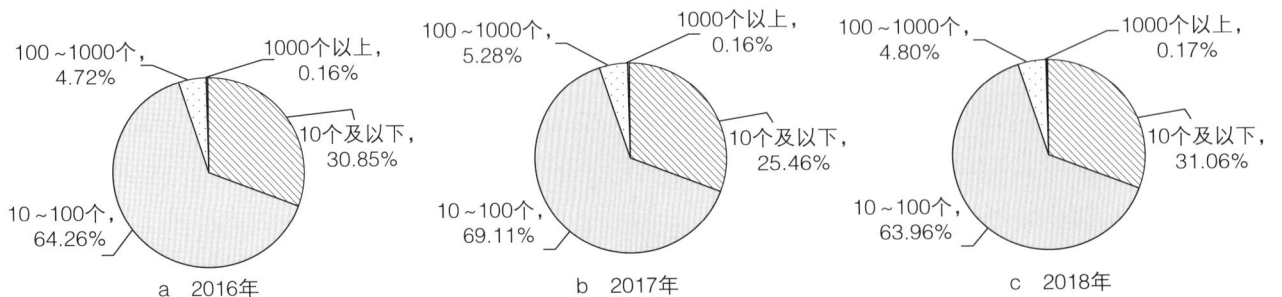

图 3-8　众创空间服务创业团队规模分布

2018 年，在所有受到服务的创业团队中，常驻创业团队比例稍稍高于非常驻创业团队，但差距不大，与 2017 年情况有所不同（图 3 - 9）。

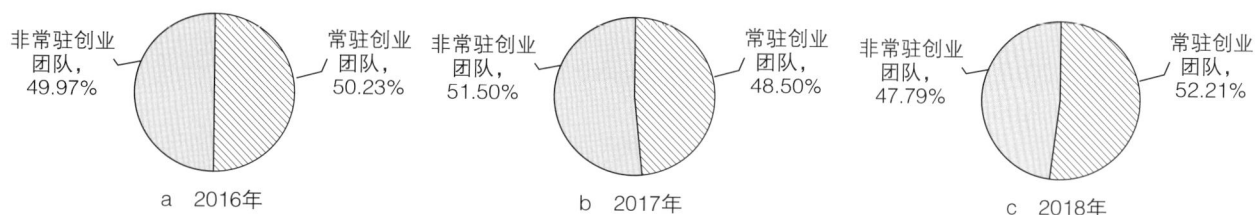

图 3 - 9　受到服务的创业团队中常驻和非常驻创业团队占比

2018 年，全国众创空间服务初创企业近 17 万家，各地区平均服务 5298 家。北京市服务初创企业的数量领先于其他地区。北京、广东、浙江共计服务初创企业 45 155 家，占据全国总数的 26.63%（图 3 - 10）。

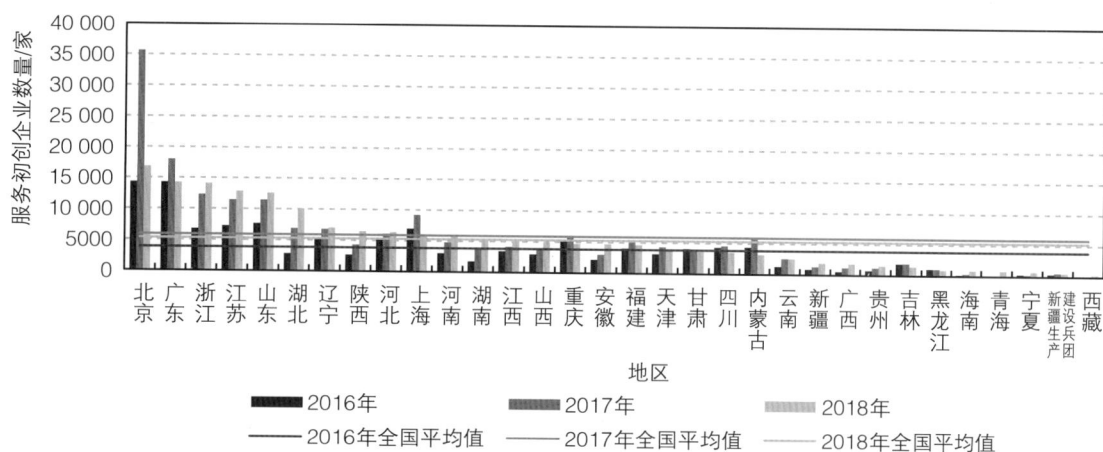

图 3 - 10　众创空间服务初创企业数量

从众创空间服务初创企业规模来看，绝大多数众创空间的服务规模在 10~100 家，服务 10 家及以下的众创空间也不在少数，服务超过 100 家的众创空间屈指可数，占比仅达到 2.94%（图 3 - 11）。

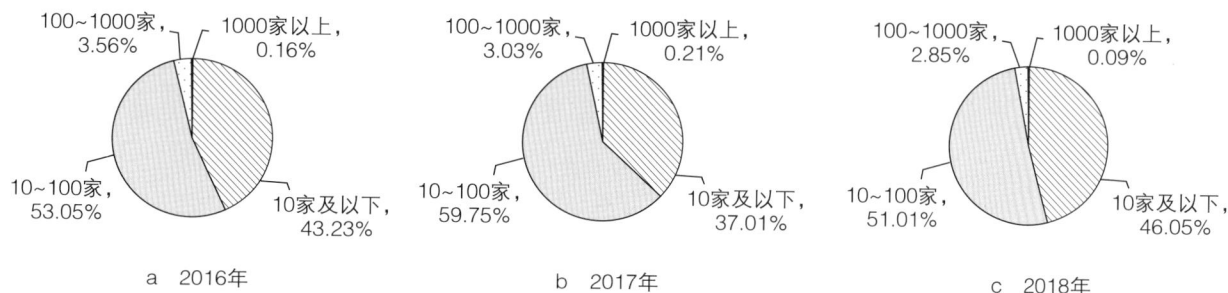

图 3 - 11　众创空间服务初创企业规模分布

结合众创空间近 3 年服务创业团队和初创企业规模数据可以发现，服务不超过 10 个团队或 10 家企业的众创空间比例 2018 年的最高，服务 10 ~ 100 家的众创空间比例 2017 年的最高（图 3 - 11）。

与 2016 年、2017 年相同，2018 年在所有受到服务的初创企业中，常驻初创企业比例略微高于非常驻初创企业（图 3 - 12）。

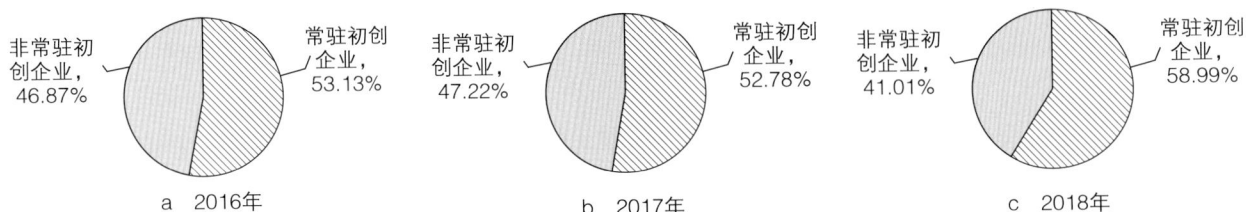

a 2016年   b 2017年   c 2018年

图 3 -12 受到服务的初创企业中常驻和非常驻初创企业占比

二、孵化绩效情况

（一）新注册企业情况

通过众创空间的帮助，一大批企业在众创空间内诞生。2018 年，全国共有 8.79 万家新注册企业是在众创空间的孵化下成立的，各地区平均帮助新注册企业 2747 家。浙江、北京、江苏、广东帮助新注册企业都超过 7000 家以上，四省合计帮助对象占到全国总数的 33.81%（图 3 -13）。

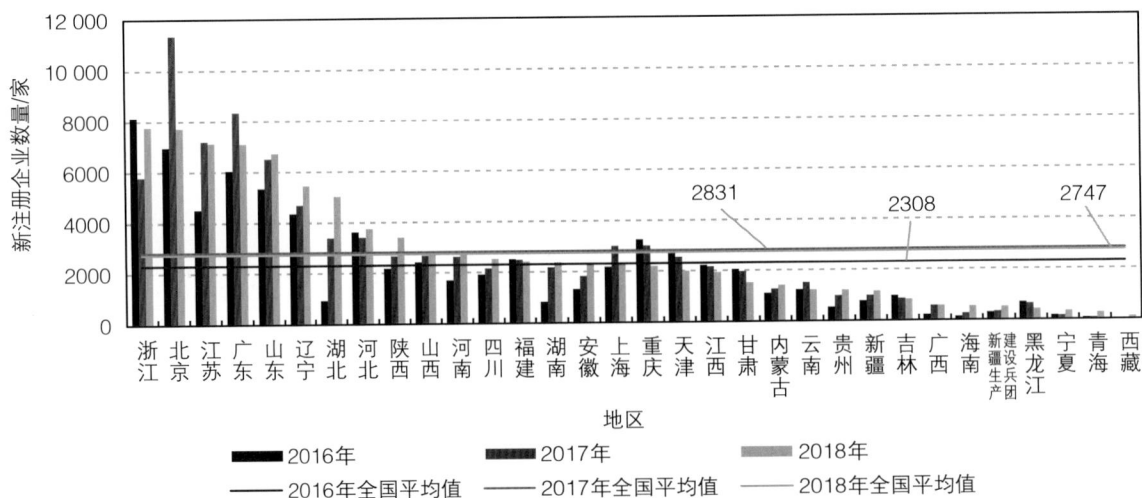

图 3 -13 新注册企业数量

（二）创业项目入驻周期

2018 年，从创业项目平均入驻周期来看，入驻周期少于 1 年的创业项目占到多数，约为 51.73%，其中又以 7~12 个月的创业项目居多。入驻周期在 1~2 年和 2 年以上的创业项目占比相较 2017 年均出现小幅提升（图 3-14）。

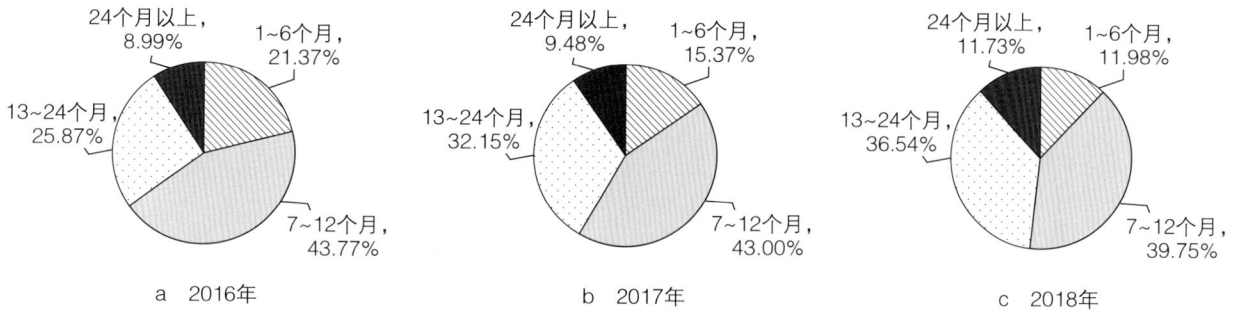

图 3-14　创业项目平均入驻周期分布

（三）创业团队/企业类型

按照创业团队/企业的主创人员类型来看，在国家大力推进"双创"工作的有力政策和措施下，各类人员参与创业活动的数量都有不同程度的增长。其中，大学生仍然是最活跃、最主要的创业主体，比其他 4 类主创人员类型的创业团队/企业之和还要多（图 3-15）。

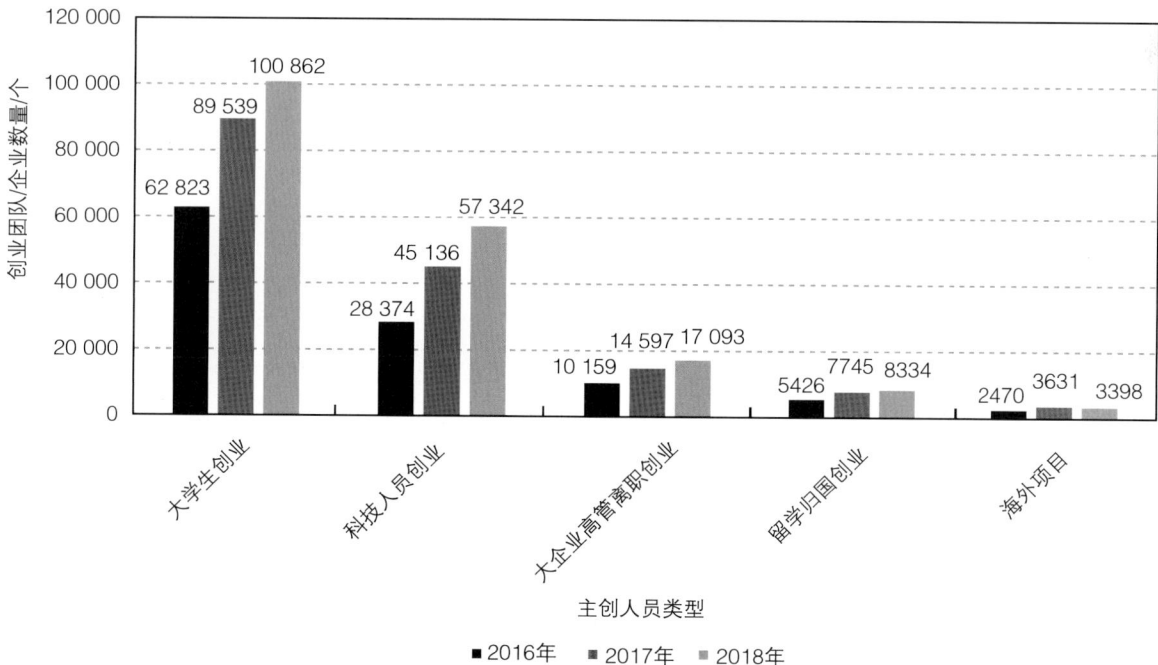

图 3-15　不同主创人员类型的创业团队/企业数量

（四）创业团队/企业获得投融资情况

2018 年，全国众创空间帮助 9849 个创业团队/企业获得了投融资，各地区平均帮助 307 个创业团队/企业，为创业团队/企业茁壮成长提供了重要的资金支持。浙江、广东、江苏、河南、山东、重庆 6 个地区分别帮助超过 500 个创业团队/企业获得投融资，合计帮助数量占比达到 47.47%（图 3 - 16）。

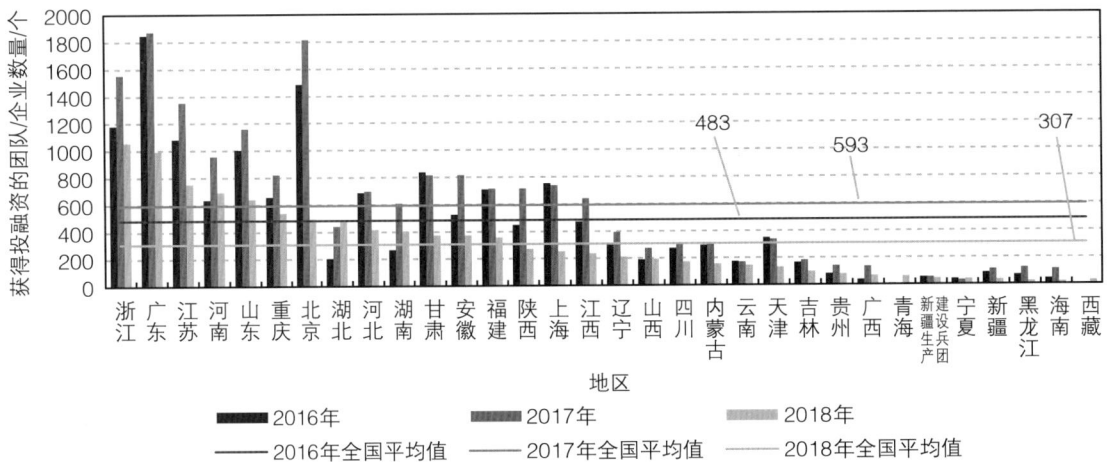

图 3 - 16　各地区众创空间获得投融资的团队/企业数量

截至 2018 年，全国众创空间累计帮助 2.83 万个创业团队/企业获得投融资，广东、江苏、北京、浙江、重庆、甘肃 6 个地区累计帮助获得投融资的创业团队/企业数量最多，合计超过全国总数的一半，占比 51.24%（图 3 - 17）。

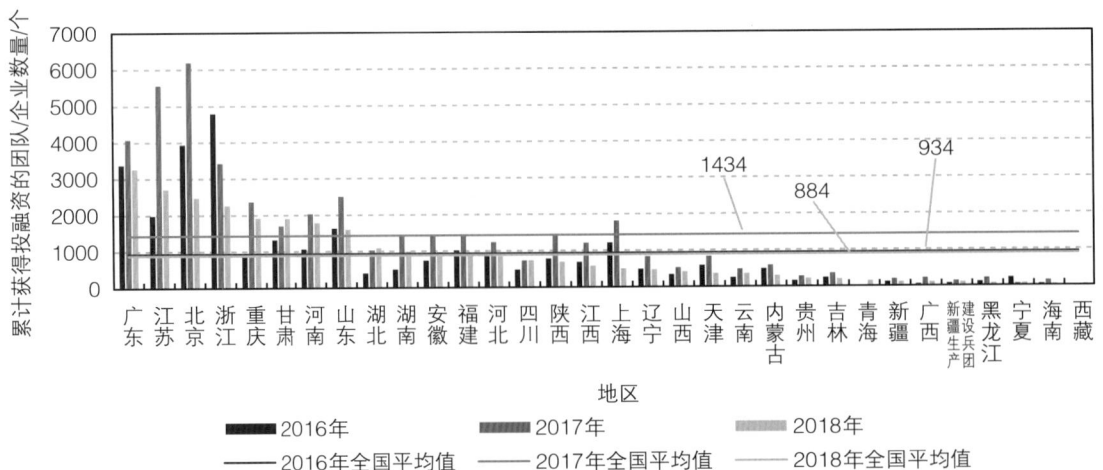

图 3 - 17　各地区众创空间累计获得投融资的团队/企业数量

2018 年，全国众创空间帮助创业团队/企业获得投资共计 333.95 亿元。北京、广东帮助创业团队/企业获得投资总额较高，分别达到 142.96 亿元和 63.98 亿元，占到全部投资总额的 61.97%（图 3-18）。

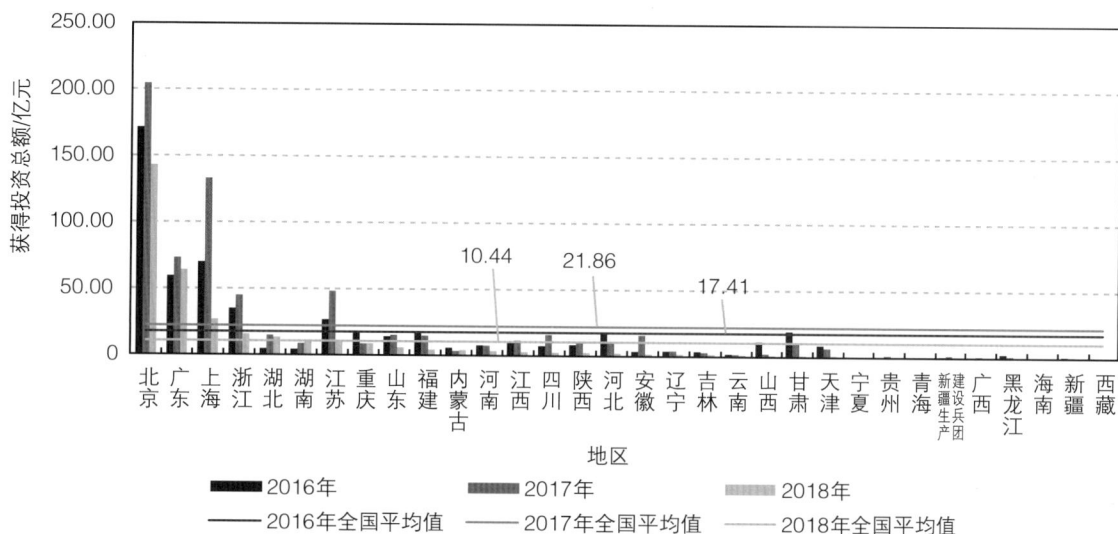

图 3-18　各地区众创空间帮助创业团队/企业获得投资总额

截至 2018 年，全国众创空间累计帮助创业团队/企业获得投融资 952.78 亿元，各地区平均实现 29.78 亿元。北京以帮助创业团队/企业累计获得 377.53 亿元的投融资规模位居第一，有效体现了首都在促进创业活动发展过程中所发挥的重要作用（图 3-19）。

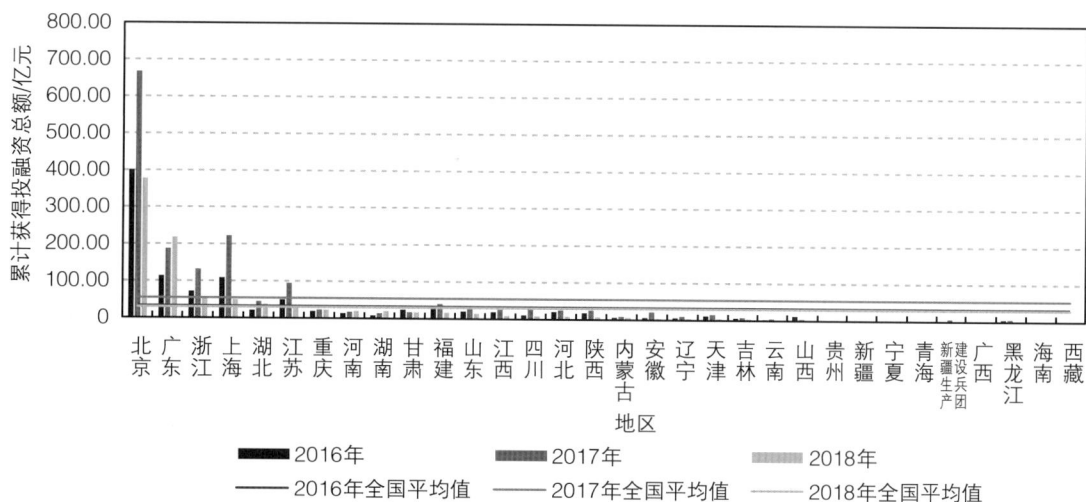

图 3-19　各地区众创空间累计帮助创业团队/企业获得投融资总额

（五）创业团队/企业财政支持情况

2018 年，全国众创空间帮助服务对象享受财政资金支持金额 33.59 亿元，较 2017 年增长 6.6%，让创业团队/企业更加充分地享受到了国家政策的支持。江苏、浙江、广东、上海、山东 5 个地区在财政资金支持金额方面对服务对象的帮助居全国前列，合计占到全国总量的 46.98%（图 3-20）。

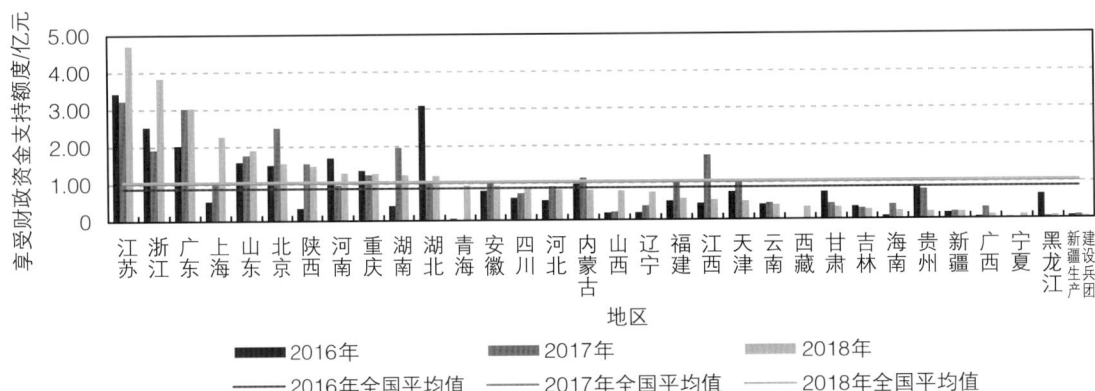

图 3-20　各地区众创空间帮助服务对象享受财政资金支持额度

（六）创业团队/企业创造的就业机会

众创空间服务创业团队/企业数量增加的背后，也是为当地创造更多就业机会的过程。2018 年，全国众创空间服务的创业团队/企业共计吸纳就业人员 105 万人，为缓解就业压力做出了突出贡献。北京、浙江、广东、江苏、山东 5 个地区吸纳就业人数最多，均超过了 5 万人，合计占到全国总数的 38.34%。

应届大学生是创业团队/企业就业人员队伍中的重要组成部分，从全国范围来看，2018 年，应届大学生在就业总人数中约占 17.44%，略低于上一年度。江西的应届大学生就业人员占比最高，约为 35.49%，其他地区的数值差异不大（图 3-21）。

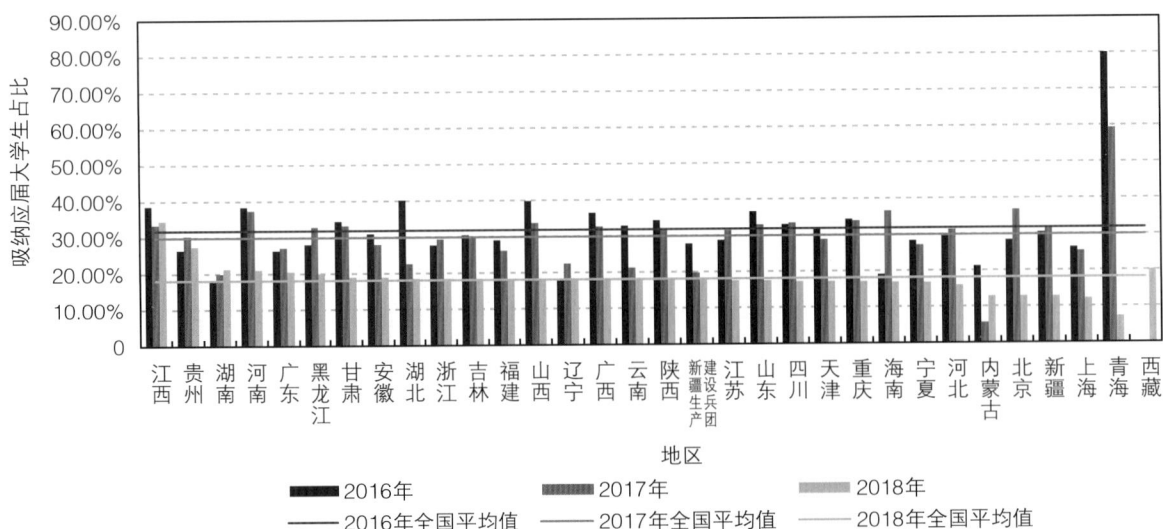

图 3-21　各地区创业团队/企业应届大学生占就业总人数的比例

（七）创业团队/企业技术创新情况

众创空间是创新活跃程度很高的区域，2018 年，全国众创空间常驻企业/团队拥有有效知识产权数量达到 21.38 万个，比上一年增加 40.4%。北京成为常驻企业/团队拥有有效知识产权数量最多的地区，与江苏、广东、浙江、湖北 5 个地区均属于万级水平，合计占到全国总数的 51.4%（图 3 - 22）。

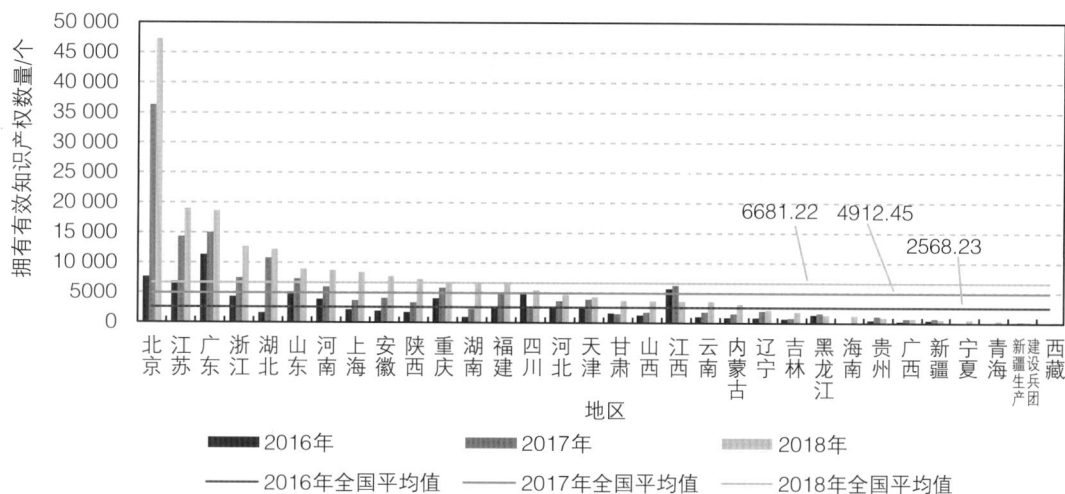

图 3 - 22　各地区众创空间常驻企业/团队拥有有效知识产权数量

发明专利是常驻企业/团队拥有有效知识产权中的重要组成部分，2018 年，全国平均占比为 20.52%。青海凭借 35.25% 的比例位居第一，广西、四川、湖南 3 个地区的发明专利占比也都超过了 30%（图 3 - 23）。

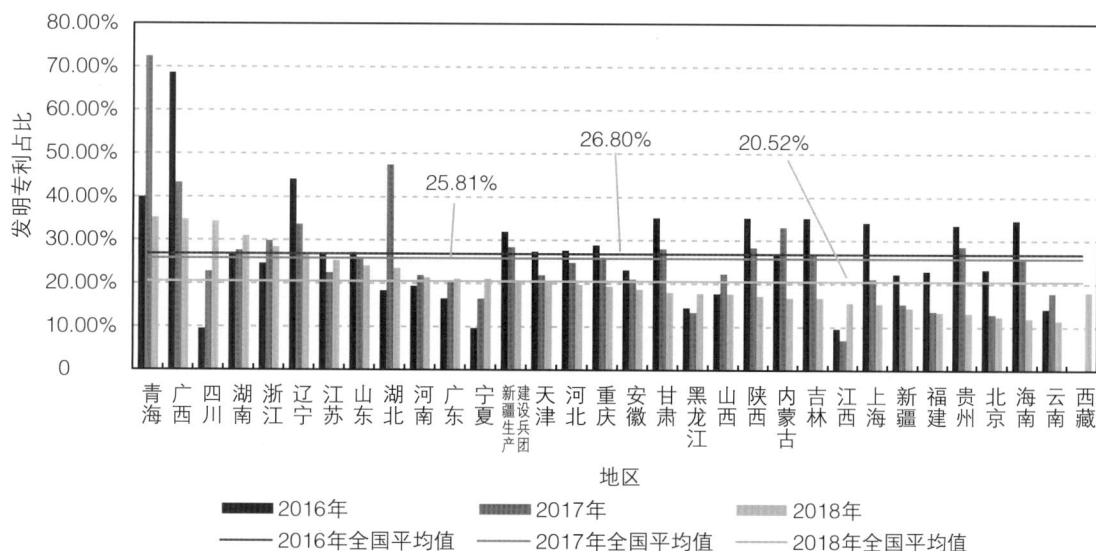

图 3 - 23　各地区众创空间常驻企业/团队拥有发明专利占有效知识产权的比例

三、众创空间运营情况

（一）设立情况

孵化器和高校科研院所在众创空间设立过程中扮演着重要角色，从全国范围来看，约有29.77%的众创空间由孵化器建立，12.40%的众创空间由高校科研院所建立（图 3 - 24）。

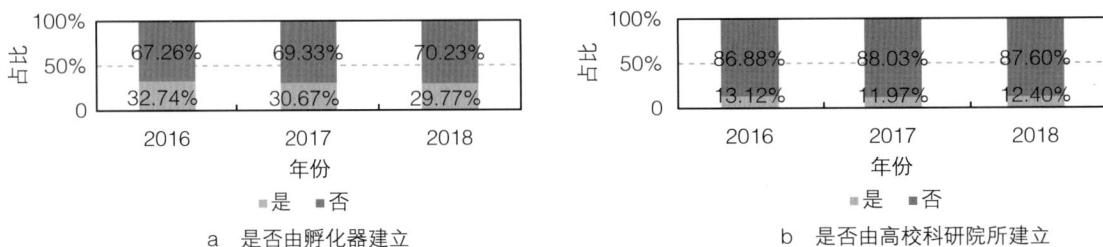

a 是否由孵化器建立　　b 是否由高校科研院所建立

图 3 - 24　众创空间建立主体分布

（二）众创空间性质

2018 年，从众创空间不同类型的运营主体性质来看，由民营企业性质主体运营的众创空间依旧占据了主体，占比达到66%；国有企业性质主体和事业单位性质主体运营的众创空间数量分列第2、第3位，占比分别为12%和10%（图 3 - 25）。

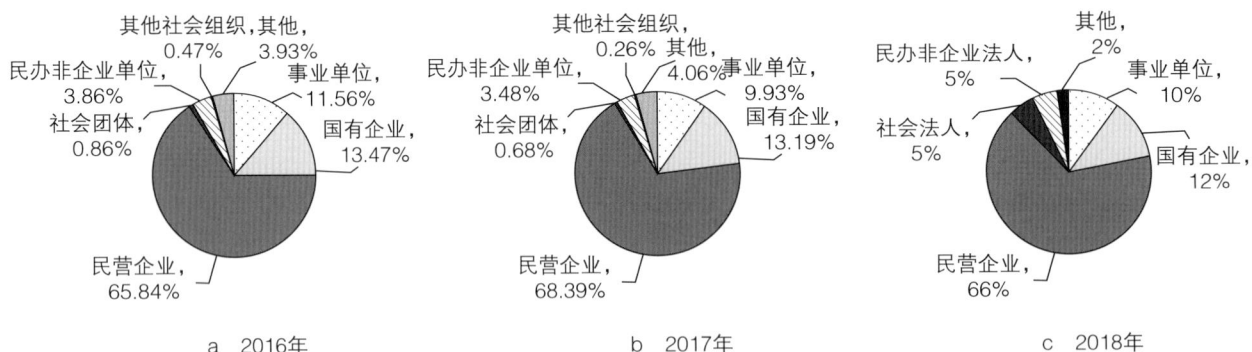

a　2016年　　b　2017年　　c　2018年

图 3 - 25　不同运营主体性质的众创空间分布

全国有 1567 家众创空间位于国家高新区内，主要分布在江苏、广东、山东、北京、湖北等地区。分布数量最多的 10 个地区之和达到了 1079 家，占比超过 2/3（图 3 - 26）。

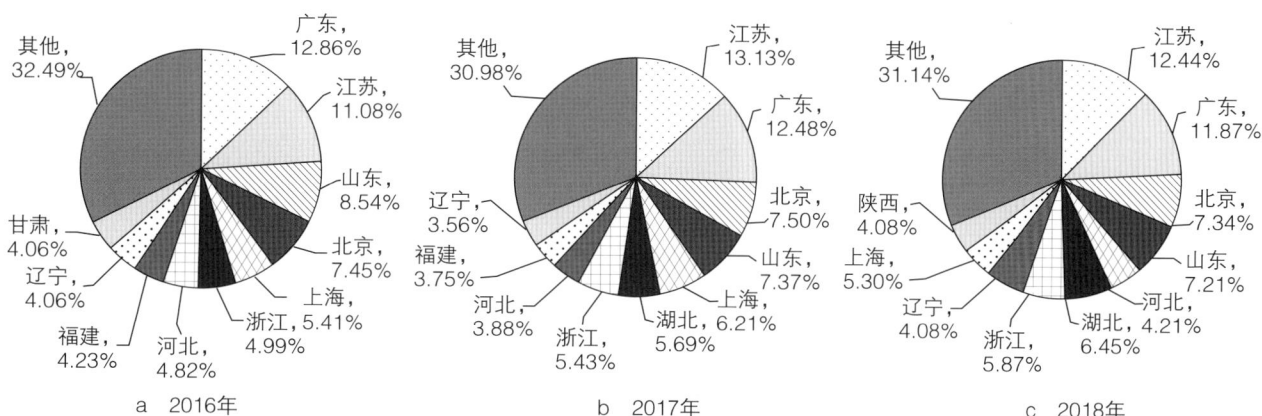

図3-26　国家高新区内众创空间分布

（三）运营收入和成本情况

2018年，全国众创空间运营收入再创新高，达到了182.92亿元，各地区平均实现收入5.72亿元。北京市以25.90亿元夺得头筹，江苏、浙江、湖北、广东、安徽、山东紧随其后，7省合计占到全国总量的61.07%。2018年，全国众创空间总盈利为8.74亿元（图3-27）。

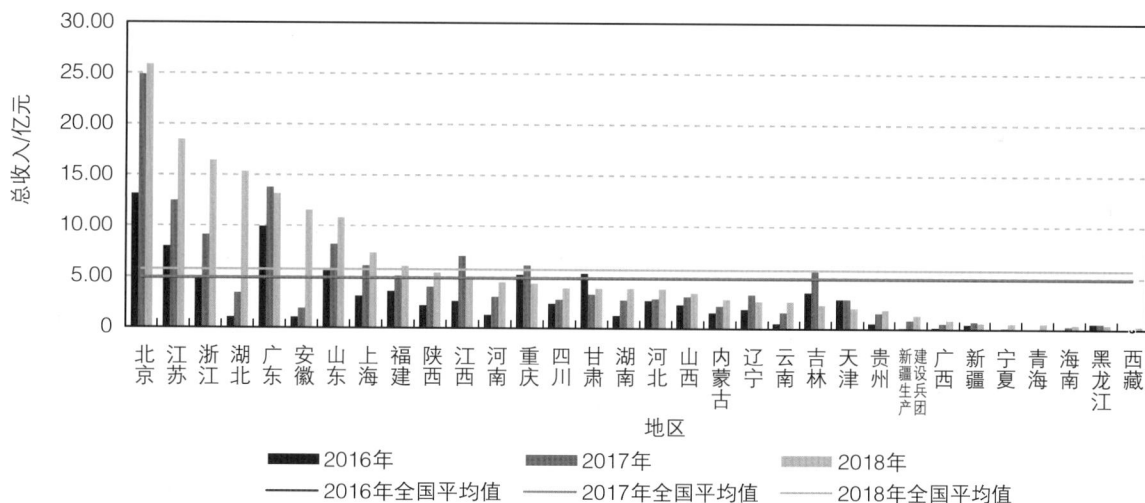

图3-27　各地区众创空间总收入

从众创空间总收入来源组成看，2018年，服务收入仍然是众创空间最重要的收入来源，但与2017年相比所占总收入百分比有所下滑。房租及物业收入和财政补贴成为众创空间第二重要的收入来源，占到总收入的44.58%（图3-28）。

与众创空间运营收入实现增长不同，2018年全国众创空间运营成本为174.18亿元，比上一年度增加31.40亿元。各地区平均运营成本约为5.44亿元，其中，北京、江苏、广东、山东、浙江、安徽的运营成本均超过了10亿元，合计占到全国总量的53.34%（图3-29）。

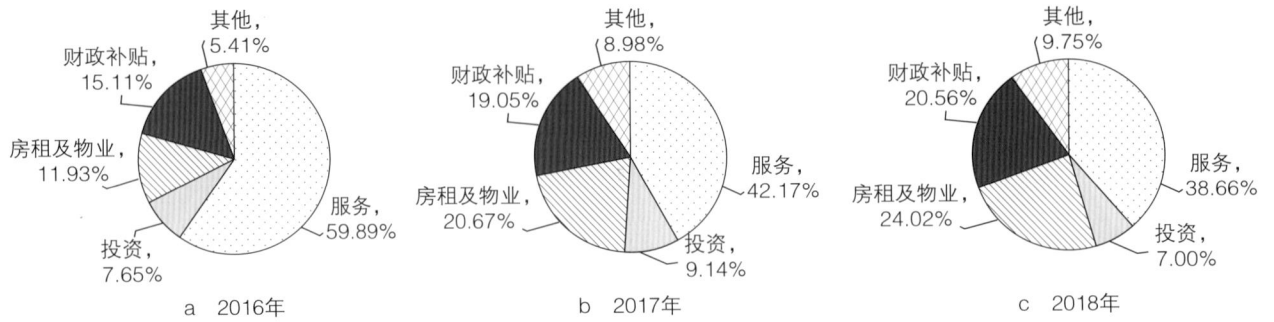

图 3-28　众创空间总收入来源组成

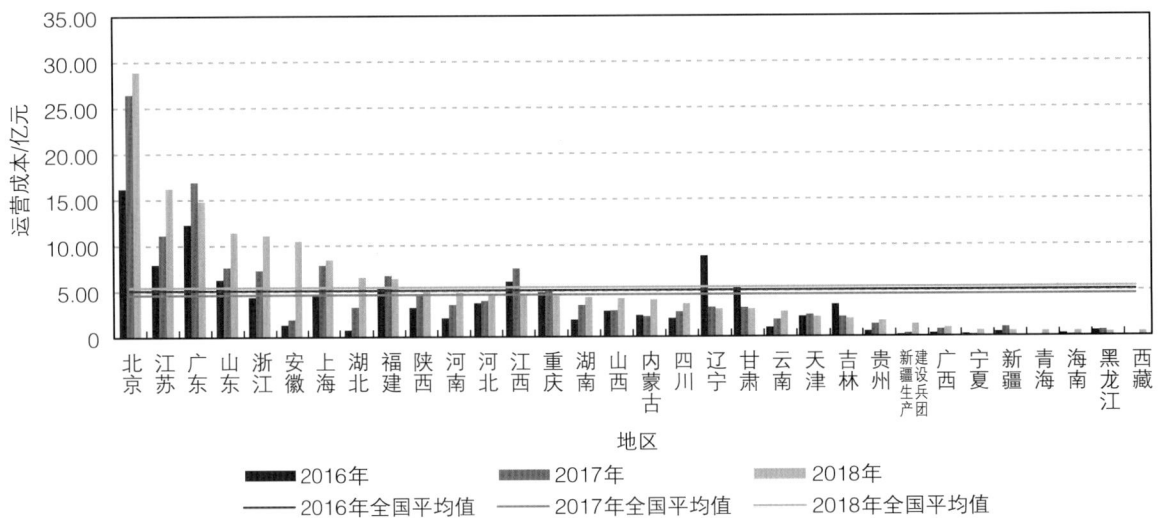

图 3-29　各地区众创空间运营成本

从运营成本的组成结构来看，场地费用、管理费用是众创空间运营成本中数额较大的两个部分，合计达到 89.52 亿元，占全国总量的 51.39%。人员费用占比下降，说明众创空间在人力资源管理方面效率更高（图 3-30）。

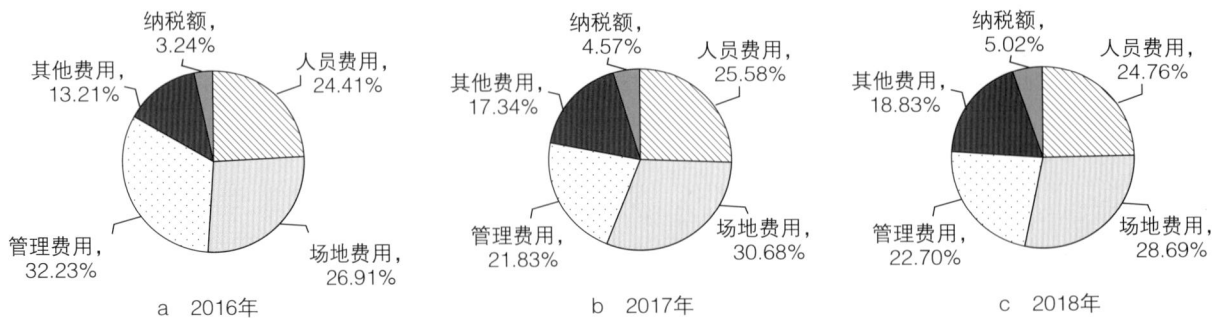

图 3-30　众创空间运营成本组成

（四）服务人员情况

2018 年，全国众创空间共有服务人员 14.54 万人，各地区平均服务人员 4544 人。广东、江西 2 个地区服务人员数量均超过了 1 万人，合计占到全国总数的 18.64%（图 3 - 31）。

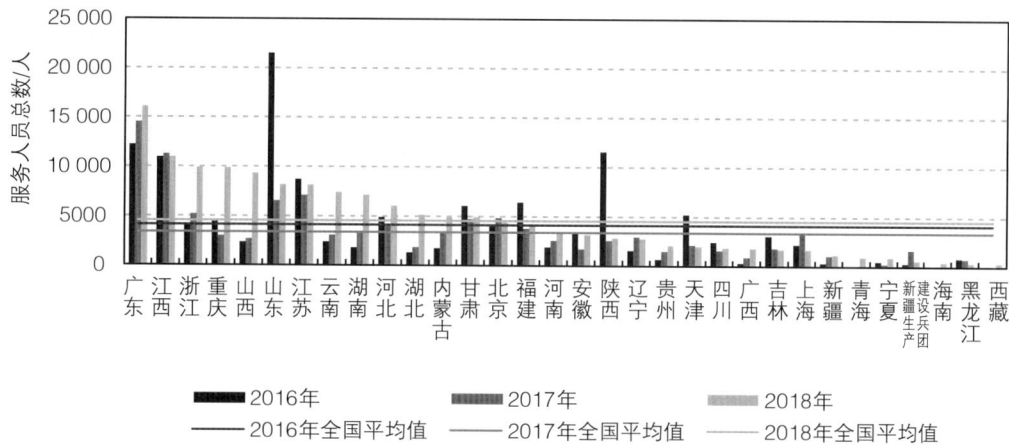

图 3 - 31 各地区众创空间服务人员总数

从众创空间的平均服务人员规模来看，平均每家众创空间拥有 21.6 名服务人员，高于 2017 年的 18 名人员，这可能与众创空间服务效率的提升有关。江西的服务人员规模仍然最大，高于全国平均水平的 4 倍（图 3 - 32）。

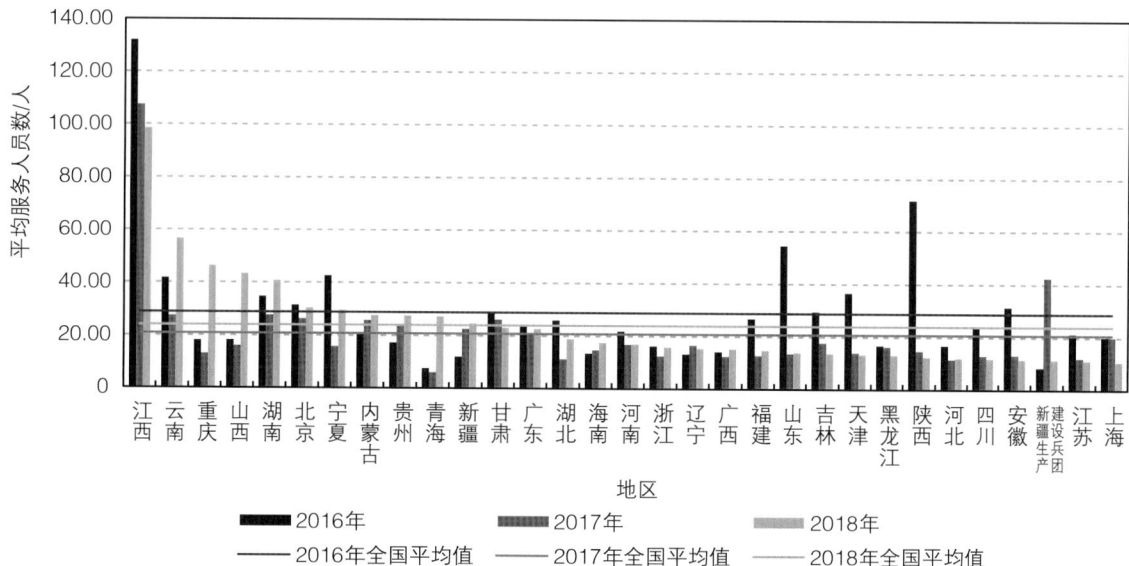

图 3 - 32 各地区众创空间平均服务人员数

从众创空间服务人员规模分布来看，10 人及以下规模的众创空间仍然占据主体，约占众创空间总数的 59.41%；服务 10～100 人规模的众创空间也有很多，约占总数的 38.81%；服务 100 人以上的众创空间已是非常罕见，仅占总数的 1.79% 左右（图 3 - 33）。

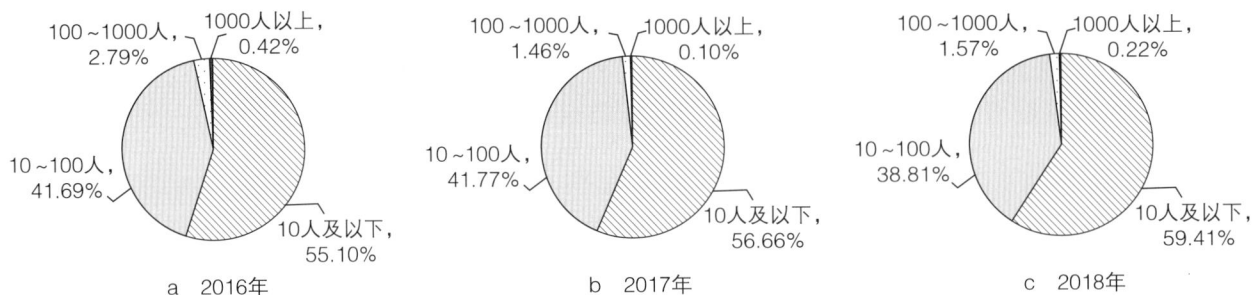

图 3 - 33　不同服务人员规模的众创空间分布

（五）提供服务情况

在众创空间主要提供的 9 类服务项目中，九成以上的众创空间都能提供办公场地、开展创新创业活动、开展创业导师服务、举办创业教育培训、保障政策落实、提供创业投融资服务和提供技术创新服务。能够开展国际合作的众创空间占比较 2017 年有所提升，说明众创空间正在加快国际交流工作方面的步伐，与海外资本、人才、技术项目、孵化机构互通合作的态度更加积极进取（图 3 - 34）。

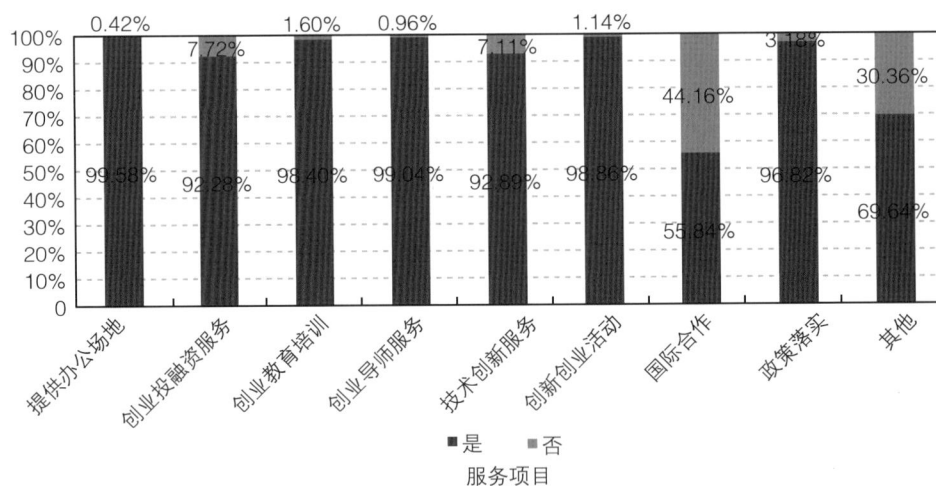

图 3 - 34　2018 年众创空间主要服务项目提供情况

创业导师服务是众创空间最重要而普遍的服务功能之一。2018 年，全国众创空间创业导师队伍达到 14.11 万人的规模，比上一年增加 16.1%，其中，专职导师约占导师队伍的 1/4（图 3 - 35）。

众创空间在 2018 年开展了数量更多的各类服务活动，其中，以举办创新创业活动、开展创业教育培训、提供技术支撑服务为最主要的服务活动类型。国际合作交流活动虽然比 2017 年增长 8.2%，但从绝对数量上来看仍然属于众创空间在服务领域的发展短板，如何实现更快速的国际接轨、深化中外合作交流是众创空间未来服务工作的重点之一（图 3 - 36）。

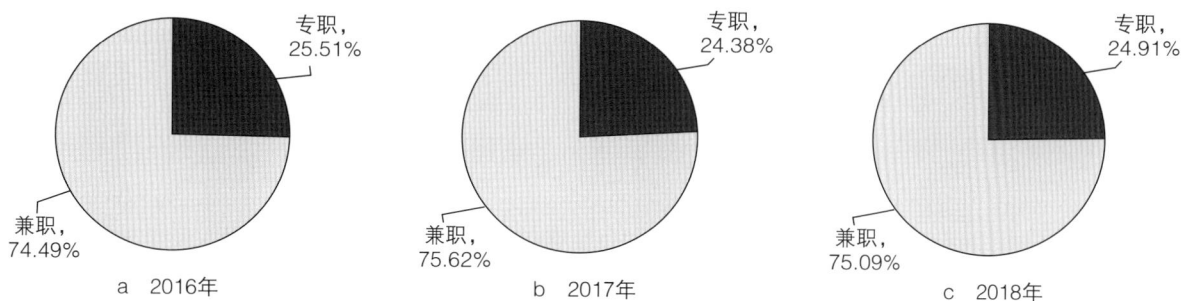

专职, 25.51%

兼职, 74.49%

a 2016年

专职, 24.38%

兼职, 75.62%

b 2017年

专职, 24.91%

兼职, 75.09%

c 2018年

图 3-35 创业导师队伍组成情况

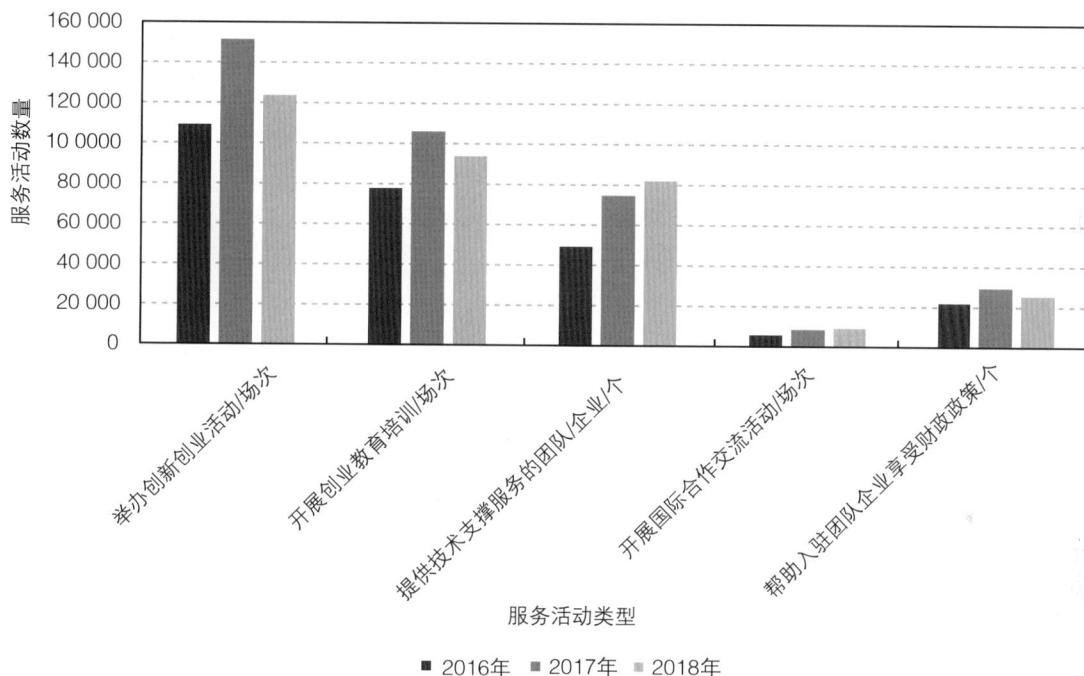

图 3-36 众创空间开展服务活动情况

（六）融资和上市（挂牌）情况

从融资和上市（挂牌）的角度来看，可以通过自身获得融资的众创空间占比低于上一年，仍然不足 1/5；自身是上市（挂牌）企业的众创空间占比也有小幅下降，总数仍然稀少，说明众创空间自身融资能力还有待进一步增强（图 3-37）。

1169 家自身可获得融资的众创空间主要分布在江苏、广东、浙江、山东等地区，上述 4 省合计占到总数的 40.89%（图 3-38）。

241 家自身是上市（挂牌）企业的众创空间主要分布在广东、四川、浙江、山东、江苏等地区，上述 5 省合计占到总数的 38.59%（图 3-39）。

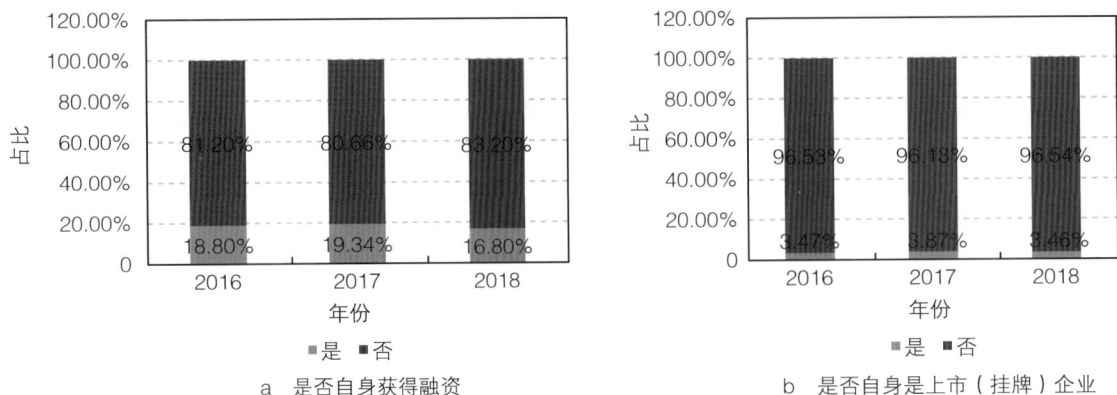

a 是否自身获得融资

b 是否自身是上市（挂牌）企业

图 3-37 众创空间自身融资与上市（挂牌）情况

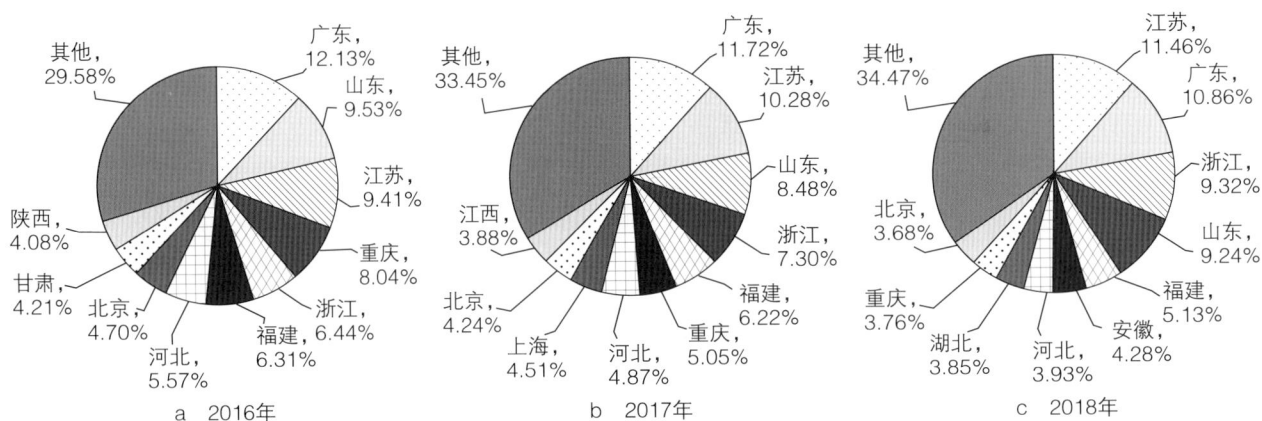

a 2016年

b 2017年

c 2018年

图 3-38 自身可获得融资的众创空间分布

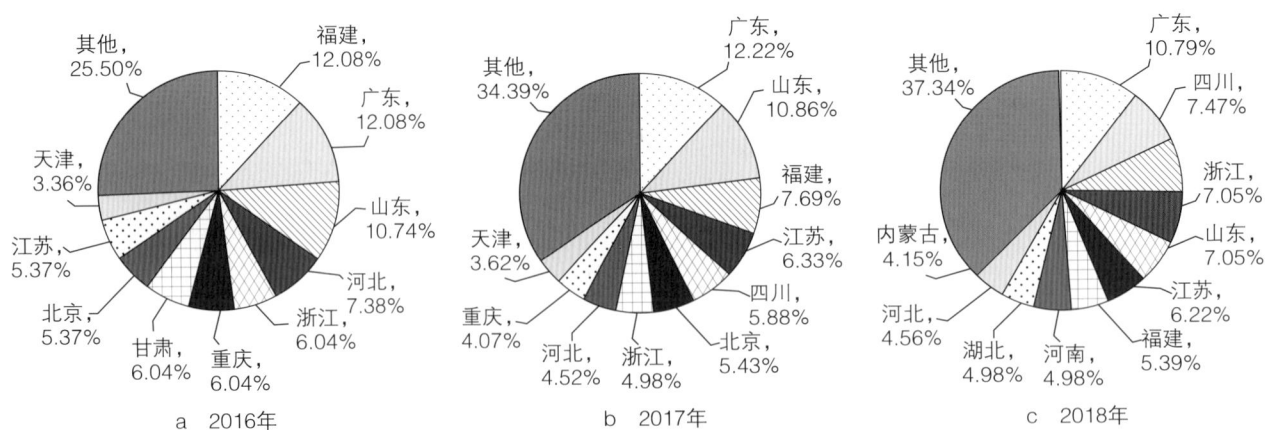

a 2016年

b 2017年

c 2018年

图 3-39 自身是上市（挂牌）企业的众创空间分布

第四章　孵化器专题分析

本章主要从总体情况、孵化绩效情况、孵化器运营情况三大板块详细分析中国2018年专业孵化器、国家高新区创业孵化机构、民营创业孵化机构的总体发展态势。其中，总体情况包含孵化器数量、孵化面积、在孵企业情况和毕业企业情况4个部分；孵化绩效情况包含在孵企业经营状况、技术创新情况、创造的就业机会、获得投融资情况4个部分；孵化器运营情况包含孵化器获得的投资情况、孵化基金情况、获得财税支持情况、收支和运营成本情况、管理人员情况、开展孵化服务情况6个部分。

一、专业孵化器

整体来看，2016—2018年，专业孵化器的数量在逐年增加，但是专业孵化器增速不明显。从部分核心指标来看，受政策导向影响，专业孵化器的面积、在孵企业数量、累计毕业企业数量、在孵企业总收入、在孵企业从业人员等指标的全国占比略低于专业孵化器数量的全国占比。专业孵化器的孵化基金总额全国占比超过70%，当年获得投融资的企业数量和在孵企业当年获得风险投资额全国占比均超过30%，表明专业孵化器在投融资方面的表现较好，具有较强的融资能力和投资基础（表4-1）。

表4-1　专业孵化器核心指标与全国孵化器对比

指标	2016 年			2017 年			2018 年		
	专业孵化器	全国孵化器	专业孵化器占全国比重/%	专业孵化器	全国孵化器	专业孵化器占全国比重/%	专业孵化器	全国孵化器	专业孵化器占全国比重/%
数量/个	1020	3255	31.34	1205	4063	29.66	1429	4849	29.47
面积/百万平方米	26.68	107.28	24.87	28.66	119.62	23.96	34.27	131.93	25.98
在孵企业数量/个	35 268	133 314	26.45	45 997	175 346	26.23	54 442	205 972	26.43
累计毕业企业数量/个	17 896	89 658	19.96	23 010	110 922	20.74	27 641	139 395	19.83
当年上市（挂牌）企业数量/个	285	983	28.99	364	1004	36.25	227	944	24.05

指标	2016 年			2017 年			2018 年		
	专业孵化器	全国孵化器	专业孵化器占全国比重/%	专业孵化器	全国孵化器	专业孵化器占全国比重/%	专业孵化器	全国孵化器	专业孵化器占全国比重/%
在孵企业总收入/亿元	1178.46	4782.36	24.64	1587.00	6323.47	25.10	2039.64	8340.60	24.45
在孵企业从业人员数量/人	575 551	2 122 701	27.11	656 391	2 564 799	25.59	767 048	2 901 118	26.44
在孵企业当年获得风险投资额/亿元	148.7	385.8	38.54	190.9	479.73	39.79	241.0	629.79	38.27
当年获得投融资的企业数量/个	2464	7485	32.92	3089	9571	32.27	3490	11 198	31.17
孵化器孵化基金总额/亿元	549.9	687.8	79.95	611.3	840.21	72.76	755.6	1071.5	70.52
孵化器总收入/亿元	87.6	308.0	28.44	107.47	383.13	28.05	154.61	463.33	33.37
孵化器物业以外收入占比/%	65.1	68.4	—	62.4	66.7	—	59.8	59.2	—
孵化器管理人员数量/人	15 760	53 838	29.27	17 903	62 718	28.55	20 937	72 953	28.70
开展创业教育培训活动场次/次	21 597	67 299	32.09	31 352	104 170	30.10	26 874	87 651	30.66

（一）总体情况

1. 专业孵化器数量

2018 年，上报有效年报数据的专业孵化器数量为 1429 家，较 2016 年增长了 40.1%，同比增长 18.6%。其中，国家级专业孵化器共有 352 家，占比 24.6%（表 4-2）。2016—2018 年，专业孵化器数量从 1020 家增加到 1429 家，呈现逐渐增长的态势（图 4-1）。

表 4-2　全国及各地区专业孵化器数量情况　　　　　　　　　　　　　　单位：家

地区	2016 年			2017 年			2018 年		
	专业孵化器总数	国家级专业孵化器	非国家级专业孵化器	专业孵化器总数	国家级专业孵化器	非国家级专业孵化器	专业孵化器总数	国家级专业孵化器	非国家级专业孵化器
合计	1020	300	720	1205	340	865	1429	352	1077
北京	51	28	23	46	25	21	52	26	26
天津	30	13	17	23	11	12	22	10	12

地区	2016 年			2017 年			2018 年		
	专业孵化器总数	国家级专业孵化器	非国家级专业孵化器	专业孵化器总数	国家级专业孵化器	非国家级专业孵化器	专业孵化器总数	国家级专业孵化器	非国家级专业孵化器
河北	22	2	20	29	2	27	46	2	44
山西	6	3	3	6	3	3	9	4	5
内蒙古	13	3	10	14	4	10	16	4	12
辽宁	23	12	11	21	14	7	23	12	11
吉林	36	8	28	38	8	30	39	7	32
黑龙江	30	5	25	34	4	30	34	4	30
上海	114	29	85	128	35	93	130	33	97
江苏	130	38	92	111	29	82	157	48	109
浙江	37	13	24	58	15	43	87	15	72
安徽	20	2	18	32	6	26	41	6	35
福建	38	4	34	38	5	33	43	4	39
江西	13	3	10	13	5	8	14	5	9
山东	81	27	54	125	34	91	148	34	114
河南	29	5	24	28	8	20	32	9	23
湖北	26	17	9	53	17	36	61	17	44
湖南	8	3	5	11	4	7	15	4	11
广东	185	40	145	253	59	194	313	59	254
广西	14	4	10	21	3	18	26	2	24
海南	2	1	1	1	1	0	1	1	0
重庆	22	6	16	15	8	7	16	7	9
四川	24	6	18	30	7	23	30	7	23
贵州	6	2	4	6	3	3	9	3	6
云南	6	2	4	4	3	1	5	3	2
西藏	0	0	0	0	0	0	0	0	0
陕西	31	17	14	42	20	22	36	19	17
甘肃	12	1	11	14	2	12	13	2	11
青海	1	1	0	0	0	0	0	0	0
宁夏	2	1	1	3	1	2	3	1	2
新疆	7	4	3	7	4	3	7	4	3
新疆生产建设兵团	1	0	1	1	0	1	1	0	1

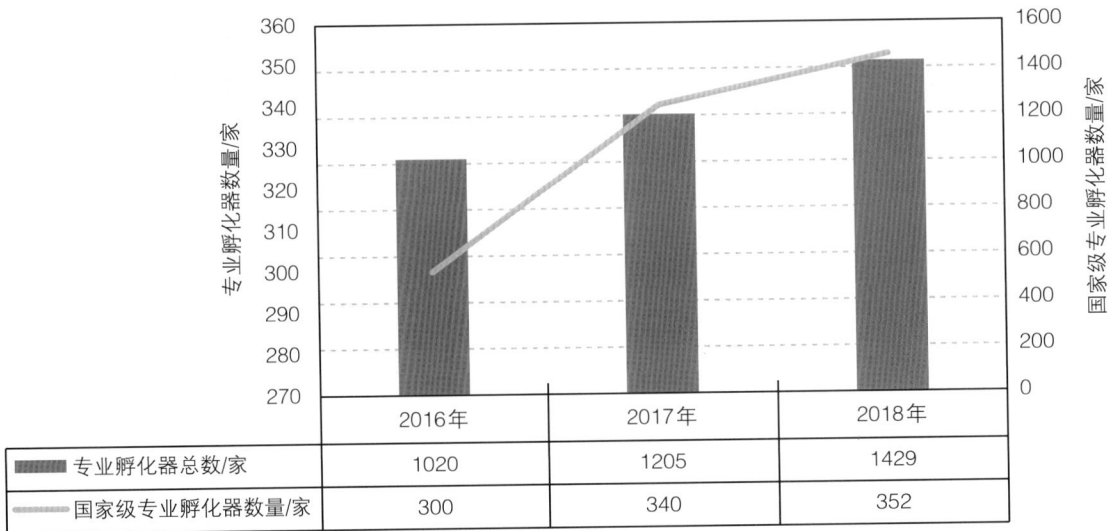

	2016年	2017年	2018年
专业孵化器总数/家	1020	1205	1429
国家级专业孵化器数量/家	300	340	352

图 4 - 1　2016—2018 年专业孵化器数量

2018 年，专业孵化器数量最多的前 5 个地区分别为广东、江苏、山东、上海和浙江。较前两年相比，广东在专业孵化器数量上依旧保持了绝对优势，较上年增长 23.7%，连续三年位列第一，并且逐渐拉大与其他地区的距离（图 4 - 2）。专业孵化器数量较多的前 5 个地区孵化器总数量的占比接近 60%（图 4 - 3）。

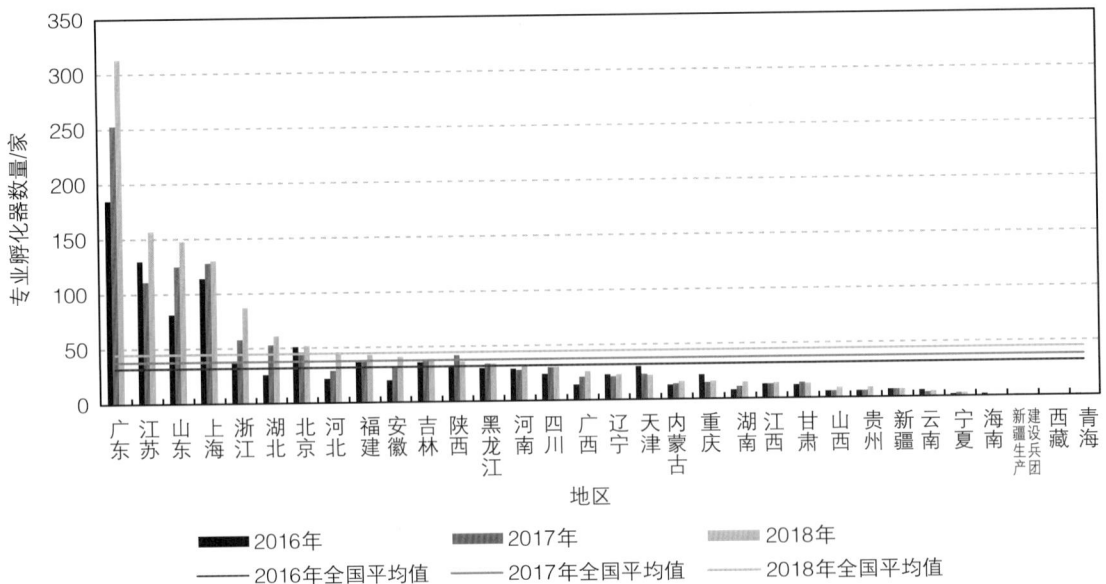

图 4 - 2　各地区专业孵化器数量

2018 年，东部地区共有专业孵化器 999 家，较上年增长 23.0%，占比接近 69.9%，中、西部及东北地区的专业孵化器数量增幅逐渐放缓，东部地区依旧是专业孵化器的高度集聚区（图 4 - 4）。

其他，28%	广东，18%
天津，3%	江苏，13%
陕西，3%	上海，11%
吉林，3%	山东，8%
浙江，4%	北京，5%
福建，4%	

a 2016年

其他，26%	广东，21%
福建，3%	上海，11%
吉林，3%	山东，10%
陕西，4%	江苏，9%
北京，4%	浙江，5%
湖北，4%	

b 2017年

其他，29%	广东，22%
安徽，3%	江苏，11%
福建，3%	山东，10%
河北，3%	上海，9%
北京，4%	浙江，6%
湖北，4%	

c 2018年

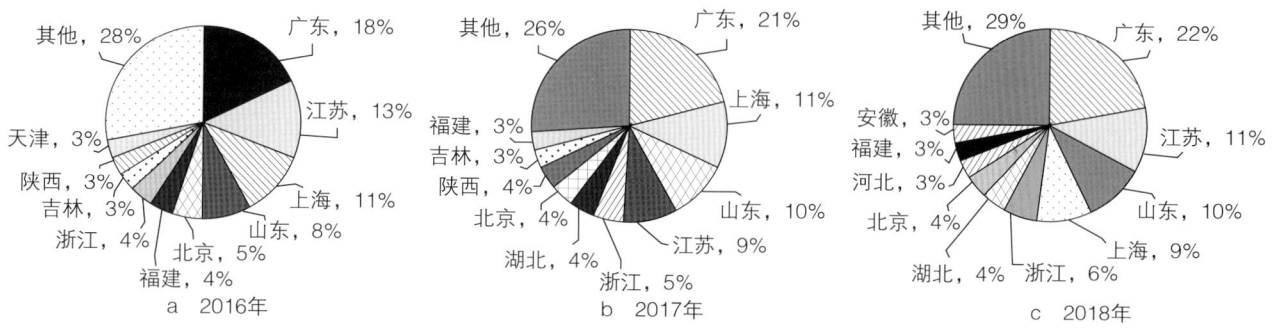

图4-3 各地区专业孵化器数量占比

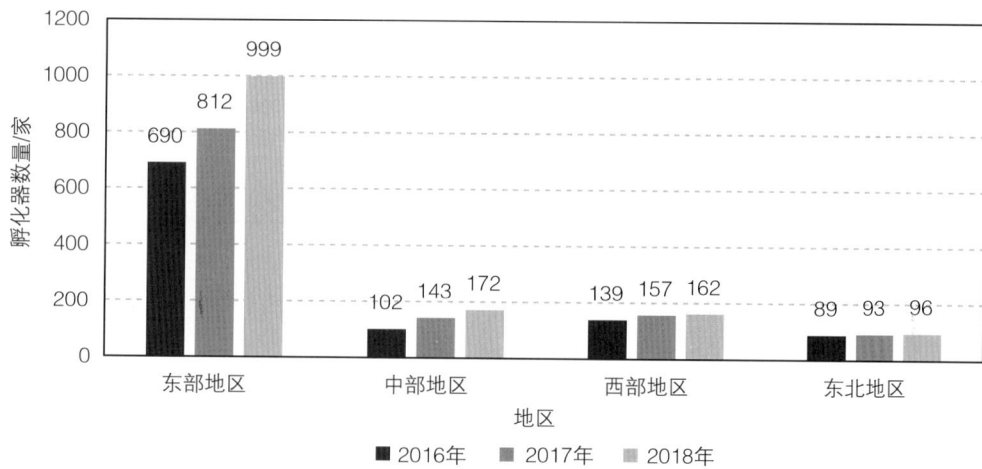

图4-4 各地区专业孵化器数量

2. 孵化面积

2018年，全国专业孵化器使用总面积为34.27百万平方米，与2017年相比，增长了19.6%（图4-5）。其中，67%的面积用途为在孵企业用房，7%的面积为办公用房，14%的面积为公共服务用房，较前两年相比无明显变化，在孵企业用房的面积依旧处于最大占比，达23.12百万平方米（表4-3和图4-6）。

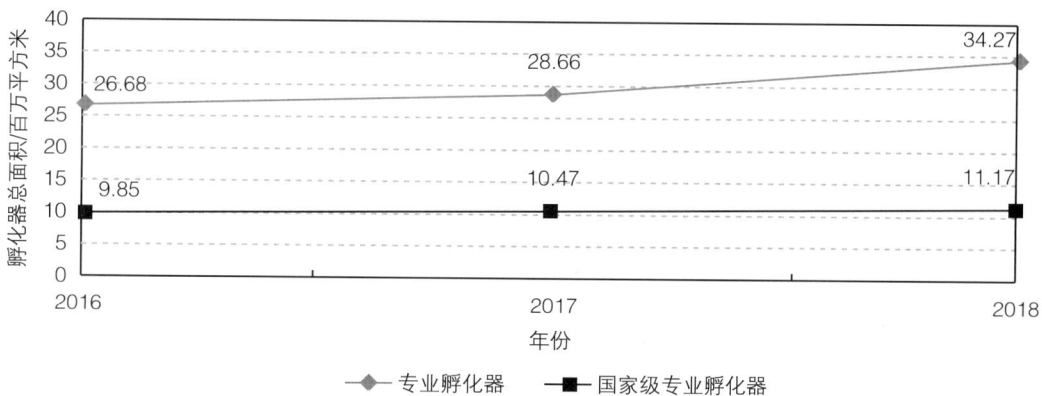

图4-5 2016—2018年专业孵化器面积

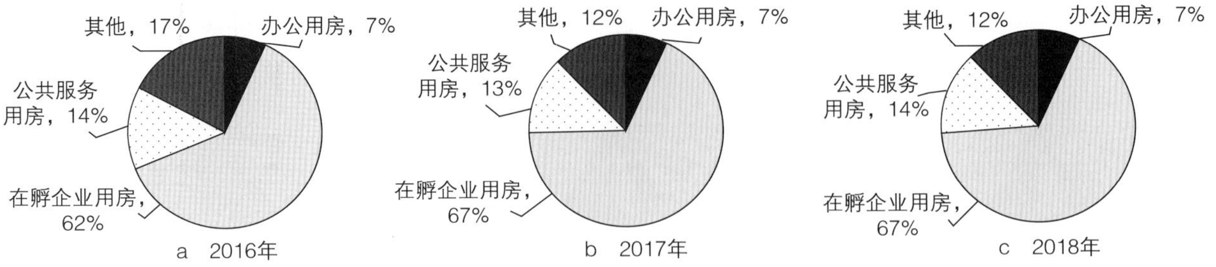

图 4-6 专业孵化器面积用途占比情况

表 4-3 全国专业孵化器孵化面积情况   单位：百万平方米

年份	孵化器使用总面积	其中			
		办公用房	在孵企业用房	公共服务用房	其他
2016	26.68	1.85	16.63	3.61	4.59
2017	28.66	2.03	19.34	3.80	3.49
2018	34.26	2.42	23.12	4.67	4.05

2018 年，专业孵化器使用面积较大的前 5 个地区分别为广东、山东、江苏、浙江和上海。其中，广东的专业孵化器使用总面积占比为 19%，达 6.5 百万平方米，较上年增长 16.2%，位居第一，其次为山东，占比 17%，较上年增长 49.8%，涨幅明显（图 4-7 和图 4-8）。

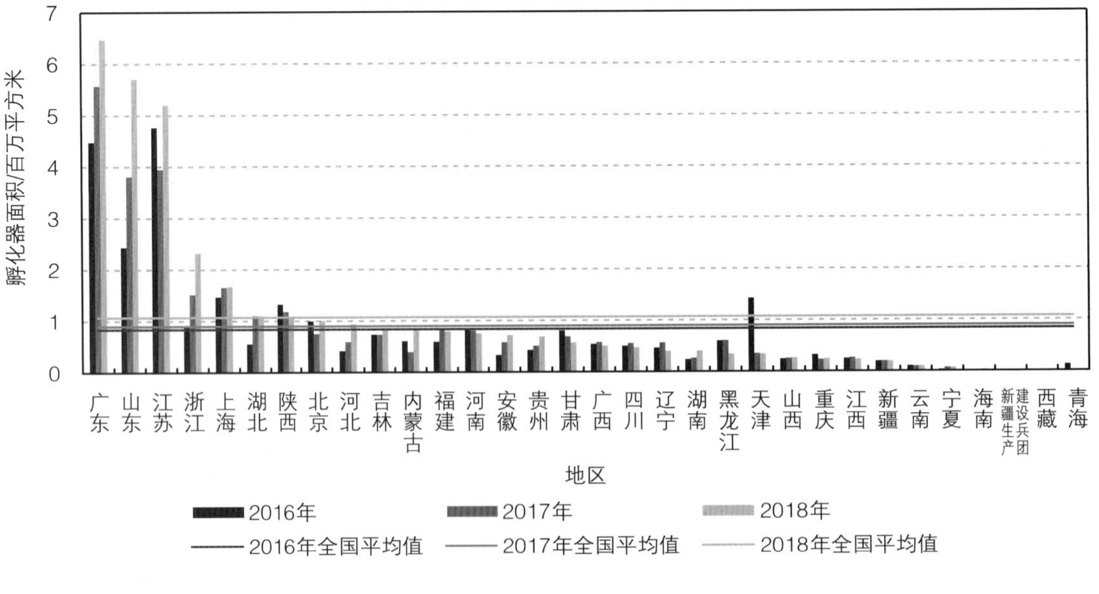

图 4-7 各地区专业孵化器面积

3. 在孵企业情况

2018 年，全国专业孵化器内共有在孵企业 54 442 家，较 2017 年增长了 18.4%。其中，当年新增的在孵企业有 15 650 家，占比 28.7%，较 2017 年有小幅增长（表 4-4）。

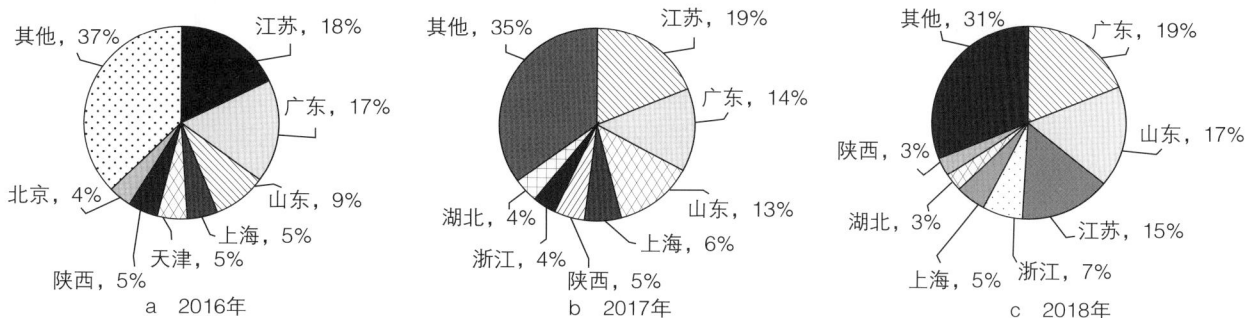

图4-8 各地区专业孵化器面积占比

表4-4 全国和各地区孵化器在孵企业数量 单位：家

地区	2016 年		2017 年		2018 年	
	在孵企业总数	当年新增在孵企业数	在孵企业总数	当年新增在孵企业数	在孵企业总数	当年新增在孵企业数
北京	2464	809	3088	895	3218	810
天津	1144	294	1023	203	953	265
河北	507	195	684	240	916	273
山西	241	73	260	68	339	77
内蒙古	277	125	356	108	395	113
辽宁	769	237	1022	274	1015	231
吉林	834	331	1092	464	1184	359
黑龙江	582	204	801	236	858	195
上海	4433	1465	5371	1649	6165	1552
江苏	4611	1227	4310	891	6546	1626
浙江	1340	455	2151	824	3142	1035
安徽	480	160	885	328	1085	307
福建	825	350	1051	391	990	284
江西	405	109	511	123	466	90
山东	3127	1232	4648	1537	5384	1563
河南	1024	459	1245	502	1486	520
湖北	1435	520	2439	913	2811	907
湖南	411	215	558	161	811	229
广东	5539	2582	8546	3310	10 770	3662
广西	479	178	515	217	524	236
海南	130	65	212	77	228	37
重庆	738	351	652	231	620	132

续表

地区	2016 年		2017 年		2018 年	
	在孵企业总数	当年新增在孵企业数	在孵企业总数	当年新增在孵企业数	在孵企业总数	当年新增在孵企业数
四川	902	406	1302	441	1389	421
贵州	211	108	224	48	191	41
云南	196	76	194	59	240	35
西藏	0	0	0	0	0	0
陕西	1353	403	1827	599	1650	433
甘肃	301	95	436	240	374	54
青海	90	22	0	0	0	0
宁夏	67	20	105	38	71	4
新疆	344	187	476	154	608	159
新疆生产建设兵团	9	9	13	5	13	0
合计	35 268	12 962	45 997	15 226	54 442	15 650

2018 年，专业孵化器内在孵企业数量在 10～50 家的依旧占比较大，拥有 10 家以下和 50～100 家在孵企业数量的占比较为均衡，拥有 100 家以上在孵企业数量的专业孵化器依旧占较少数（图 4-9）。

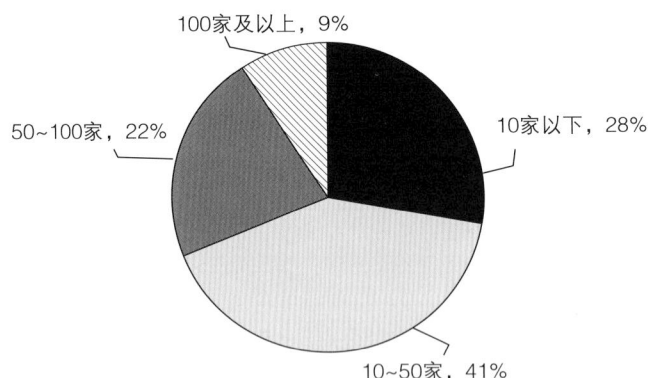

图 4-9　不同在孵企业数量的专业孵化器占比

2018 年，专业孵化器内在孵企业数量较多的前 5 个地区分别为广东、江苏、上海、山东和北京。其中，广东专业孵化器内在孵企业数量首次过万，占比 20%，位居第一，其次为江苏，较上年增长了 51.9%，占全国在孵企业总数的 12%，涨幅明显。专业孵化器内在孵企业数量较多的 5 个地区总占比超过全国半数以上（图 4-10 和图 4-11）。

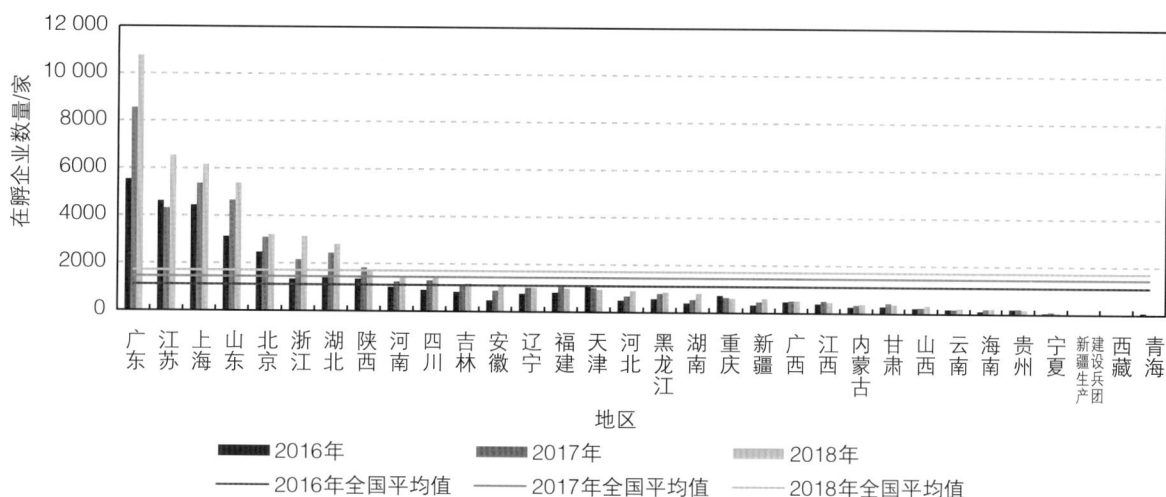

图4-10 各地区专业孵化器内在孵企业数量

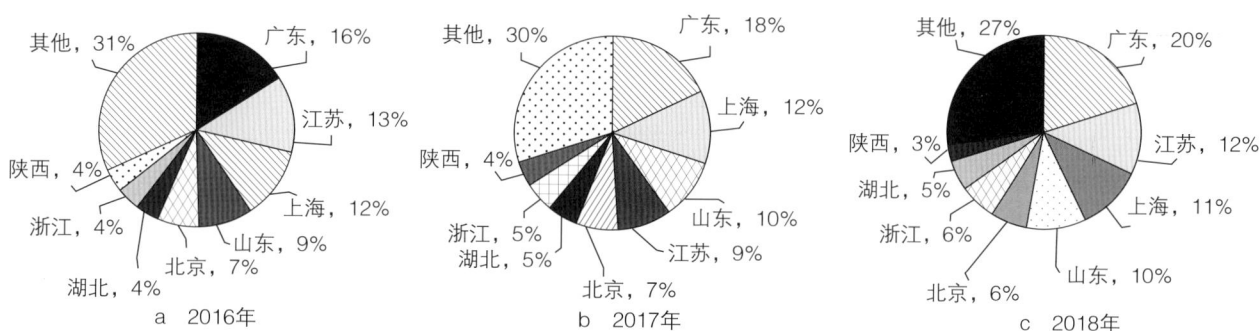

图4-11 各地区专业孵化器内在孵企业数量占比

4. 毕业企业情况

2018年，全国上报有效数据的专业孵化器内累计毕业企业27 641家，较2017年增长20.1%。其中，当年毕业企业有5702家，保持稳定增长趋势；当年上市（挂牌）企业有227家，较去年相比略有减少；当年被兼并和收购企业有175家，当年营业收入超过5000万元企业有959家（表4-5）。

表4-5 全国专业孵化器内毕业企业概况

单位：家

指标	2016 年	2017 年	2018 年
累计毕业企业	17 896	23 010	27 641
毕业企业累计上市（挂牌）企业	662	886	1046
当年毕业企业	3714	4910	5702
当年上市（挂牌）企业	285	364	227
当年被兼并和收购企业	189	249	175
当年营业收入超过5000万元企业	547	715	959

2018 年，孵化器内累计毕业企业数量排名靠前的前 5 个地区分别为广东、江苏、北京、山东和上海（图 4 - 12）。其中，广东较 2017 年增长了 40.6%，占比 14%，江苏较 2017 年增长了 50.3%，占比与广东持平。累计毕业企业数量最多的前 5 个地区总占比达 53%（图 4 - 13）。

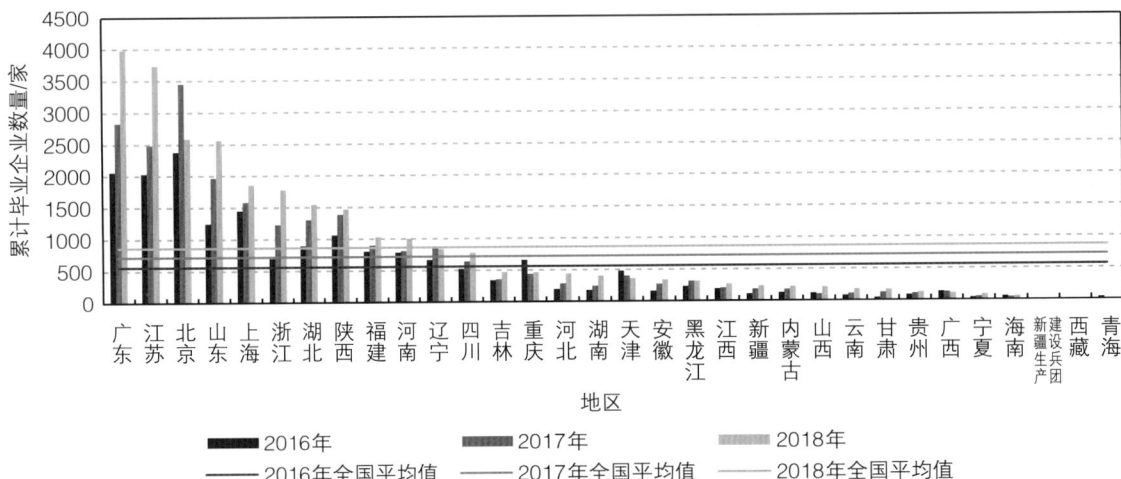

图 4 - 12　各地区孵化器内累计毕业企业数量

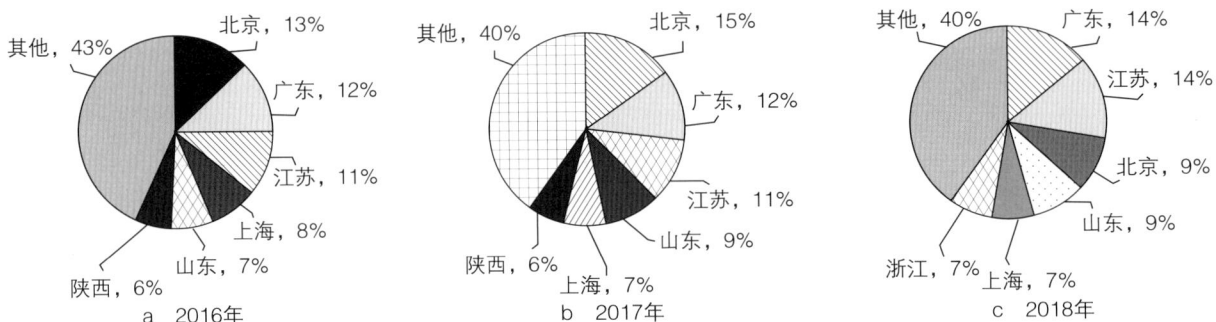

图 4 - 13　专业孵化器累计毕业企业数量占比

（二）孵化绩效情况

1. 在孵企业经营状况

2018 年，全国专业孵化器在孵企业总收入为 2039.6 亿元，平均值为 63.7 亿元，较上年增长 8.3%。广东、北京、江苏、上海及山东 5 个地区在孵企业总收入均突破百亿元。其中，广东的专业孵化器在孵企业总收入接近 400 亿元（图 4 - 14）。

2. 在孵企业技术创新情况

2018 年，全国在孵企业的 R&D 总支出为 726.6 亿元。在孵企业 R&D 支出排名前五的地区分别为广东、江苏、北京、上海和山东。其中，广东的在孵企业 R&D 支出接近 80 亿元，占全国在孵企业 R&D 支出的 11.0%，较 2017 年增长了两倍多（图 4 - 15）。

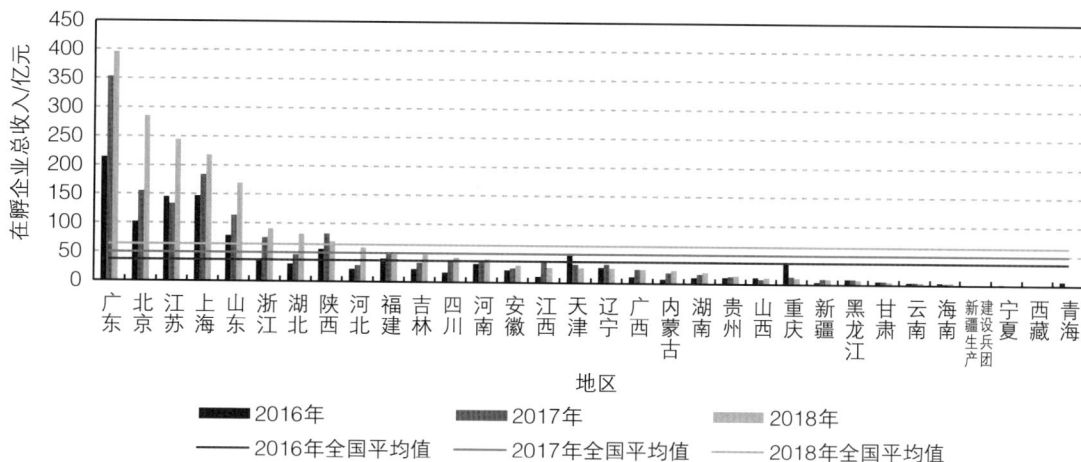

图 4-14　各地区专业孵化器内在孵企业总收入

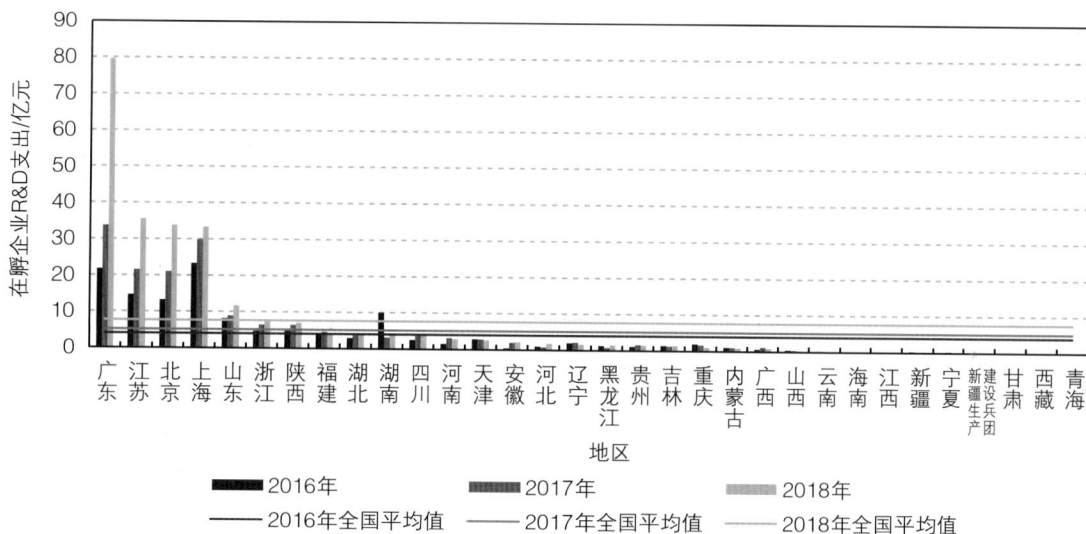

图 4-15　各地区在孵企业 R&D 支出

3. 在孵企业创造的就业机会

2018 年，专业孵化器内在孵企业从业人员数量较多的地区为广东、江苏、山东、上海和北京。其中，广东的专业孵化器内在孵企业从业人员数突破 14 万人，较 2017 年增长了 32.7%，增长趋势显著，其次为江苏，较上年增长 56.2%（图 4-16）。

2018 年，专业孵化器内在孵企业从业人员中大专以上人员占比达 79.7%，较 2017 年提高 0.2 个百分点。在孵企业从业人员中大专以上人员占比较高的地区为天津、上海、北京、新疆和宁夏。其中，天津位列第一，占比达 89.77%（图 4-17）。

4. 在孵企业获得投融资情况

2018 年，专业孵化器内获得孵化基金投资的在孵企业数量为 2882 家，较 2017 年略有增加。在孵企业累计获得风险投资额 998.0 亿元，较上年增长 40.3%；在孵企业当年获得风险投资额 241.0

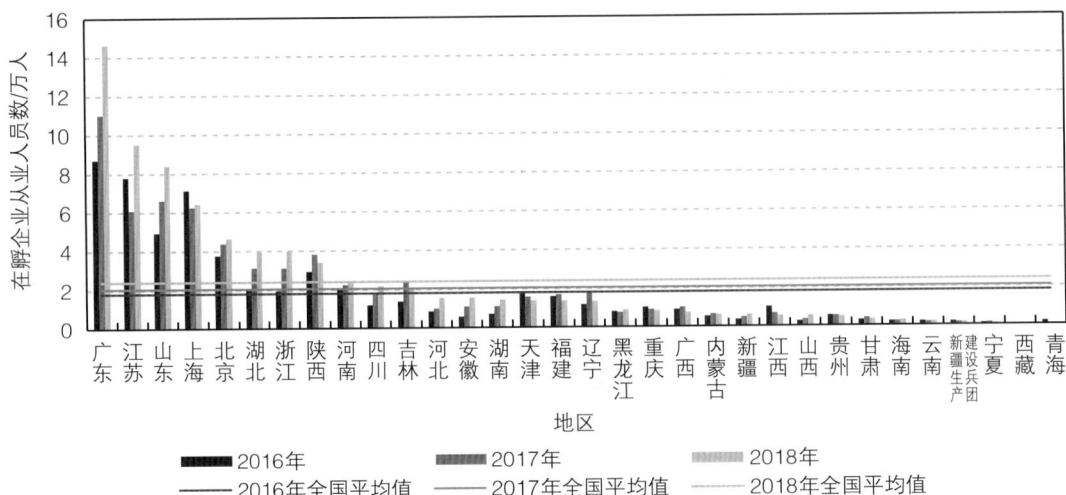

图 4-16　各地区专业孵化器内在孵企业从业人员数

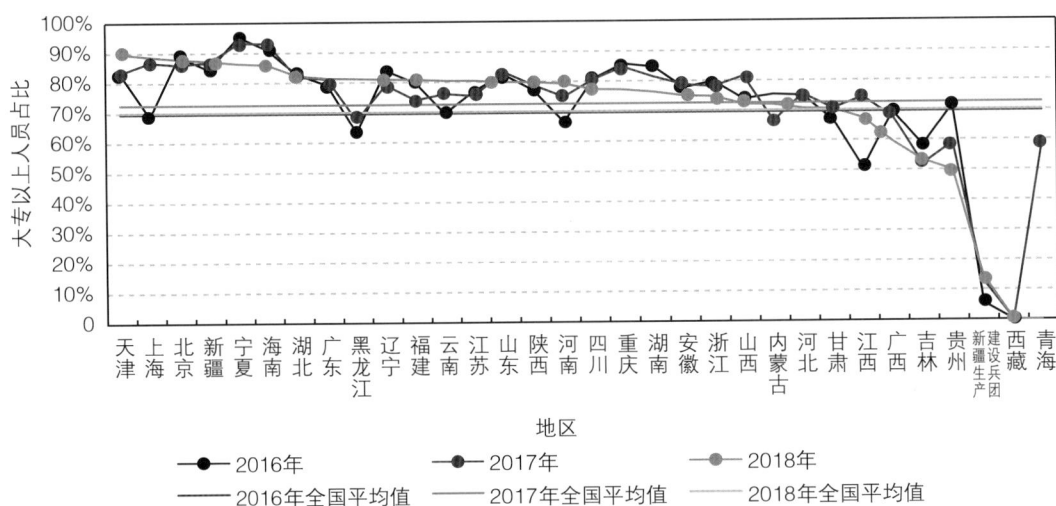

图 4-17　各地区专业孵化器内在孵企业从业人员中大专以上人员占比

亿元，较上年增长 26.2%，逐年增长趋势明显。累计获得投融资的企业数量有 13 772 家；专业孵化器内获得投融资的企业共有 3490 家，较去年增长 13.0%。专业孵化器内在孵企业获得投融资情况整体呈现稳步增长态势（表 4-6）。

表 4-6　全国专业孵化器内在孵企业投融资情况

指标	2016 年	2017 年	2018 年
当年获得孵化基金投资的在孵企业数量/家	3271	2796	2882
在孵企业累计获得风险投资额/亿元	669.8	711.1	998.0
其中：当年获得风险投资额/亿元	148.7	190.9	241.0
累计获得投融资的企业数量/家	9101	11 207	13 772
其中：当年获得投融资的企业数量/家	2464	3089	3490

（三）孵化器运营情况

1. 孵化器孵化基金情况

2018 年，全国专业孵化器的孵化基金总额 271.6 亿元，较 2017 年增长了 1.6%。2018 年，孵化器孵化基金总额较多的 5 个地区分别为广东、江苏、上海、浙江和山东，同上年相比波动显著。2018 年，广东孵化器孵化基金总额接近 50 亿元位居第一，较 2017 年增长 49.2%（图 4 - 18）。

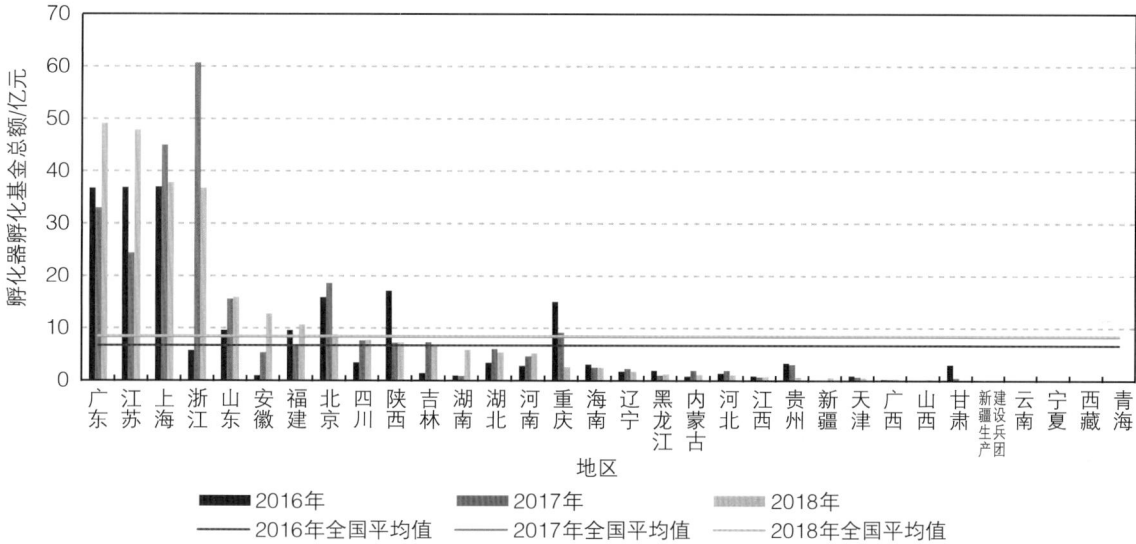

图 4 - 18　各地区专业孵化器孵化基金总额

2. 孵化器获得财税支持情况

2018 年，全国专业孵化器获得各级财政资助总额为 23.1 亿元，较 2017 年增加了 6.1%。其中，获得各级财政资助额较多的 5 个地区分别为广东、山东、江苏、河南和上海（图 4 - 19）。

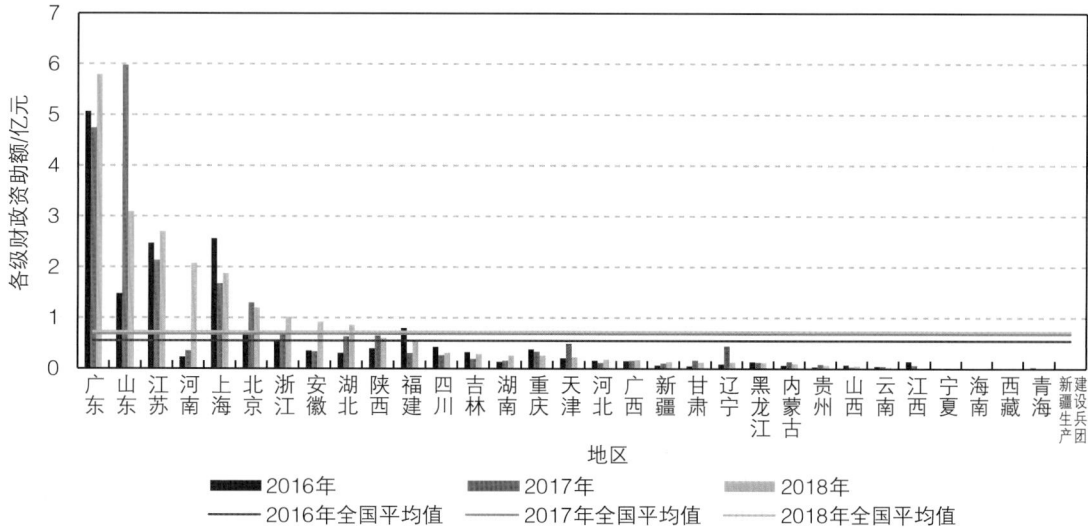

图 4 - 19　各地区专业孵化器获得各级财政资助额

3. 孵化器收支情况

2018 年，全国专业孵化器总收入 154.6 亿元，较 2017 年增加了 43.9%。专业孵化器总收入较多的 5 个地区分别为广东、江苏、北京、上海和山东。其中，广东专业孵化器的总收入较上年增长了一倍多，江苏专业孵化器的总收入也突破 20 亿元（图 4-20）。

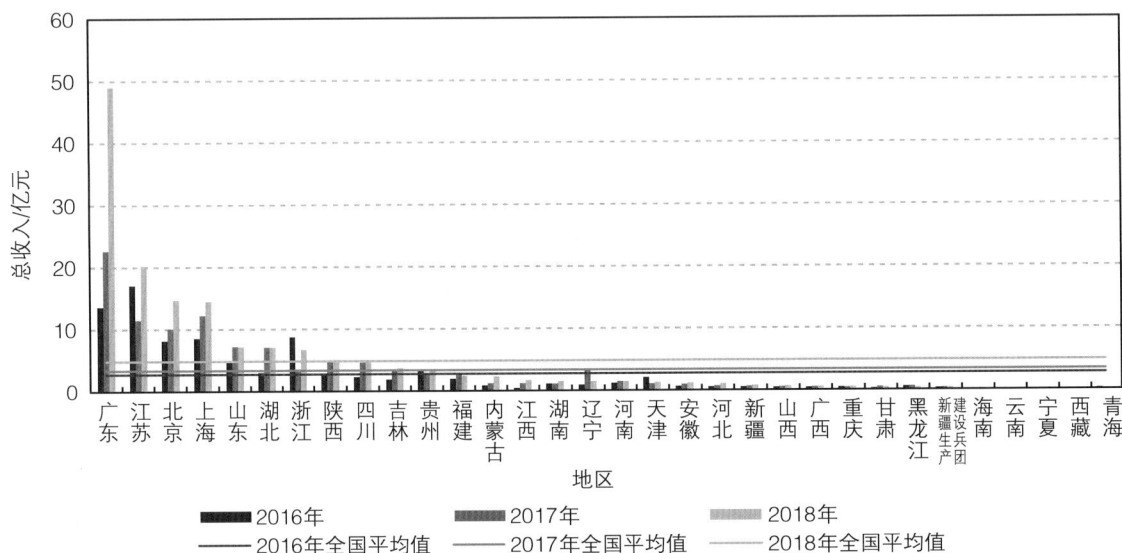

图 4-20　各地区专业孵化器总收入

2018 年，专业孵化器运营成本较高的地区分别为广东、江苏、上海、北京和浙江，5 个地区运营成本均超过 10 亿元。其中，广东的专业孵化器运营成本接近 30 亿元，较上年增长 71%，位居全国首位（图 4-21）。

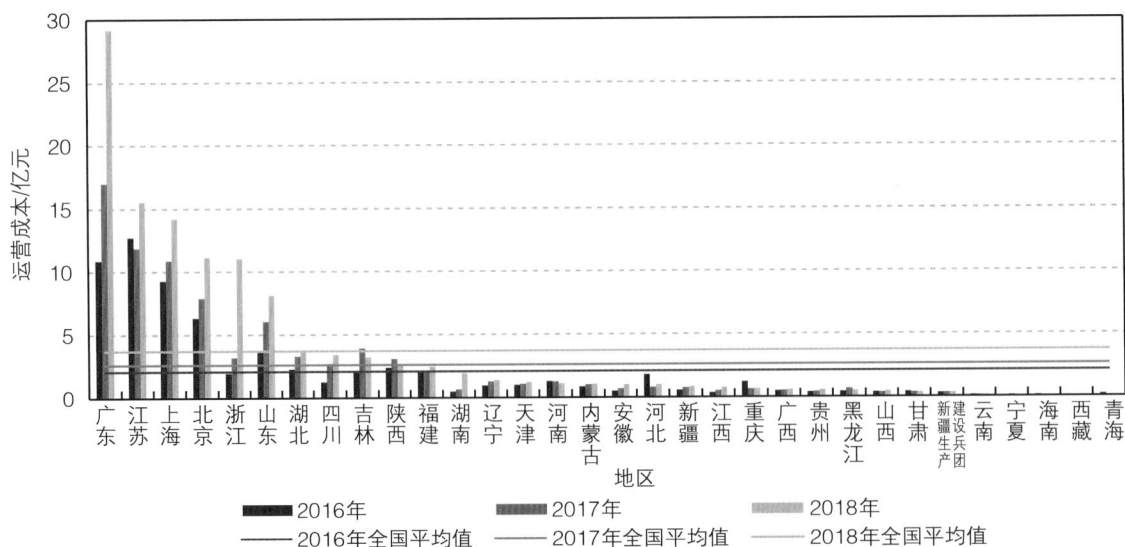

图 4-21　各地区专业孵化器运营成本

4. 孵化器管理人员情况

2018 年，全国专业孵化器内管理机构从业人员共计 20 937 人，较 2017 年增加了 16.9%。其中，大专以上人员 19 362 人，较 2017 年上升了 16.2%；接受专业培训的人数为 10 093 人，较 2017 年上升了 26.1%（图 4 – 22）。

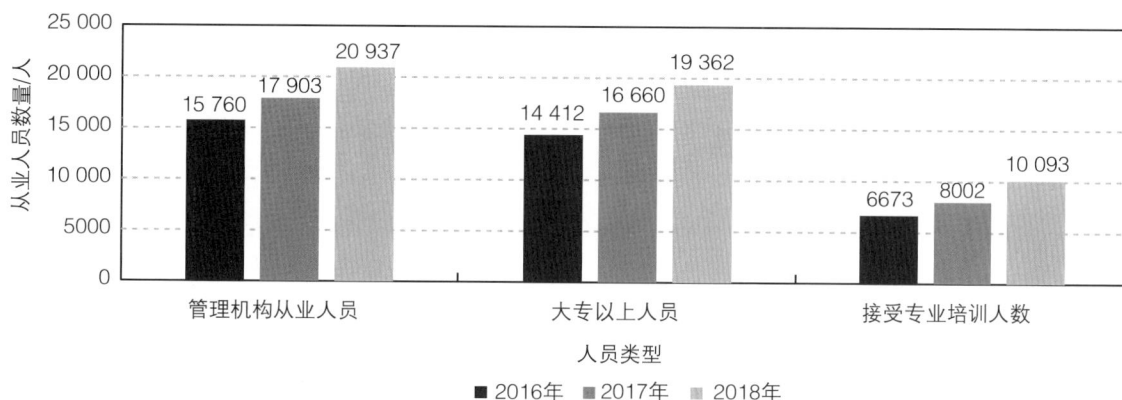

图 4 – 22　专业孵化器管理机构从业人员数量

2018 年，专业孵化器内管理机构从业人员数量较多的 5 个地区分别为广东、江苏、山东、上海和浙江。其中，广东较 2017 年增长 29.2%，占全国比重为 18.5%，位居第一（图 4 – 23）。

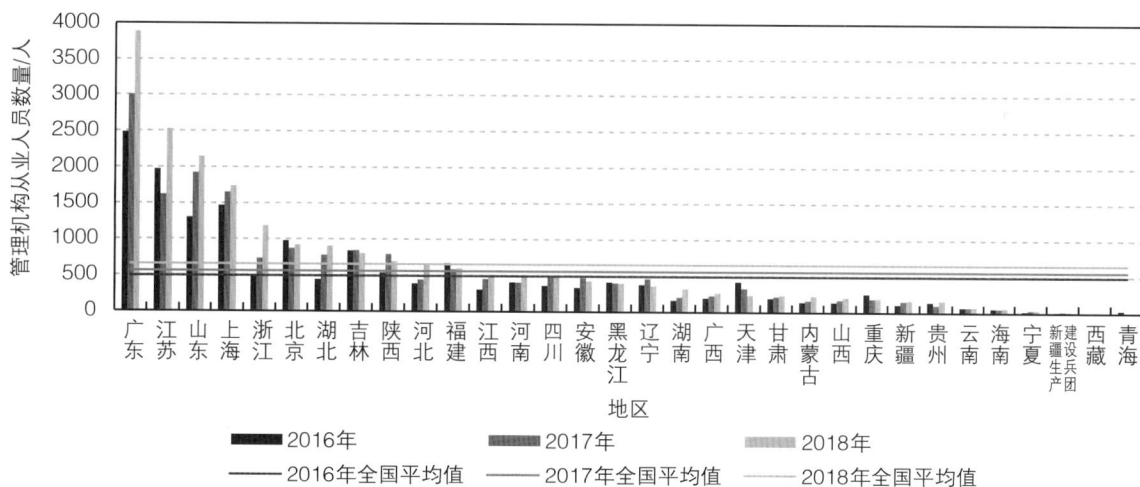

图 4 – 23　各地区专业孵化器管理机构从业人员数量

2018 年，全国专业孵化器内管理机构从业人员中，大专以上人员占比为 92.5%，占比稳步增加。管理机构从业人员中大专以上人员占比较高的 5 个地区为海南、河南、辽宁、天津和新疆（图 4 – 24）。

2018 年，全国专业孵化器内管理机构从业人员中，受过专业培训的人员占比为 48.2%，其中，受专业培训人员占比较高的 5 个地区分别为北京、天津、河北、山西和内蒙古（图 4 – 25）。

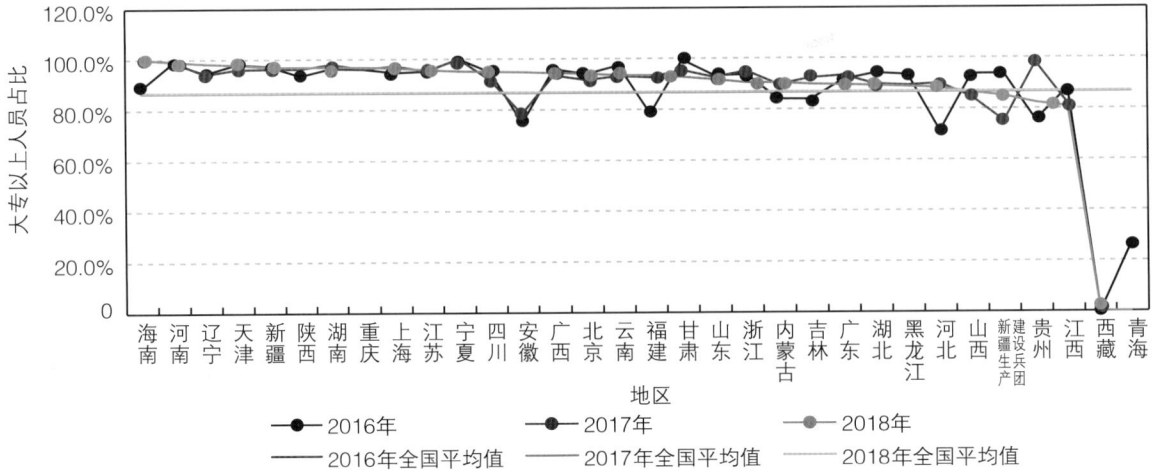

图 4 - 24　各地区专业孵化器管理机构从业人员中大专以上人员占比

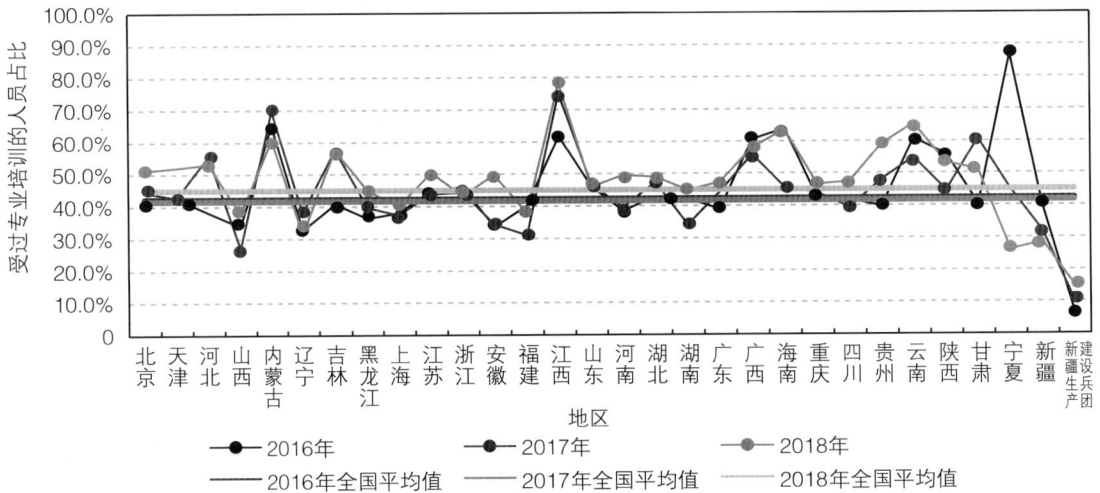

图 4 - 25　各地区专业孵化器管理机构从业人员中受过专业培训的人员占比

5. 专业孵化器开展孵化服务情况

2018 年，对在孵企业培训人次较多的 5 个地区分别为广东、上海、山东、江苏和湖北。其中，广东的专业孵化器对在孵企业培训人次突破 30 万人，占全国的 23%，位列第一，继续拉开与其他地区的距离（图 4 - 26）。开展创业教育培训活动场次较多的 5 个地区分别为广东、山东、上海、北京和江苏（图 4 - 27）。

二、国家高新区创业孵化机构

整体来看，2016—2018 年，国家高新区内的孵化机构数量逐年增加，但是全国占比逐年下降。从部分核心指标可以看出，国家高新区内的创业孵化机构有力支撑了全国创业孵化机构的发展。

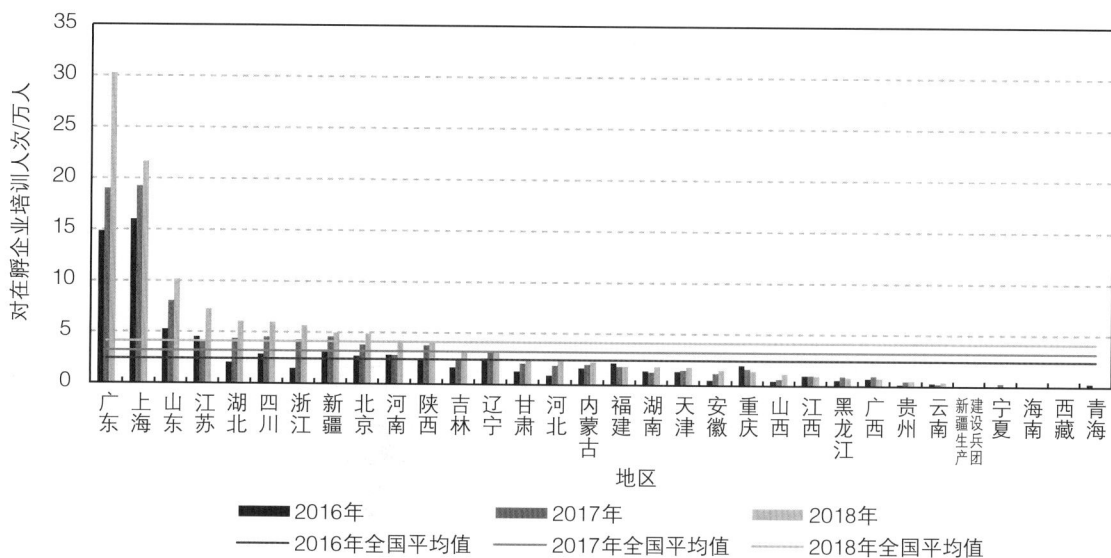

图 4 - 26 各地区在孵企业培训人次

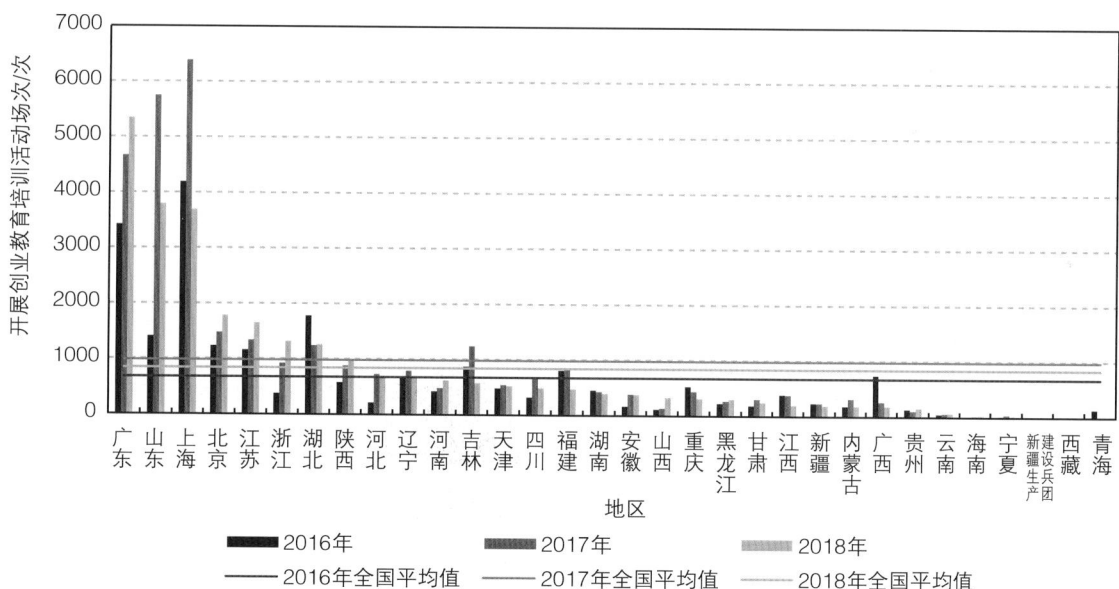

图 4 - 27 各地区开展创业教育培训活动场次

2018 年，国家高新区内的孵化机构在孵企业数量占到全国的 33.78%；当年上市（挂牌）企业数量全国占比为 38.72%；在孵企业/团队当年获得投资额全国占比为 42.63%；当年获得投融资的企业/团队数量全国占比为 34.20%；孵化机构总收入全国占比为 36.15%。国家高新区内创业孵化机构多项指标的全国占比均高于其数量的全国占比。但同时，国家高新区创业孵化机构在孵化服务方面的表现不佳。2018 年，国家高新区内创业孵化机构的管理人员全国占比为 22.91%；开展创业教育培训活动场次全国占比为 19.54%，均低于其数量的全国占比（表 4 - 7）。

表 4 - 7　国家级高新内区孵化机构与全国孵化器核心指标对比

指标	2016 年			2017 年			2018 年		
	高新区内孵化器	全国创业孵化机构	高新区内孵化器占全国比重/%	高新区内孵化器	全国创业孵化机构	高新区内孵化器占全国比重/%	高新区内孵化器	全国创业孵化机构	高新区内孵化器占全国比重/%
数量/家	2107	7553	27.90	2666	9802	27.20	2911	11 808	24.65
面积/百万平方米	37.5	129.87	28.88	42.8	144.85	29.55	46.4	164.44	28.22
在孵企业数量/家	91 031	252 906	35.99	121 429	357 808	33.94	122 958	364 034	33.78
当年上市（挂牌）企业/家	819	1927	42.50	917	2067	44.36	606	1565	38.72
在孵企业/团队当年获得投资额/亿元	501.35	925.42	54.18	648.85	1157.3	56.07	594.48	1394.45	42.63
当年获得投融资的企业/团队数量/个	8443	22 482	37.55	10 094	27 981	36.07	9818	28 707	34.20
孵化机构总收入/亿元	166.53	458.72	36.30	211.79	536.06	39.51	233.64	646.26	36.15
孵化机构管理人员/人	45 347	182 079	24.91	43 401	167 936	25.84	50 019	218 353	22.91
开展创业教育培训活动场次/次	35 613	144 973	24.57	46 502	210 274	22.12	35 465	181 476	19.54

（一）总体情况

1. 孵化机构数量

2018 年，上报有效年报数据的国家高新区创业孵化机构数量为 2911 家，较 2016 年增长了 38%，增势放缓（图 4 - 28 和表 4 - 8）。

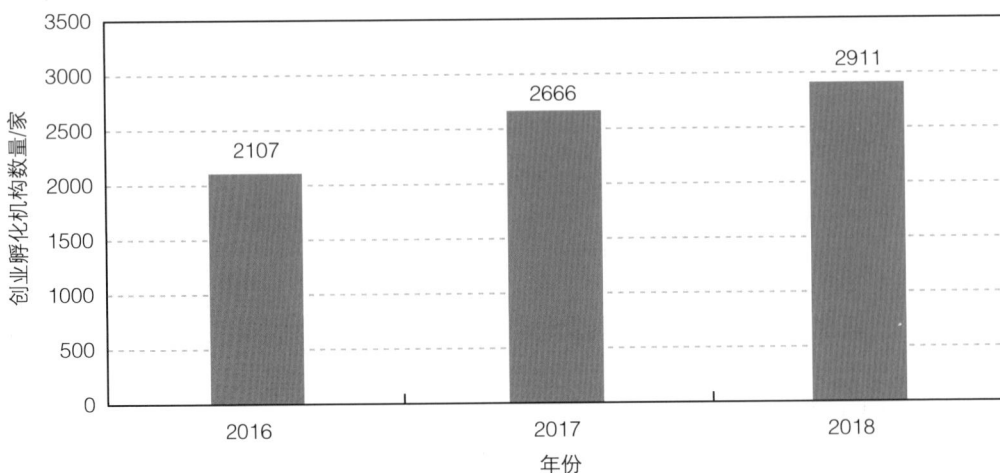

图 4 - 28　国家高新区创业孵化机构数量

表4-8　全国及各地区国家高新区创业孵化机构数量　　　　　　　　　　　　　　单位：家

地区	2016 年		2017 年		2018 年	
	国家高新区内孵化器数量	国家高新区内众创空间数量	国家高新区内孵化器数量	国家高新区内众创空间数量	国家高新区内孵化器数量	国家高新区内众创空间数量
合计	925	1182	1120	1546	1344	1567
北京	80	88	86	116	117	113
天津	10	32	9	35	11	18
河北	27	57	35	60	37	66
山西	14	38	16	34	15	35
内蒙古	6	10	8	18	9	18
辽宁	24	48	23	55	26	64
吉林	30	33	39	38	49	38
黑龙江	36	20	33	15	33	10
上海	79	64	84	96	90	83
江苏	113	131	141	203	175	195
浙江	34	59	49	84	69	92
安徽	23	30	25	31	32	40
福建	23	50	22	58	32	62
江西	12	18	13	21	13	20
山东	62	101	74	114	84	115
河南	28	22	31	40	37	46
湖北	36	29	66	88	75	101
湖南	16	18	28	40	35	44
广东	161	152	198	193	255	186
广西	12	15	17	26	21	29
海南	1	0	1	0	1	1
重庆	4	19	6	21	11	23
四川	29	24	38	31	40	34
贵州	6	11	7	7	7	7
云南	5	9	5	14	6	12
西藏	0	0	0	0	0	0
陕西	31	43	33	48	33	64
甘肃	10	48	15	35	15	29
青海	2	1	5	1	5	2
宁夏	4	3	4	5	2	5
新疆	5	4	7	14	7	10
新疆生产建设兵团	2	5	2	5	2	5

2018 年，国家高新区内创业孵化机构数量最多的前 5 个地区分别为广东、江苏、北京、山东和湖北。广东的国家高新区创业孵化机构数量连续 3 年位列第一，较上年增长 12.8%，其次为江苏，较上年增长 7.6%，逐渐缩小与广东的距离（图 4 - 29）。前 5 个地区孵化器总数量的占比达 48.6%（图 4 - 30）。

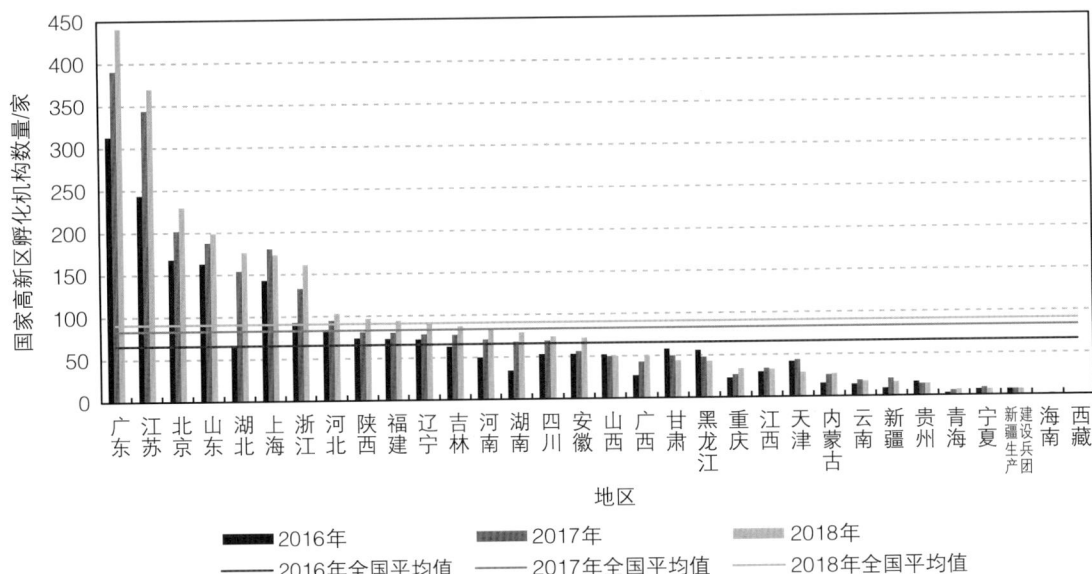

图 4 - 29　各地区国家高新区创业孵化机构数量

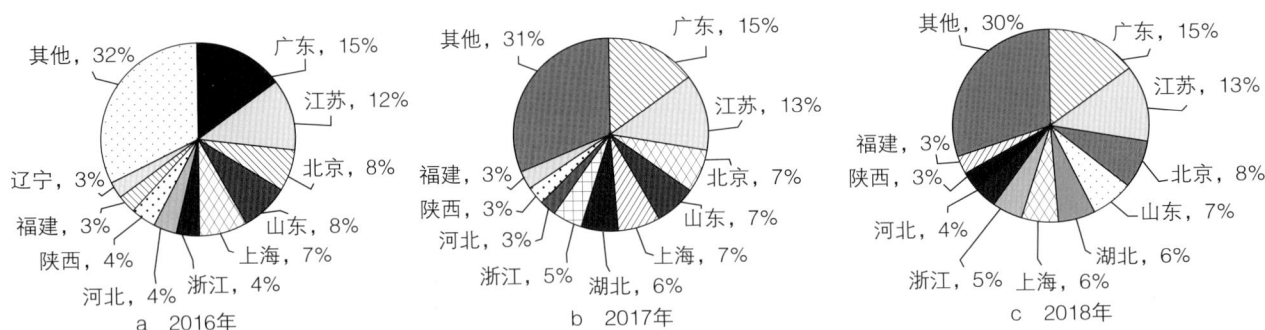

图 4 - 30　各地区国家高新区创业孵化机构数量占比

2018 年，东部地区国家高新区内创业孵化机构共有 1802 家，较上年增长 8.7%，中、西部及东北地区的国家高新区创业孵化机构数量增幅持续放缓（图 4 - 31）。

2. 孵化面积

2018 年，全国国家高新区创业孵化机构总面积为 46.4 百万平方米，较 2017 年增长了 8.4%，保持逐年增长的态势（图 4 - 32）。

2018 年，国家高新区内孵化器使用面积较大的前 5 个地区分别为江苏、广东、北京、山东和湖北，与上年排名一致。其中，江苏的国家高新区内孵化器使用总面积首次超越广东位列第一，占比

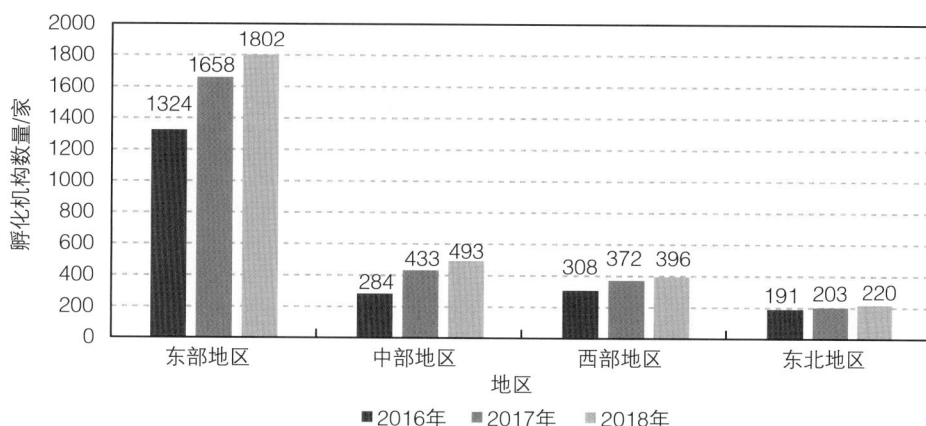

图 4－31　国家高新区创业孵化机构数量

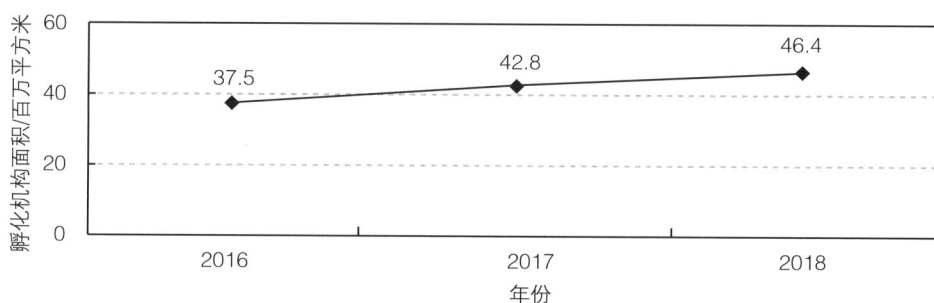

图 4－32　国家高新区创业孵化机构总面积

为 14.7%，达 6.8 百万平方米，较上年增长 19.8%，广东在国家高新区内孵化器面积占比与江苏持平，较上年增长 6.4%，增长幅度放缓（图 4－33 和图 4－34）。

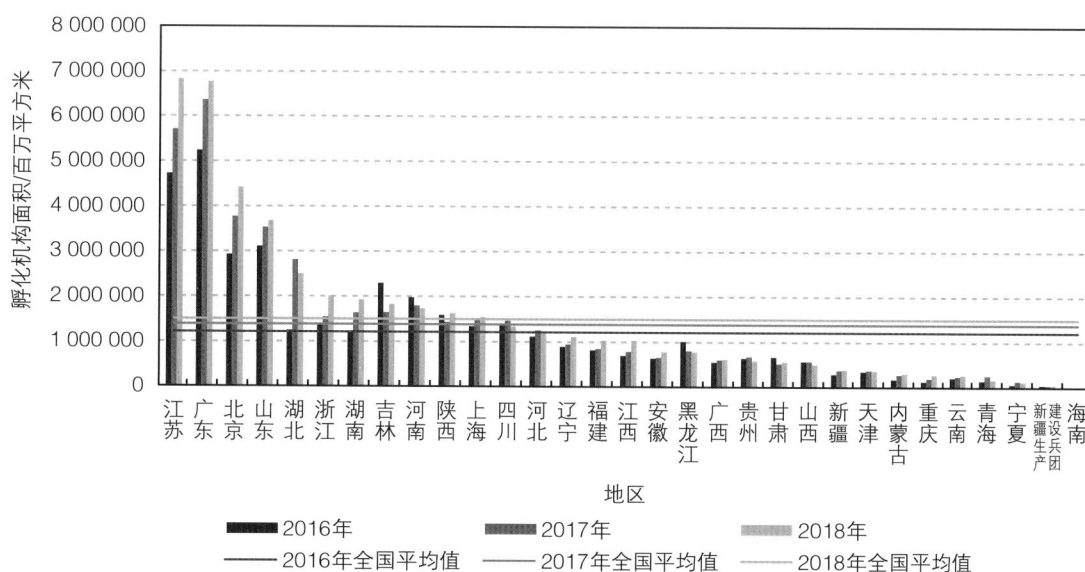

图 4－33　各地区国家高新区创业孵化机构面积

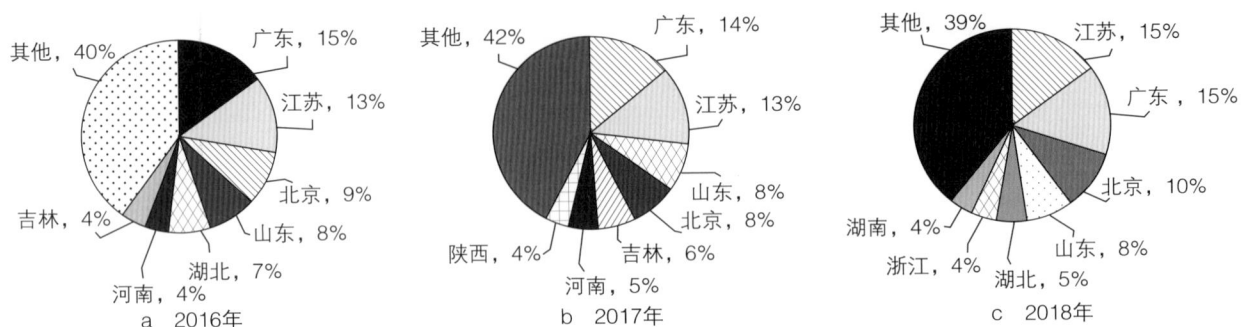

a 2016年　　　b 2017年　　　c 2018年

图 4－34　各地区国家高新区创业孵化机构面积占比

3. 在孵企业及当年上市（挂牌）的企业情况

2018 年，国家高新区孵化机构内共有在孵企业数 122 958 家，较 2017 年增长了 1.3%，涨势逐步放缓。其中，当年上市（挂牌）的企业数量为 606 家，较上年有所减少（表 4－9）。

表 4－9　国家高新区创业孵化机构的在孵企业及当年上市（挂牌）数量　　　单位：家

地区	2016 年		2017 年		2018 年	
	在孵企业总数	当年上市（挂牌）的企业数量	在孵企业总数	当年上市（挂牌）的企业数量	在孵企业总数	当年上市（挂牌）的企业数量
北京	16 125	121	23 347	172	21 590	106
天津	1579	8	1792	21	1514	22
河北	2068	25	2484	16	2821	5
山西	1569	8	1648	6	1556	10
内蒙古	755	43	1016	17	1239	1
辽宁	3548	3	3802	3	5306	2
吉林	1860	6	2292	2	2224	1
黑龙江	1906	10	2128	16	1959	0
上海	8375	60	10 051	23	8188	16
江苏	8596	63	11 944	21	13 137	32
浙江	3881	47	5779	17	5629	7
安徽	2092	27	2429	9	2356	17
福建	2080	35	2472	12	2320	3
江西	1244	8	1460	3	1729	0
山东	5444	56	6489	39	6910	29
河南	3049	21	3949	35	4620	97
湖北	4103	90	8919	121	10 098	93
湖南	1851	34	3080	17	3894	12
广东	9225	67	11 782	129	10 816	53

地区	2016 年		2017 年		2018 年	
	在孵企业总数	当年上市（挂牌）的企业数量	在孵企业总数	当年上市（挂牌）的企业数量	在孵企业总数	当年上市（挂牌）的企业数量
广西	1252	16	1492	26	1769	11
海南	200	0	223	0	277	0
重庆	419	2	907	5	978	5
四川	3102	23	3673	185	3697	76
贵州	693	5	656	0	701	0
云南	428	1	651	0	506	1
陕西	2825	16	3893	17	4384	5
甘肃	1509	22	1429	0	1283	0
青海	156	1	252	1	247	0
宁夏	115	0	229	3	200	2
新疆	688	0	862	0	828	0
新疆生产建设兵团	294	1	299	1	182	0
合计	91 031	819	121 429	917	122 958	606

2018 年，国家高新区创业孵化机构在孵企业数量较多的前 5 个地区分别为北京、江苏、广东、湖北和上海。其中，北京的国家高新区创业孵化机构在孵企业数量较去年相比有所减少，占比 18%，位居首位，其次为江苏，较上年增长了 10.0%，占全国在孵企业总数的 11%（图 4 - 35）。前 5 个地区总占比超过全国半数以上（图 4 - 36）。

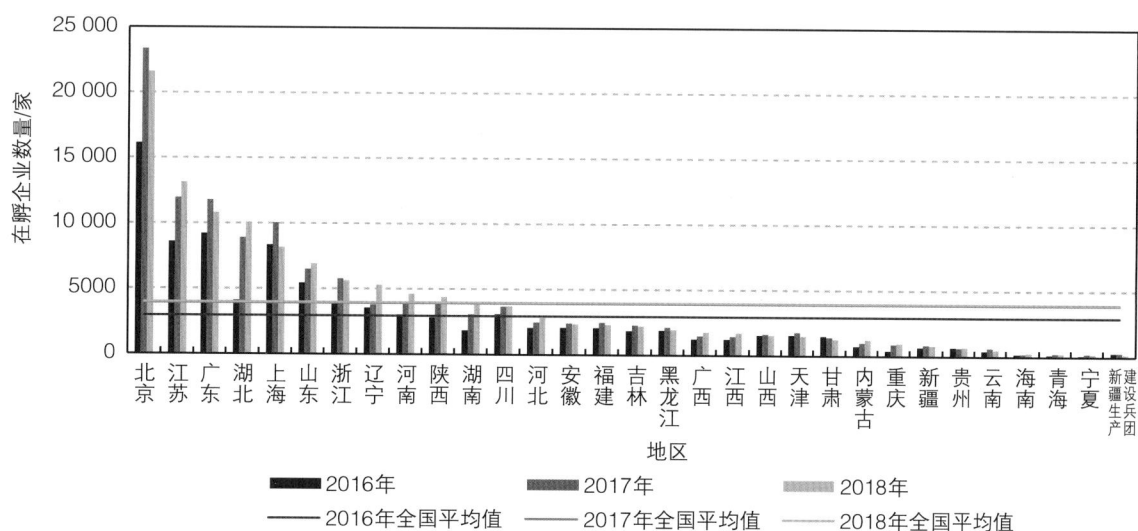

图 4 - 35　各地区国家高新区创业孵化机构在孵企业数量

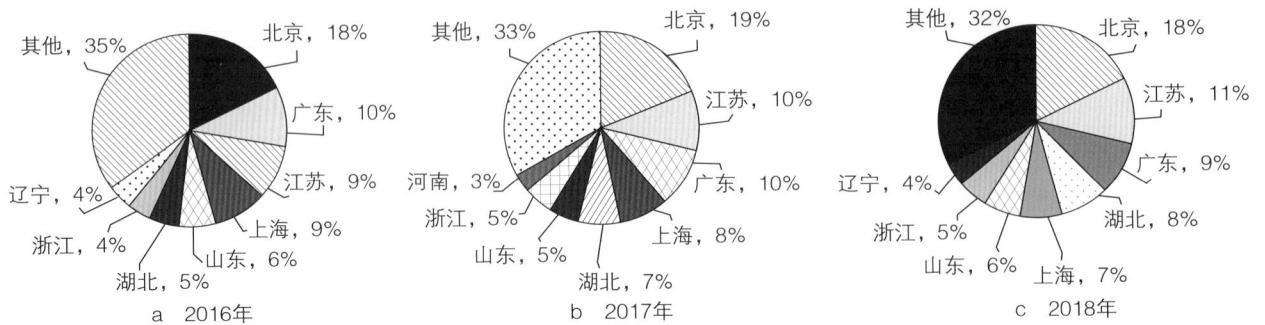

图 4 - 36　各地区国家高新区创业孵化机构在孵企业数量占比

4. 毕业企业情况

2018 年，全国上报有效数据的国家高新区创业孵化机构的累计毕业企业 64 101 家，较 2017 年增长 24.0%。其中，当年毕业企业 8225 家，较去年增长 19.0%；当年被兼并和收购企业 322 家，与 2017 年一致；当年营收超过 5000 万的企业有 1503 家，较上年增长 13.9%（表 4 - 10）。

表 4 - 10　全国国家高新区创业孵化机构的毕业企业概况　　　　　　　　　单位：家

指标	2016 年	2017 年	2018 年
累计毕业企业	43 524	51 696	64 101
毕业企业累计上市（挂牌）企业	1548	1959	2415
当年毕业企业	5427	6913	8225
当年被兼并和收购企业	305	322	322
当年营业收入超过 5000 万企业	1085	1320	1503

2018 年，国家高新区创业孵化机构累计毕业企业数量排名前 5 位的地区分别为北京、广东、江苏、山东和湖北（图 4 - 37）。其中，北京较 2017 年增长了 54.5%，占比 22%；广东较 2017 年增长了 18.1%，占比 11%。累计毕业企业数量最多的前 5 个地区总占比达 55%（图 4 - 38）。

（二）绩效情况

1. 经营状况

2018 年，全国国家高新区创业孵化机构总收入为 253.6 亿元，平均值为 8.2 亿元，较上年增长 19.8%。北京、广东、江苏、湖北、上海及陕西 5 个地区国家高新区创业孵化器总收入均突破 20 亿元。其中，北京国家高新区创业孵化器总收入超过 50 亿元（图 4 - 39）。

2. 技术创新情况

2018 年，全国国家高新区创业孵化机构拥有知识产权数量为 266 970 个。拥有知识产权数量较多的 5 个地区分别为北京、广东、江苏、山东和上海。其中，北京国家高新区创业孵化机构拥有知识产权数量为 58 973 个，占 22%，较 2017 年增长了 34.3%（图 4 - 40）。

图 4-37　各地区国家高新区创业孵化机构累计毕业企业数量

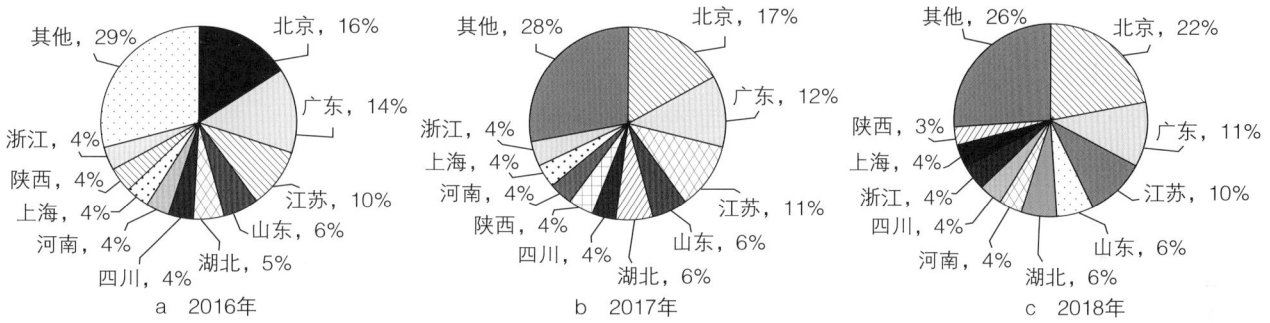

a　2016年

b　2017年

c　2018年

图 4-38　各地区国家高新区创业孵化机构内累计毕业企业数量占比

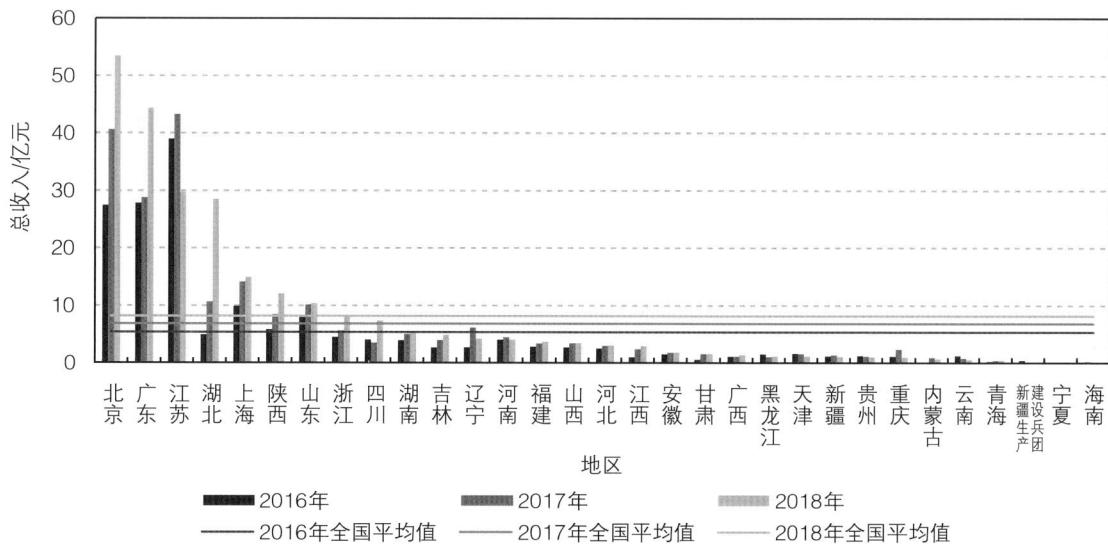

图 4-39　各地区国家高新区创业孵化机构总收入

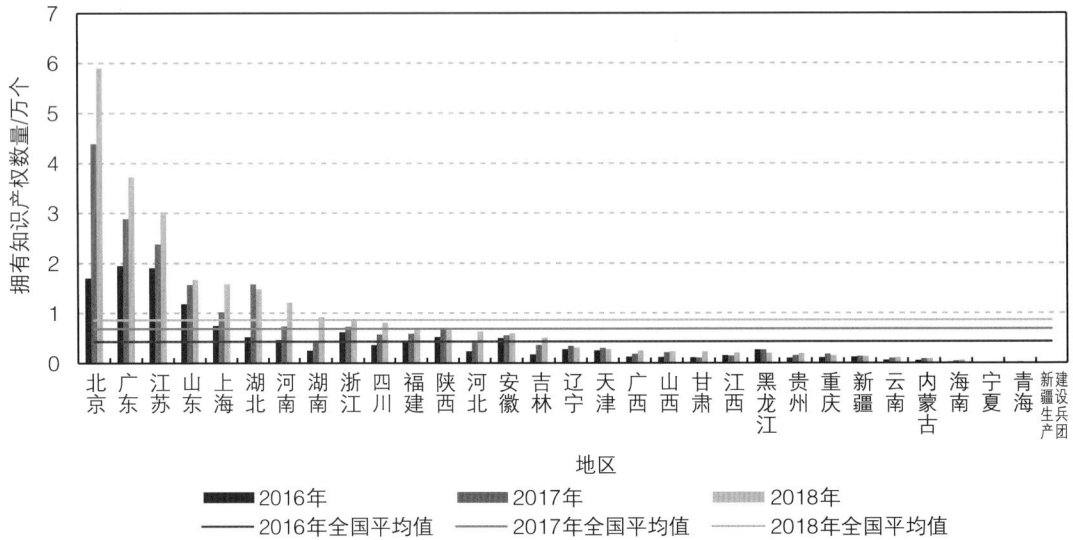

图 4-40 各地区国家高新区创业孵化机构拥有知识产权数量

2018 年，全国国家高新区创业孵化机构拥有发明专利数量为 50 485 个。拥有知识产权数量较多的 5 个地区分别为北京、江苏、广东、湖北和上海。其中，北京国家高新区创业孵化机构拥有发明专利数量为 11 354 个，较 2017 年增长了 64.1%，位列第一（图 4-41）。

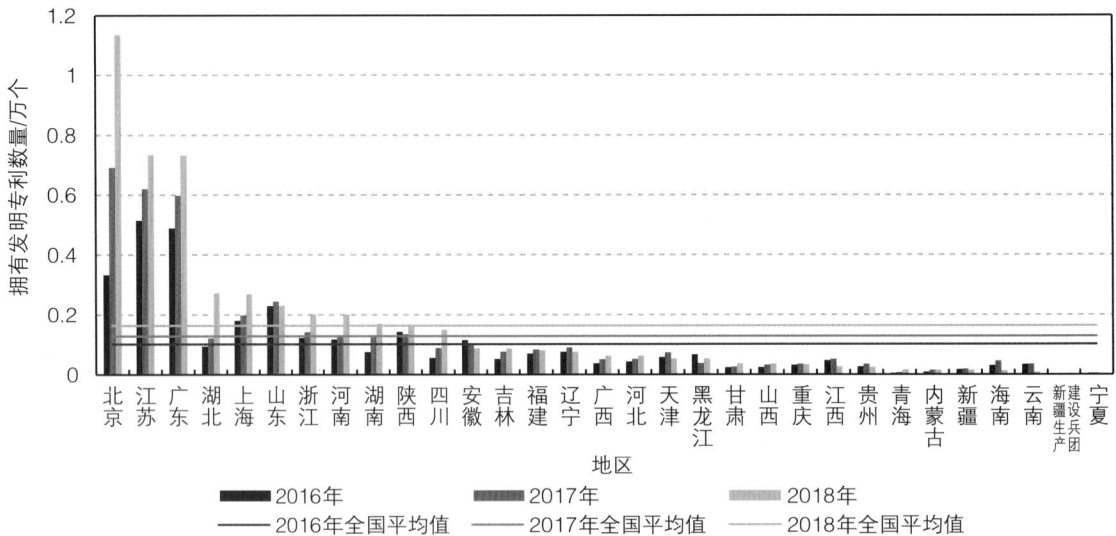

图 4-41 各地区国家高新区创业孵化机构拥有发明专利数量

3. 就业情况

2018 年，国家高新区创业孵化机构内在孵企业从业人员数量较多的地区为广东、江苏、北京、山东和河南。其中，广东的国家高新区创业孵化机构内在孵企业从业人员数量突破 14 万人，较 2017 年增长了 33.1%，增长趋势显著，其次为江苏，较上年增长 30.8%（图 4-42）。

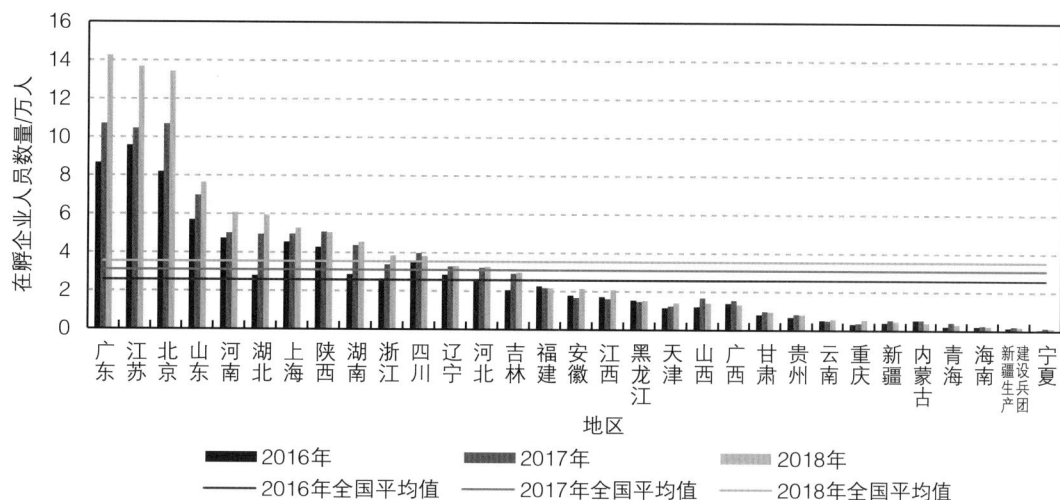

图4-42 各地区国家高新区创业孵化机构内在孵企业从业人员数量

2018年，国家高新区创业孵化机构内众创空间服务人员数量较多的地区为北京、广东、浙江、江苏和山西。其中，北京和广东的国家高新区创业孵化机构内众创空间服务人员基本持平，与其他地区相比保持了较大优势（图4-43）。

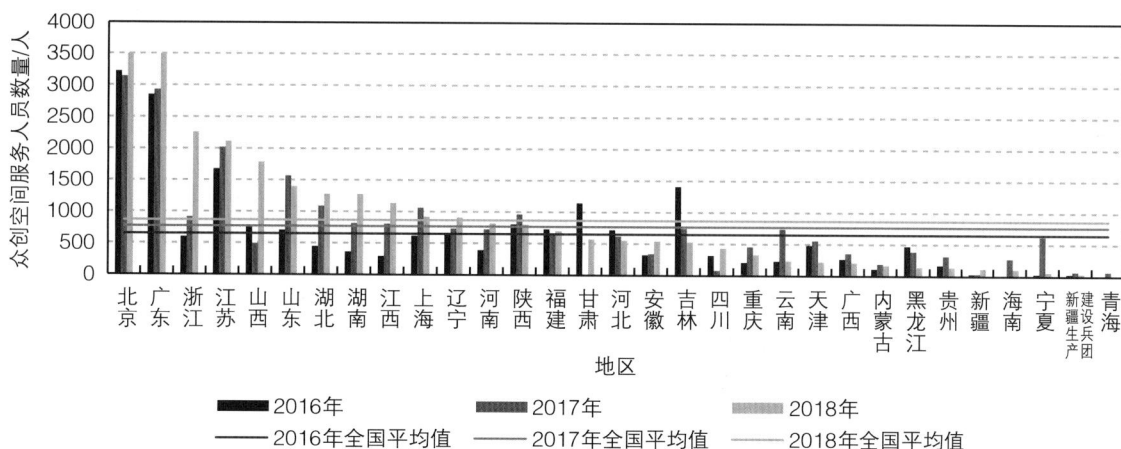

图4-43 各地区国家高新区创业孵化机构内众创空间服务人员数量

4. 获得投融资情况

2018年，国家高新区创业孵化机构内当年获得投融资的企业数量为9818家，较2017年略有减少。当年获得投资额为594.48亿元，较上年减少8.4%。国家高新区创业孵化机构内企业获得投融资情况整体呈现稳步收紧的态势（表4-11）。

表 4-11 国家高新区孵化器在孵企业投融资情况

获得投融资情况	2016 年	2017 年	2018 年
当年获得投融资的企业数量/个	8443	10 094	9818
其中：孵化器	3209	4351	5135
众创空间	5234	5743	4683
当年获得投资额/亿元	501.35	648.85	594.48
其中：孵化器	222.90	299.13	390.07
众创空间	278.45	349.72	204.41

　　2018 年，各地国家高新区创业孵化机构内获得投资总额均呈下降趋势，获得投资总额较多的前 5 个地区分别为北京、广东、上海、江苏和浙江。其中，北京的国家高新区创业孵化机构内获得投资总额超过百亿元，位居首位。其次为江苏，国家高新区创业孵化机构内获得投资总额为 64 亿元，较去年减少 34.8% （图 4-44）。

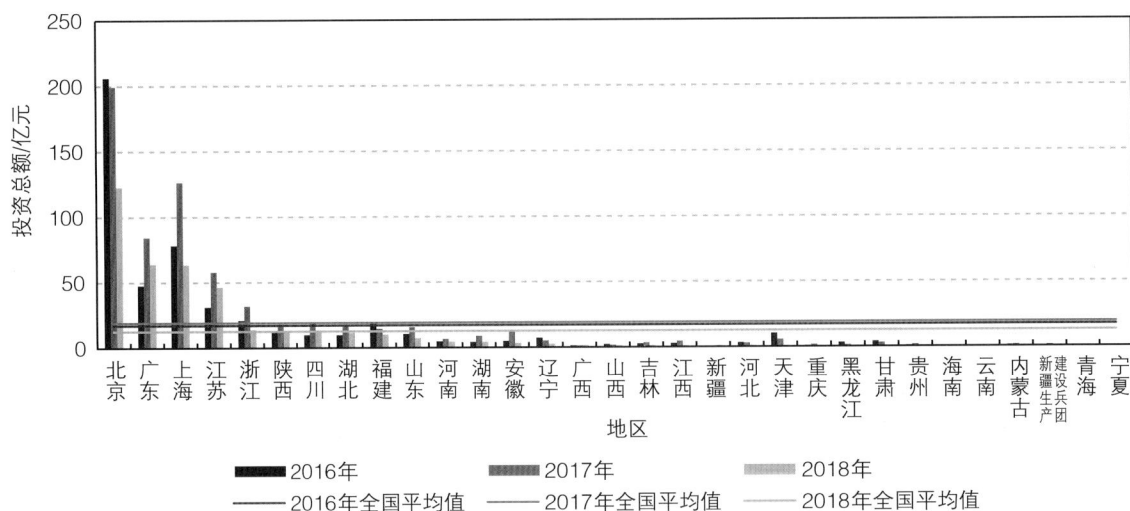

图 4-44 各地区国家高新区创业孵化机构内获得投资总额

（三）运营情况

1. 孵化器孵化基金情况

　　2018 年，全国国家高新区创业孵化机构内孵化器的孵化基金总额为 528 亿元，较 2017 年增长了 52.9%。2018 年，国家高新区创业孵化机构内孵化器孵化基金总金额较多的 5 个地区分别为北京、陕西、广东、江苏和上海，同上年相比波动显著（图 4-45）。

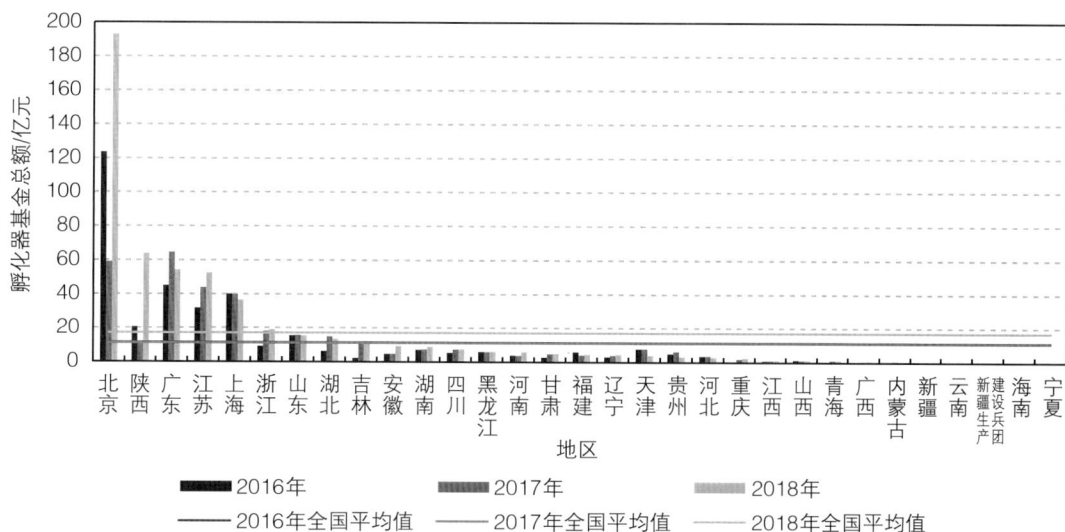

图 4 - 45　各地区国家高新区创业孵化机构内孵化器的孵化基金总额

2. 获得财税支持情况

2018 年，全国国家高新区创业孵化机构获得各级财政资助总额为 48. 16 亿元，较 2017 年增加了 19. 6%。其中，获得各级财政资助额较多的 5 个地区分别为广东、四川、江苏、北京和山东（图 4 - 46）。

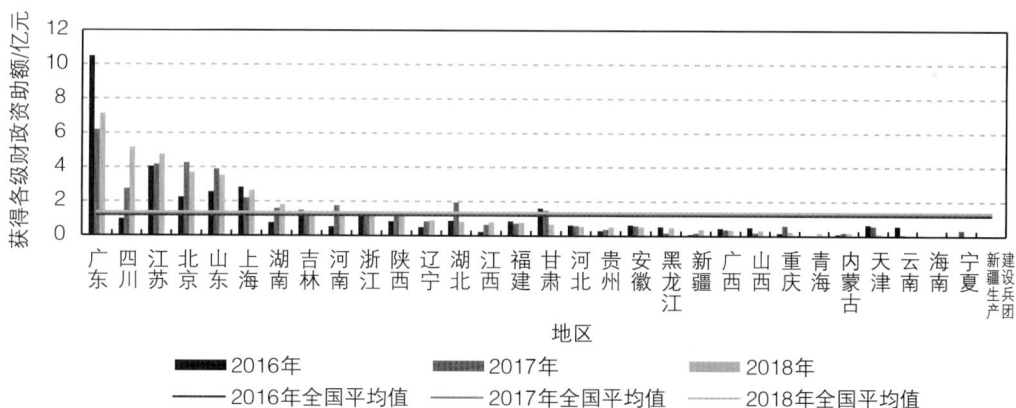

图 4 - 46　各地区国家高新区创业孵化机构获得各级财政资助额

3. 收支和运营成本情况

2018 年，全国国家高新区创业孵化机构总收入为 253. 64 亿元，较 2017 年增加了 19. 8%。国家高新区创业孵化机构总收入较多的 5 个地区分别为北京、广东、江苏、上海和陕西。其中，北京国家高新区创业孵化机构总收入突破 50 亿元，位居第一，较上年上涨 32. 0%；其次为广东，较 2017 年上涨 53. 8%，增长势头明显（图 4 - 47）。

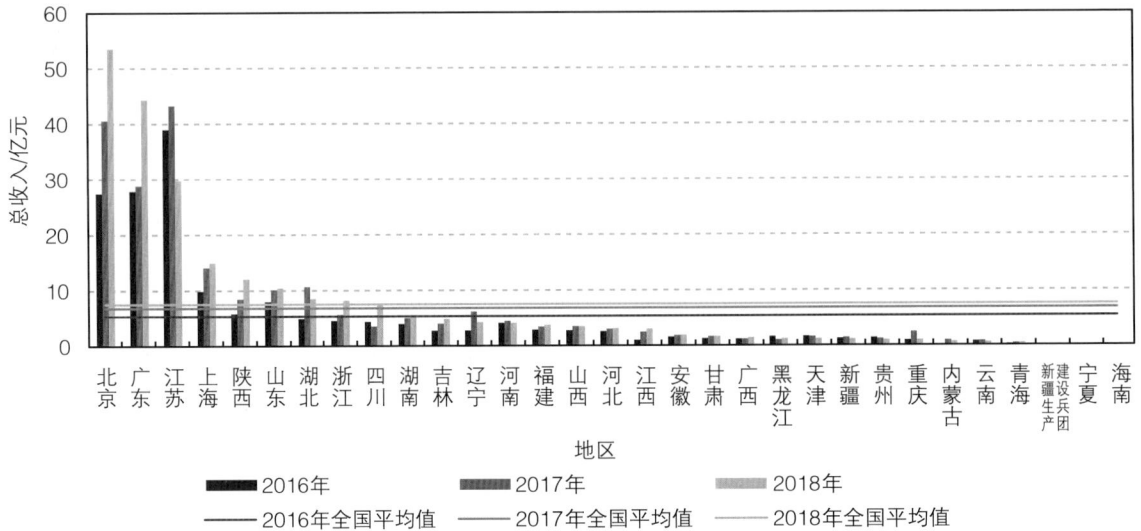

图 4-47 各地区国家高新区创业孵化机构总收入

2018 年，全国国家高新区创业孵化机构运营成本较高的 5 个地区分别为北京、广东、江苏、上海和山东。其中，北京、广东和江苏 3 个地区的运营成本均超过 20 亿元。北京以 48.7 亿元位居首位，较上年增长 44.5%（图 4-48）。

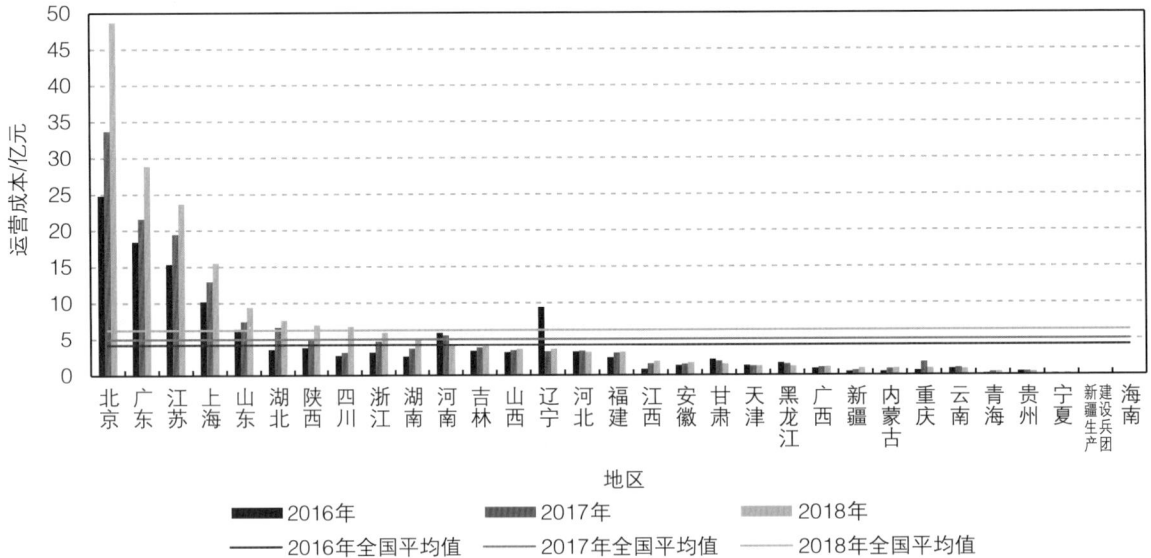

图 4-48 各地区国家高新区创业孵化机构运营成本

4. 管理人员情况

2018 年，全国国家高新区创业孵化机构内管理机构内从业人员共计 50 019 人，较 2017 年增加了 15.2%（图 4-49）。国家高新区创业孵化机构内创业导师共计 60 625 人，较 2017 年增加了 14.0%（图 4-50）。

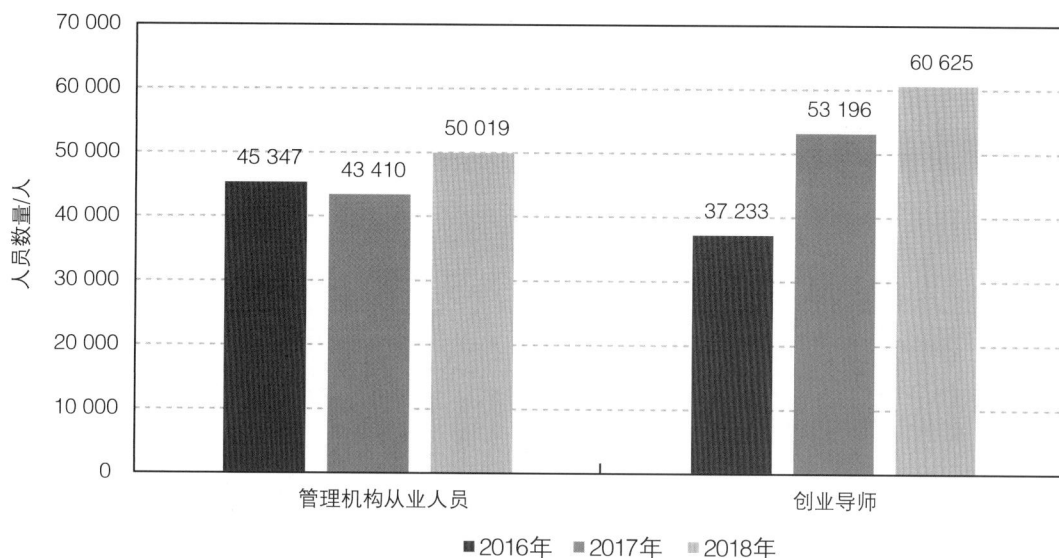

图4-49 全国国家高新区创业孵化机构内从业人员和创业导师数量

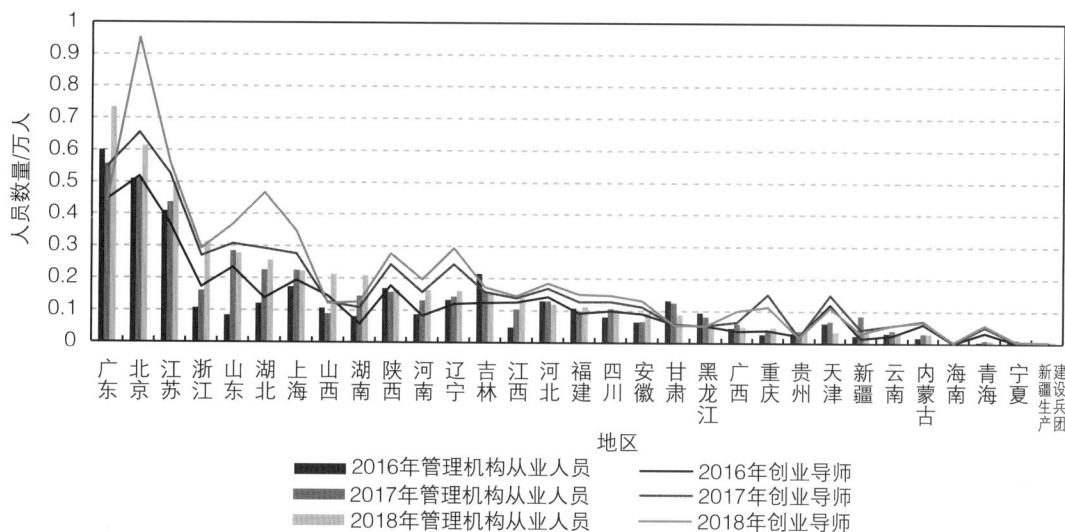

图4-50 各地区国家高新区创业孵化机构内管理机构从业人员和创业导师数量

2018年，全国国家高新区创业孵化机构内管理机构从业人员较多的5个地区分别为广东、北京、江苏、浙江和山东。其中，广东较2017年增长31.8%，位居第一。全国国家高新区创业孵化机构内创业导师数量较多的5个地区为北京、江苏、湖北、广东和山东，其中，北京创业导师数量较去年增长了45.3%，位列首位。

5. 开展孵化服务情况

2018年，国家高新区创业孵化机构开展创新创业活动次数较多的5个地区分别为北京、上海、江苏、广东和湖北，开展次数整体呈下滑趋势。开展创业教育培训活动场次较多的5个地区分别为北京、江苏、广东、山东和上海，这5个地区的开展创业教育培训次数均超过4000次

（图 4 - 51 和图 4 - 52）。

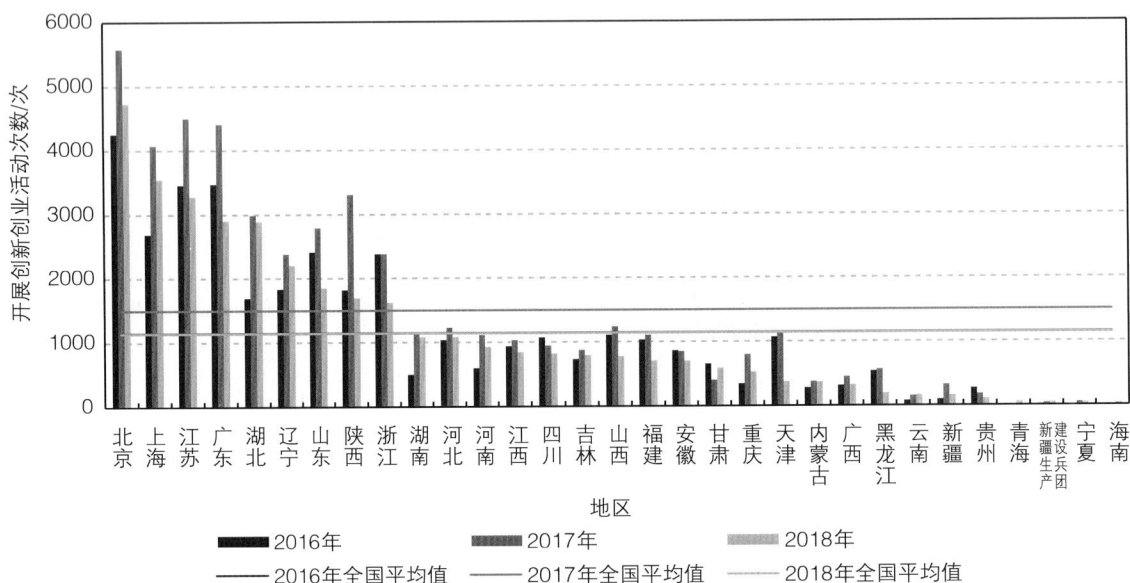

图 4 - 51　各地区国家高新区创业孵化机构开展创新创业活动次数

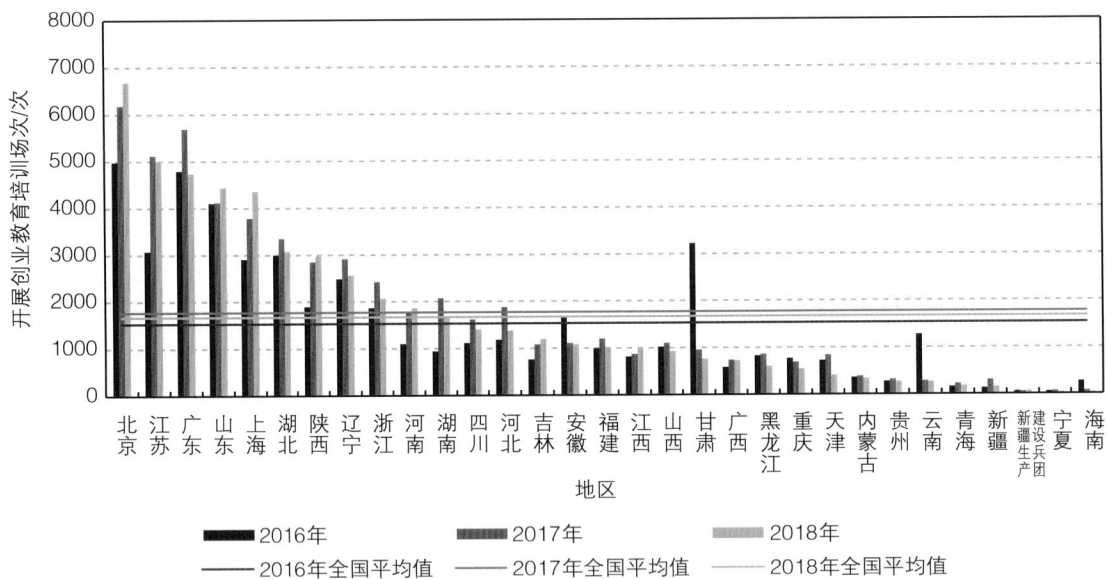

图 4 - 52　各地区开展创业教育培训活动场次

三、民营创业孵化机构

2016—2018 年，民营创业孵化机构的数量逐年增长，其数量占全国的比重保持在 62%～65%，民营创业孵化机构是创业孵化机构的重要组成部分。在部分核心指标方面，民营创业孵化机构在创业孵化服务方面的表现较好，开展创业教育培训活动场次的全国占比高于其数量的全国占比（表 4 - 12）。

表 4-12 民营孵化机构核心指标与全国孵化器对比

指标	2016 年			2017 年			2018 年		
	民营孵化器机构	全国创业孵化机构	民营孵化机构占全国比重/%	民营孵化器机构	全国企业孵化机构	民营孵化机构占全国比重/%	民营孵化器机构	全国创业孵化机构	民营孵化机构占全国比重/%
数量/家	4709	7553	62.35	6300	9802	64.27	7425	11 808	62.88
面积/百万平方米	56.3	129.87	43.35	64.82	144.85	44.75	82.76	164.44	50.33
在孵企业数量/家	143 401	252 906	56.70	220 006	357 808	61.49	224 110	364 034	61.56
当年上市（挂牌）企业/家	675	1927	35.03	973	2067	47.07	890	1565	56.87
在孵企业/团队当年获得投资额/亿元	534.21	925.42	57.70	691.05	1157.3	59.71	898.98	1394.45	64.47
当年获得投融资的企业/团队数量/个	13 481	22 482	59.96	16 972	27 981	60.66	17 309	28 707	60.30
孵化机构总收入/亿元	190.74	458.72	41.58	261.25	536.06	48.74	376.39	646.26	58.24
孵化机构管理人员/人	116 002	182 079	63.71	112 653	167 936	67.08	148 220	218 353	67.88
开展创业教育培训活动场次/次	116 465	144 973	80.34	166 126	210 274	79.00	136 912	181 476	75.44

（一）总体情况

1. 民营创业孵化机构数量

2018 年，上报有效年报数据的民营创业孵化机构数量为 7423 家，较 2017 年增长了 17.8%。其中，民营孵化器数量为 2828 家，民营众创空间数量为 4595 家，数量逐年增加（图 4-53 和表 4-13）。

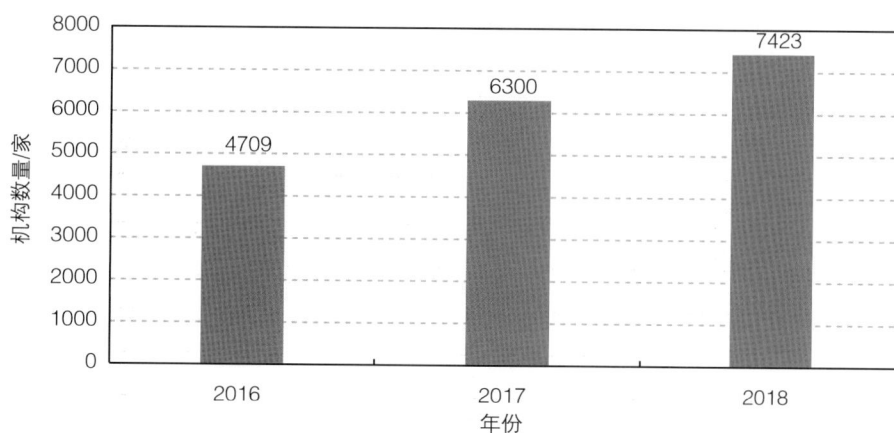

图 4-53 民营创业孵化机构数量

表 4-13　全国及各地区民营创业孵化机构数量　　　　　　单位：家

地区	2016 年		2017 年		2018 年	
	民营孵化器数量	民营众创空间数量	民营孵化器数量	民营众创空间数量	民营孵化器数量	民营众创空间数量
合计	1657	3053	2122	4179	2828	4595
北京	47	92	53	125	98	106
天津	60	83	35	86	33	78
河北	66	230	95	284	167	369
山西	9	103	26	128	37	164
内蒙古	12	50	14	92	20	106
辽宁	32	85	34	123	36	111
吉林	56	81	60	80	78	99
黑龙江	58	38	88	34	92	21
上海	85	92	98	141	120	122
江苏	164	249	168	395	278	451
浙江	75	190	131	333	184	453
安徽	45	79	69	96	79	182
福建	68	204	62	258	78	222
江西	15	59	31	80	28	77
山东	112	298	172	349	216	407
河南	60	61	71	113	95	152
湖北	35	33	111	121	109	203
湖南	13	26	24	65	34	100
广东	424	423	580	580	718	348
广西	25	15	45	51	61	77
海南	2	5	3	5	5	20
重庆	29	148	24	137	30	91
四川	61	75	77	87	83	111
贵州	9	22	8	40	8	51
云南	10	27	18	68	26	72
西藏	0	0	0	0	0	13
陕西	22	99	39	113	34	5
甘肃	45	138	56	132	57	147
青海	6	3	1	2	2	18
宁夏	7	8	7	13	6	22
新疆	3	19	9	30	12	34
新疆生产建设兵团	2	18	3	18	4	33

2018 年，民营创业孵化机构数量最多的前 5 个地区分别为广东、江苏、山东、浙江和河北。广东的民营创业孵化机构数量连续 3 年位列第一，达 1066 家，较上年略有减少，其次为江苏，较上年增长 29.5%（图 4 - 54）。前 5 个地区孵化器总数量的占比近 49%（图 4 - 55）。

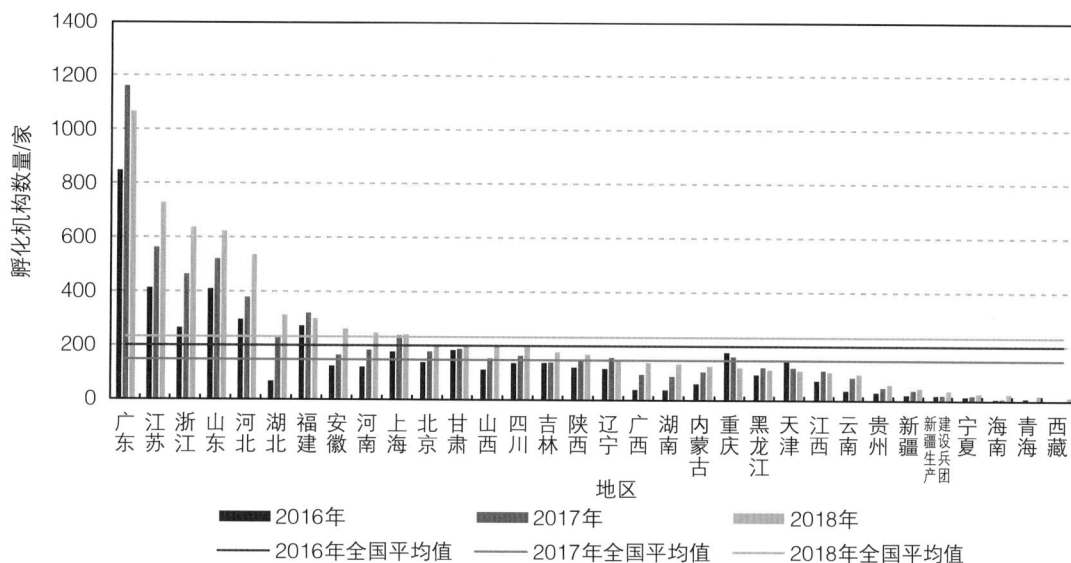

图 4 - 54　各地区民营创业孵化机构数量

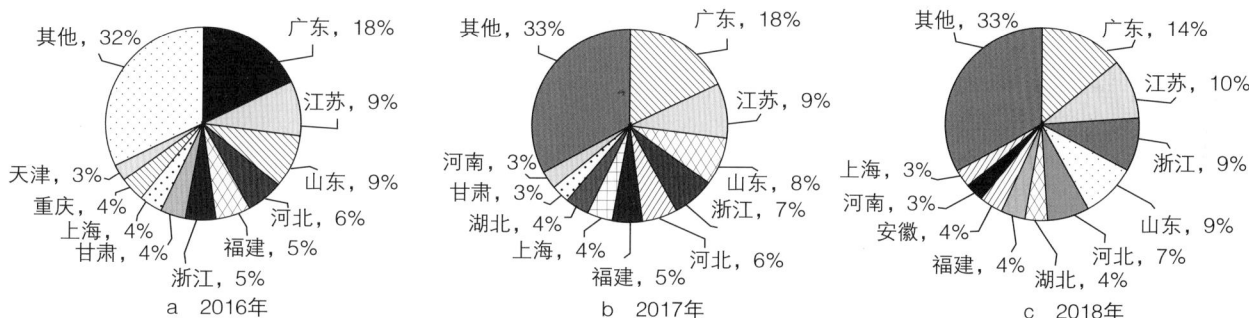

图 4 - 55　各地区民营创业孵化机构数量占比

2018 年，东部地区民营创业孵化机构共有 4473 家，较上年增长 13.2%，中、西部及东北地区的国家高新区创业孵化机构数量增幅持续放缓（图 4 - 56）。

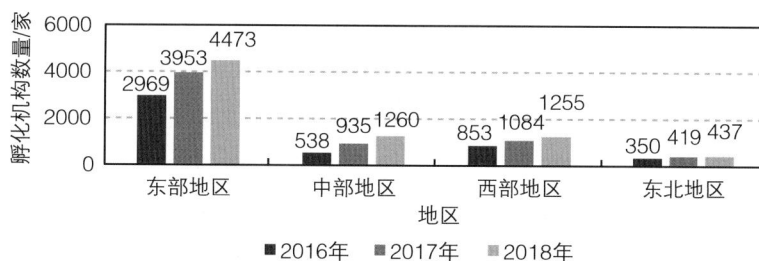

图 4 - 56　民营创业孵化机构数量

2. 孵化面积

2018 年，全国民营创业孵化机构总面积为 82.76 百万平方米，与 2017 年相比，增长了 27.7%，保持逐年增长的态势（图 4-57）。

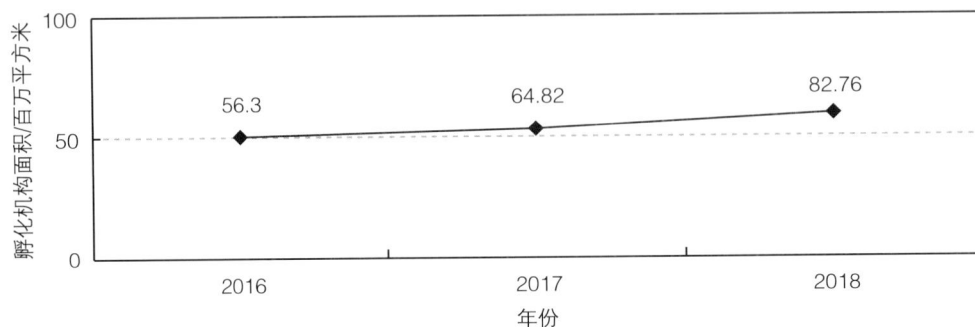

图 4-57 民营创业孵化机构面积

2018 年，民营创业孵化机构使用面积较大的前 5 个地区分别为广东、江苏、山东、浙江和河北。其中，广东的民营创业孵化机构使用面积连续 3 年位列第一，占比为 17%，达 14.34 百万平方米，其次为江苏，占比 11%，较上年增长 73.2%，增长幅度明显（图 4-58 和图 4-59）。

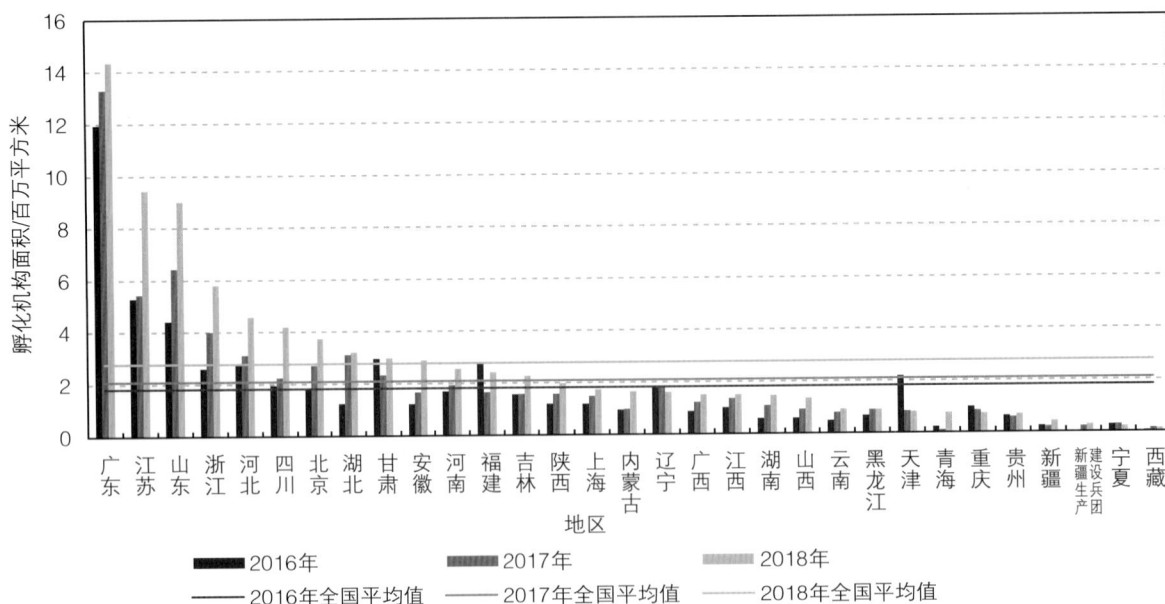

图 4-58 各地区民营创业孵化机构面积数量

3. 在孵企业及当年上市（挂牌）的企业情况

2018 年，民营创业孵化机构内共有在孵企业数 224 110 家，较 2017 年略有增长。其中，当年上市（挂牌）的企业数量为 890 家，较上年有所减少（表 4-14）。

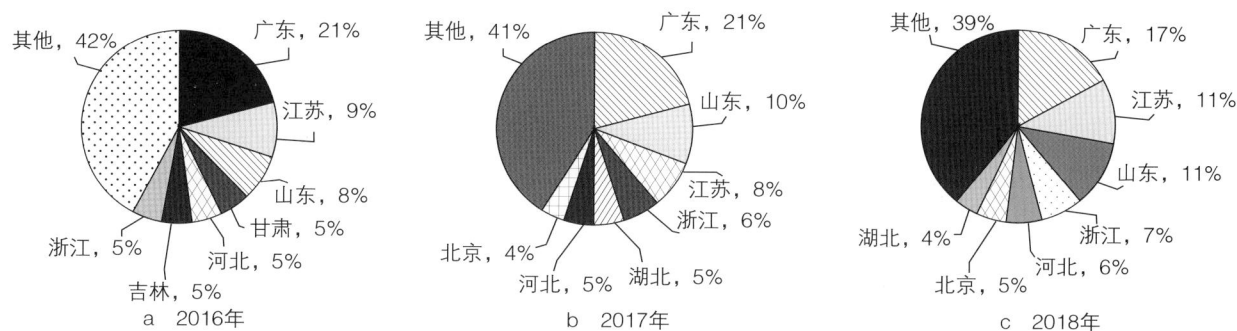

图4-59　各地区民营机构创业孵化机构面积占比

表4-14　全国及各地区民营创业孵化机构的在孵企业及当年上市（挂牌）数量　　　　单位：家

地区	2016 年		2017 年		2018 年	
	在孵企业总数	当年上市（挂牌）的企业数量	在孵企业总数	当年上市（挂牌）的企业数量	在孵企业总数	当年上市（挂牌）的企业数量
北京	12 175	64	31 915	94	19 888	57
天津	4784	45	4927	54	4460	13
河北	5476	27	7587	15	9432	57
山西	2760	18	4130	10	5568	24
内蒙古	3523	59	4974	93	2015	99
辽宁	5969	2	7288	14	6543	3
吉林	2965	5	3343	6	3473	6
黑龙江	2122	7	2967	9	3523	5
上海	9124	26	11 930	27	9617	19
江苏	10 175	24	13 860	24	18 662	45
浙江	8052	61	15 391	198	18 478	38
安徽	2844	20	4075	14	5732	19
福建	4455	31	5617	14	4942	2
江西	3415	18	4804	13	5972	5
山东	9998	59	13 590	66	16 274	43
河南	4808	42	7005	45	8517	119
湖北	4366	57	10 828	171	14 246	101
湖南	2148	77	4275	8	5505	8
广东	21 995	90	31 685	165	27 709	104
广西	1179	105	1954	32	3048	10
海南	197	14	787	2	1735	5
重庆	4734	32	5073	16	4072	11

地区	2016 年		2017 年		2018 年	
	在孵企业总数	当年上市（挂牌）的企业数量	在孵企业总数	当年上市（挂牌）的企业数量	在孵企业总数	当年上市（挂牌）的企业数量
四川	6126	84	7067	166	6377	77
贵州	682	6	1049	2	1191	1
云南	1200	2	2876	1	2944	0
陕西	2813	25	4334	20	6344	7
甘肃	3914	16	4725	6	4567	8
青海	271	1	71	0	407	2
宁夏	445	1	417	2	527	0
新疆	519	0	1146	0	1761	2
新疆生产建设兵团	167	0	316	0	581	0
合计	143 401	1018	220 006	1287	224 110	890

2018 年，民营创业孵化机构在孵企业数量较多的前 5 个地区分别为广东、北京、江苏、浙江和山东。其中，广东的民营创业孵化机构在孵企业数量较上年减少了 12.5%，占比 12.4%，位居首位（图 4-60）。前 5 个地区总占比接近全国半数（图 4-61）。

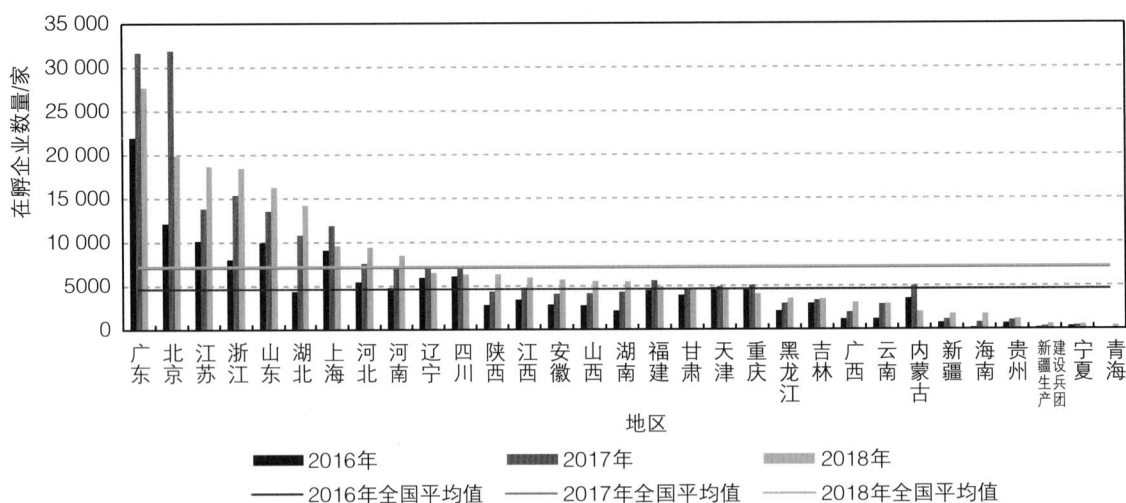

图 4-60　各地区民营创业孵化机构在孵企业数量

4. 毕业企业情况

2018 年，全国上报有效数据的民营创业孵化机构的累计毕业企业为 55 459 家，较 2017 年增长 57.5%。其中，当年毕业 12 426 家，较去年增长 30.4%；当年被兼并和收购企业 382 家，较上年略微增加；当年营收超过 5000 万的企业有 1036 家，较上年增长 55.1%（表 4-15）。

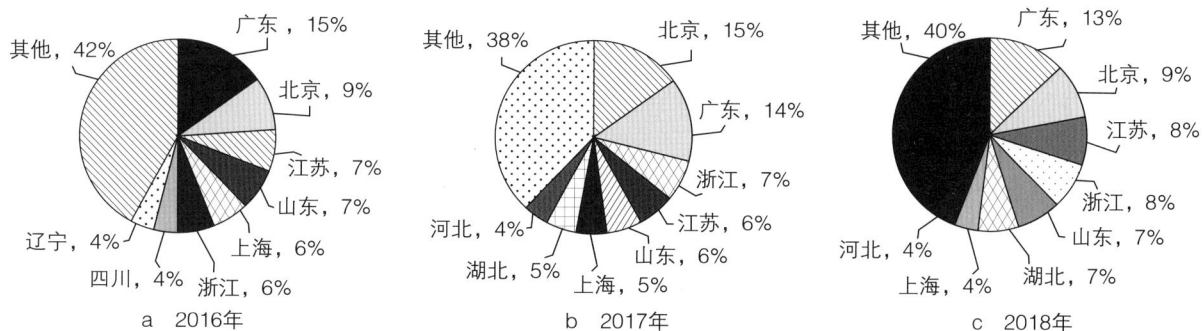

图 4-61　各地区民营创业孵化机构在孵企业数量占比

表 4-15　民营创业孵化机构的毕业企业概况　　　　　　　　　　　　　　单位：家

指标	2016 年	2017 年	2018 年
累计毕业企业	25 100	35 205	55 459
毕业企业累计上市（挂牌）企业	675	973	1898
当年毕业企业	5427	9526	12 426
当年被兼并和收购企业	270	377	382
当年营业收入超过 5000 万企业	486	668	1036

　　2018 年，民营创业孵化机构累计毕业企业数量排名靠前的 5 个地区分别为北京、广东、江苏、浙江和湖北（图 4-62）。其中，北京较 2017 年增长了接近两倍，占比 18%，居全国首位，其次为广东，较 2017 年增长了 40.7%，占比 14%。累计毕业企业数量最多的前 5 个地区总占比达 56%（图 4-63）。

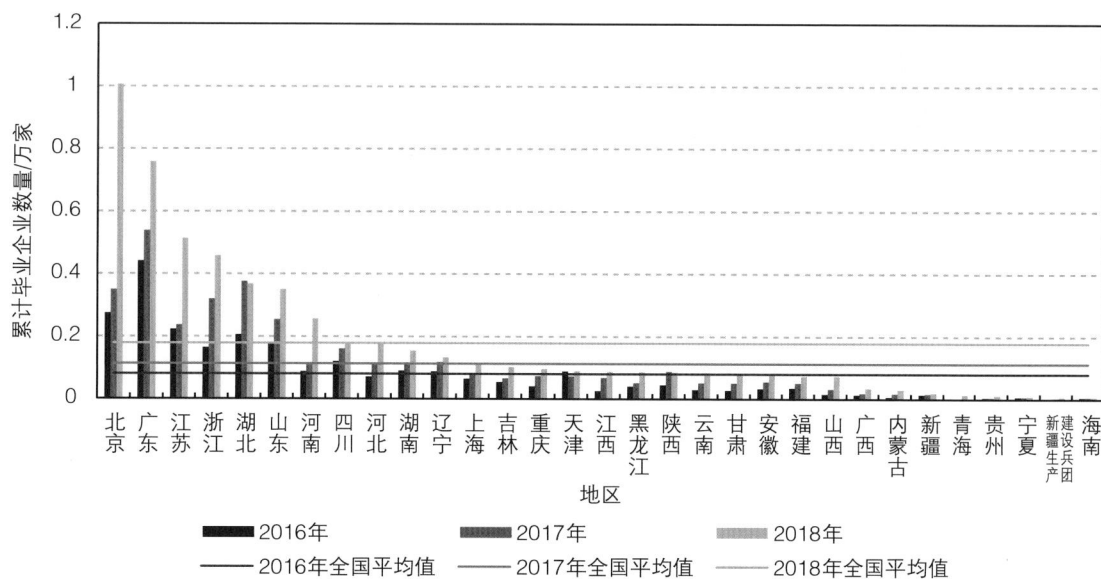

图 4-62　各地区民营创业孵化机构累计毕业企业数量

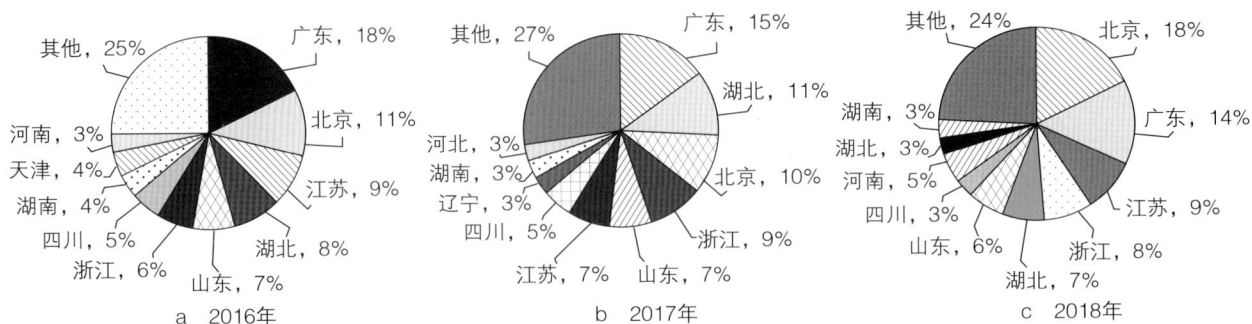

图 4-63　各地区民营创业孵化机构内累计毕业企业数量占比

（二）绩效情况

1. 经营状况

2018 年，全国民营创业孵化机构总收入为 376.4 亿元，平均值为 12.14 亿元，较上年增长 44.1%。广东、北京、江苏、浙江和湖北 5 个地区民营创业孵化机构总收入均突破 20 亿元。其中，广东的民营创业孵化机构总收入超过 90 亿元（图 4-64）。

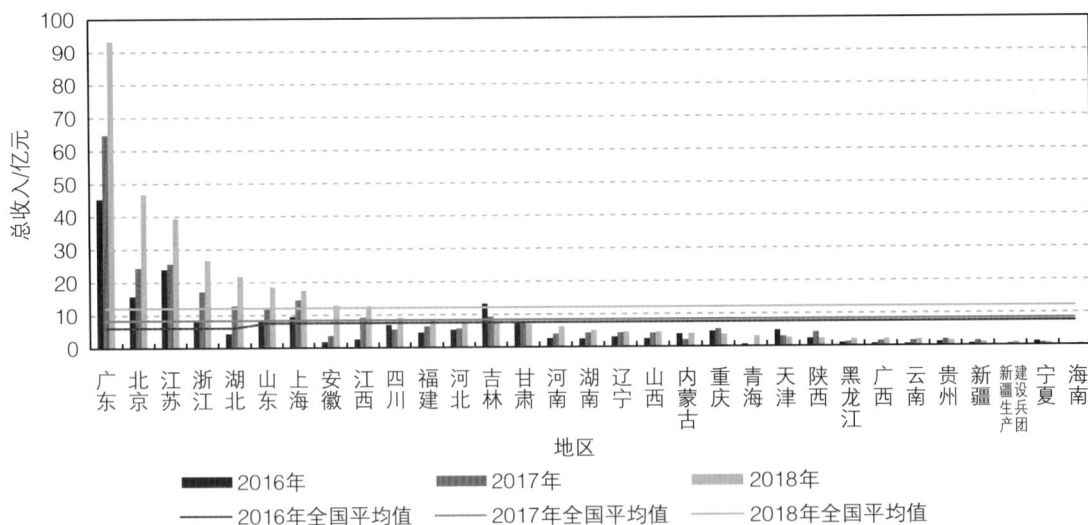

图 4-64　各地区民营创业孵化机构总收入

2. 技术创新情况

2018 年，全国民营创业孵化机构拥有知识产权数量为 280 557 个。拥有知识产权数量较多的 5 个地区分别为广东、北京、江苏、浙江和上海。其中，广东国家高新区创业孵化机构拥有知识产权数量为 57 596 个，较 2017 年增长了 38.0%（图 4-65）。

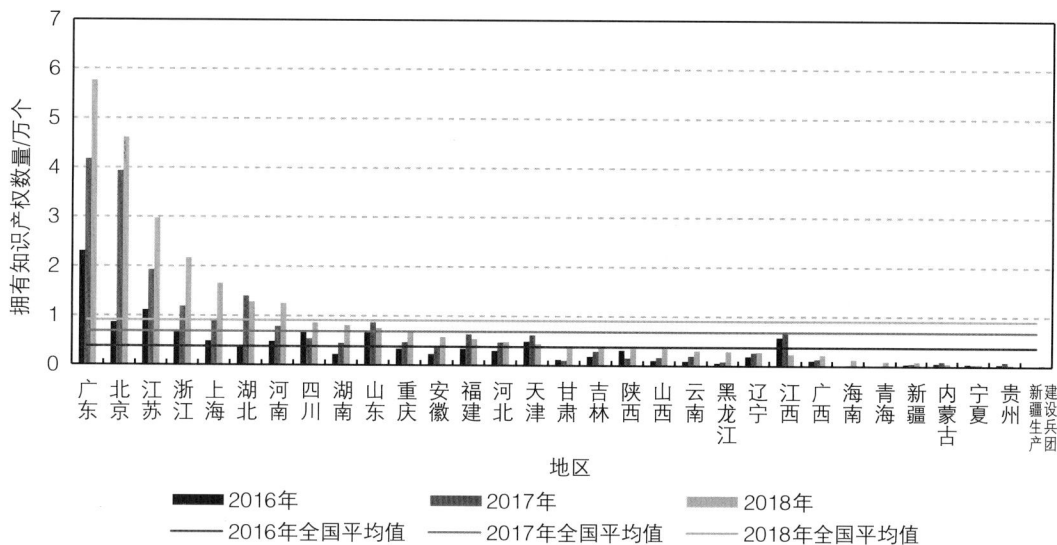

图4-65　各地区民营创业孵化机构拥有知识产权数量

2018年，全国民营创业孵化机构拥有发明专利数量为22 539个。拥有知识产权数量较多的5个地区分别为广东、北京、江苏、浙江和河南。其中，广东国家高新区创业孵化机构拥有发明专利数为4109个，较2017年略微减少，位列第一（图4-66）。

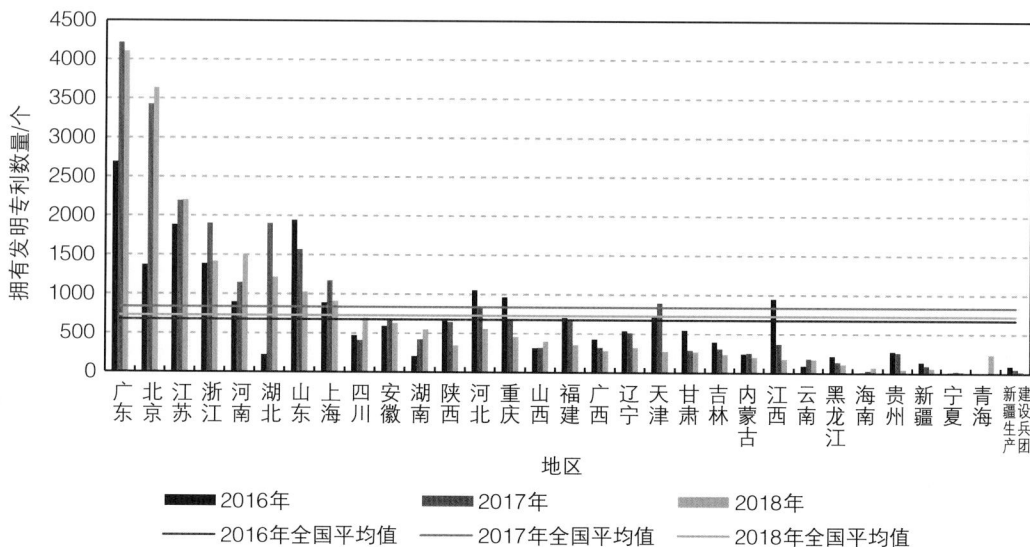

图4-66　各地区民营创业孵化机构拥有发明专利数量

3. 就业情况

2018年，民营创业孵化机构内在孵企业从业人员数量较多的前5个地区为广东、江苏、山东、北京和浙江。其中，广东的国家高新区创业孵化机构内在孵企业从业人员数量突破27万人，较2017年增长了32.0%，增长趋势显著（图4-67）。

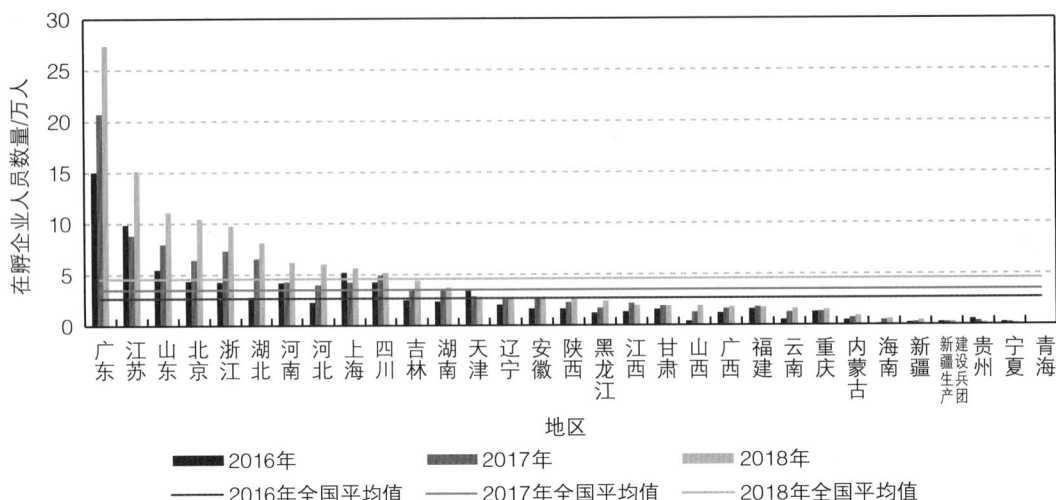

图4-67 各地区民营创业孵化机构内在孵企业从业人员数量

4. 获得投融资情况

2018年，民营创业孵化机构内当年获得投融资的企业数量为17 144家，较2017年略有增加。当年获得投资额达898.98亿元，较上年增加30.1%，整体呈增长趋势（表4-16）。

表4-16 民营孵化器内在孵企业投融资情况

获得投融资情况	2016 年	2017 年	2018 年
当年获得投融资的企业数量/个	13 481	16 972	17 144
其中：孵化器	2968	4010	5242
众创空间	10 513	12 962	11 902
当年获得投资额/亿元	534.21	691.05	898.98
其中：孵化器	141.80	154.61	295.55
众创空间	392.41	536.44	603.43

2018年，各地民营创业孵化机构内获得投融资总额较多的前5个地区分别为北京、广东、上海、浙江和江苏。其中，北京民营创业孵化机构内获得的投资总额为380.21亿元，是2017年的2倍多，居全国首位（图4-68）。

（三）运营情况

1. 获得财税支持情况

2018年，全国民营创业孵化机构获得各级财政资助总额为339.97亿元，较2017年增加了44.9%。其中，获得各级财政资助额较多的5个地区分别为广东、北京、湖北、江苏和浙江（图4-69）。

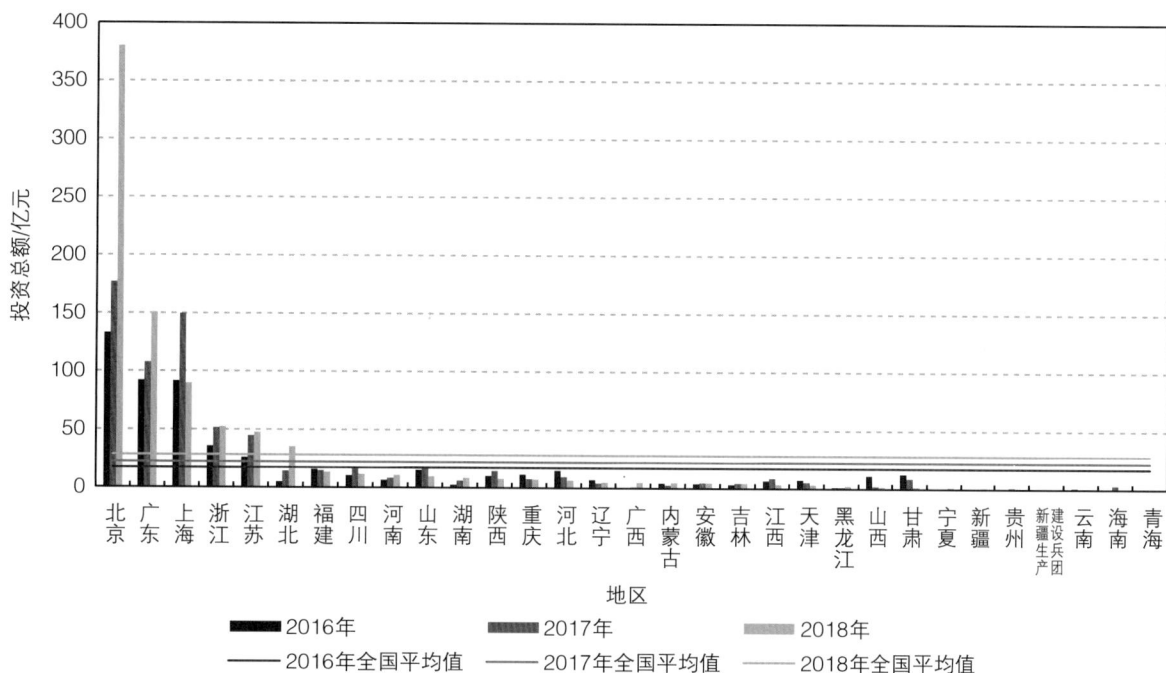

图 4 - 68　各地区民营创业孵化机构内获得投资总额

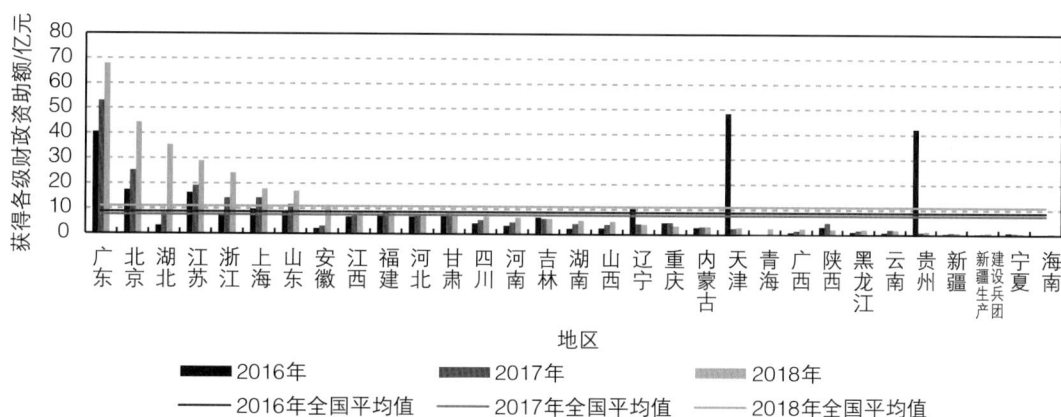

图 4 - 69　各地区民营创业孵化机构获得各级财政资助额

2. 收支和运营成本情况

2018 年，全国民营创业孵化机构总收入 376.39 亿元，较 2017 年增加了 44.1%。民营创业孵化机构总收入较多的 5 个地区分别为广东、北京、江苏、浙江和湖北。其中，广东国家高新区创业孵化机构总收入突破 90 亿元，位居第一，较上年上涨 44.0%，增长势头明显（图 4 - 70）。

2018 年，全国民营创业孵化机构运营成本较高的 5 个地区分别为广东、北京、江苏、浙江和上海。其中，广东、北京、江苏和浙江 4 个地区的运营成本均超过 20 亿元。广东以 61.7 亿元居首位，较上年增长 16.2%（图 4 - 71）。

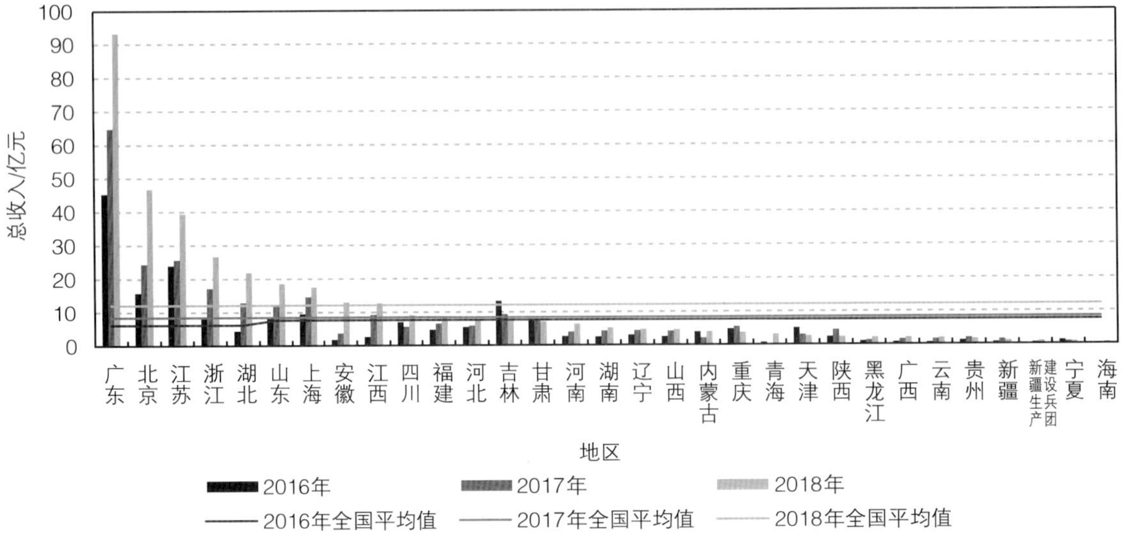

图 4 -70 各地区民营创业孵化机构总收入

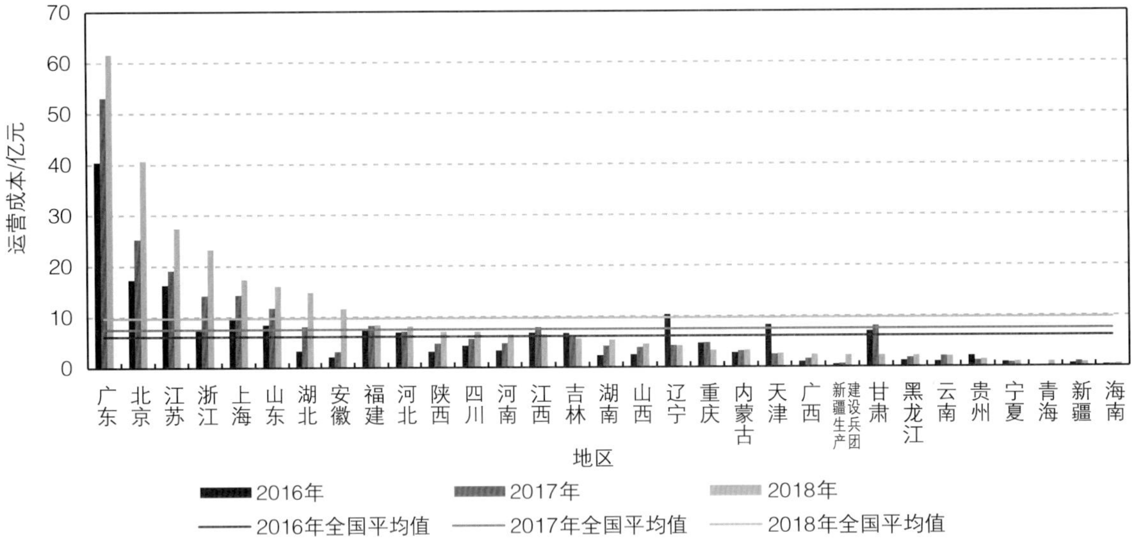

图 4 -71 各地区民营创业孵化机构运营成本

3. 管理人员情况

2018 年，全国民营创业孵化机构内管理机构从业人员共计 148 445 人，较 2017 年增加了 31.8%。民营创业孵化机构内创业导师共计 114 733 人，较 2017 年增加了 14.3%（图 4 -72）。

2018 年，全国民营创业孵化机构内管理机构从业人员数量较多的 5 个地区分别为广东、山东、江西、浙江和江苏。其中，广东较 2017 年增长 8.2%，位居第一。全国民营创业孵化机构内创业导师数量较多的 5 个地区为浙江、江苏、山东、广东、河北。其中，浙江创业导师数量较去年增长了 39.8%，居全国首位（图 4 -73）。

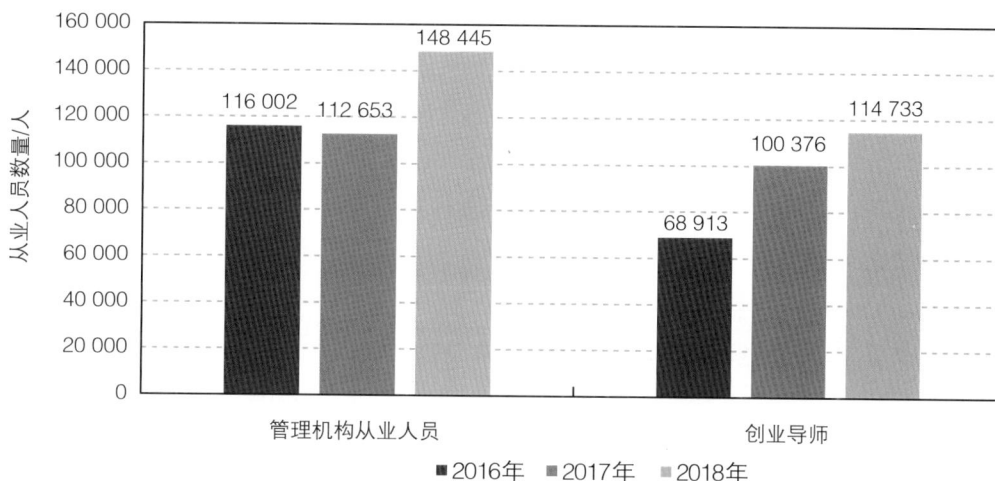

图 4-72　全国民营创业孵化机构内从业人员数量

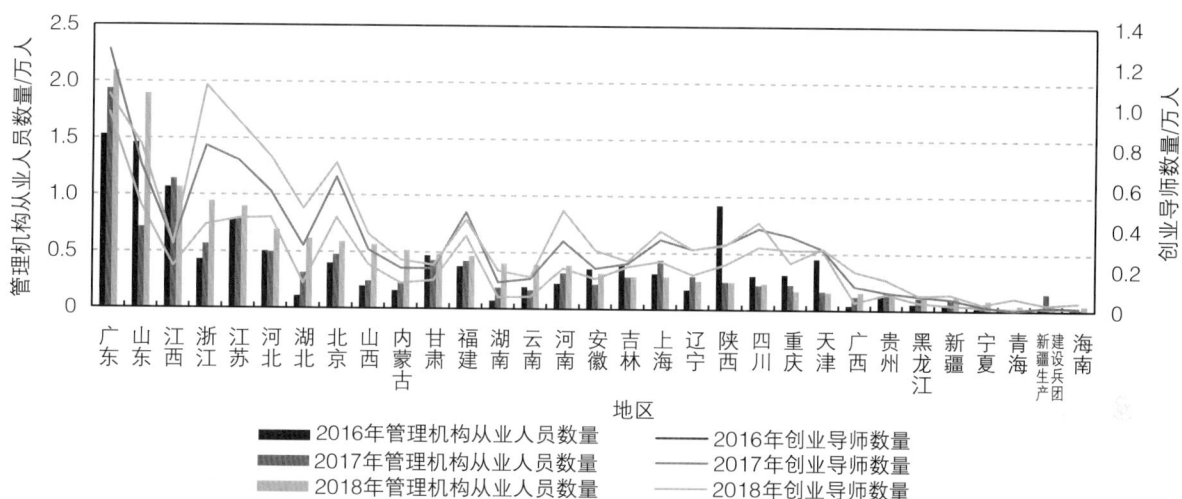

图 4-73　各地区民营创业孵化机构管理机构从业人员和创业导师数量

4. 开展孵化服务情况

2018 年，民营创业孵化机构开展创新创业活动次数较多的 5 个地区分别为广东、浙江、山东、江苏和河北，开展活动次数整体呈下滑趋势。开展创业教育培训活动场次较多的 5 个地区分别为浙江、山东、江苏、河北和山西，这 5 个地区开展的创业教育培训次数均超过 3500 次（图 4-74 和图 4-75）。

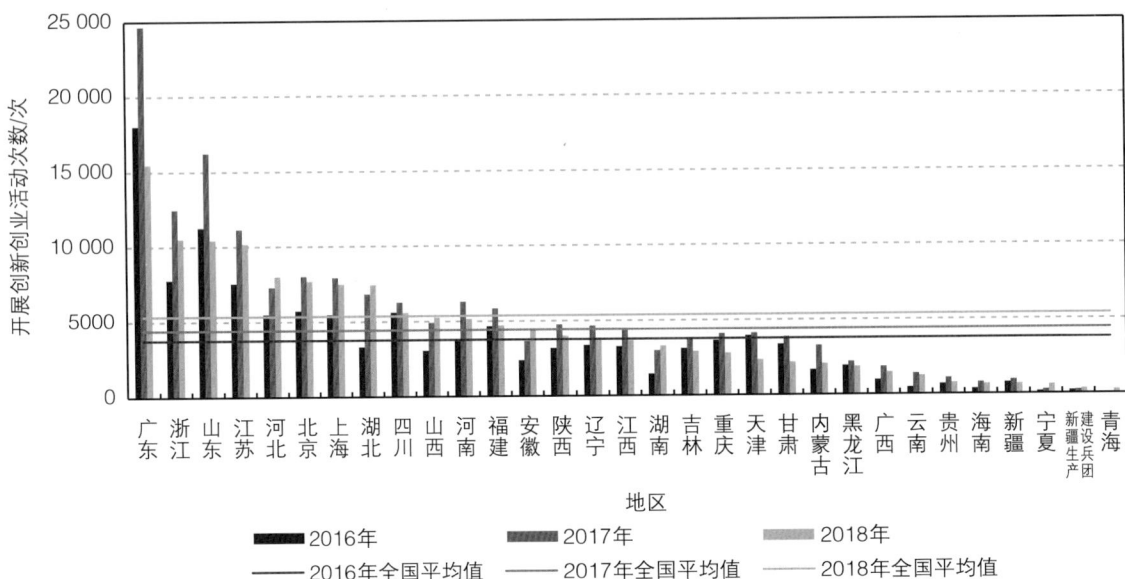

图 4-74　各地区民营创业孵化机构开展创新创业活动次数

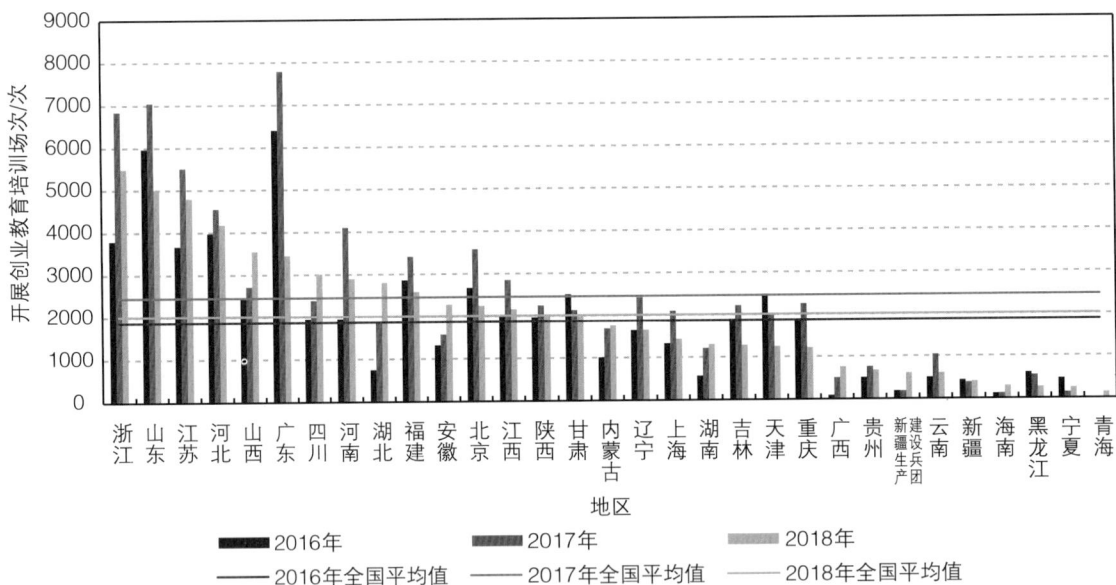

图 4-75　各地区民营创业孵化机构开展创业教育培训场次

第五章 各地区创业孵化发展情况

一、北京市创业孵化发展情况

（一）总体情况

2018 年，北京市共有创业孵化机构 299 家，较 2017 年增加了 8 家。其中，孵化器 152 家，较 2017 年增加了 44.8%，国家级孵化器 55 家，占比为 36.2%；众创空间 147 家，较 2017 年减少了 38 家，在国家备案的众创空间 143 家，占比为 97.3%。

2018 年，北京市创业孵化机构面积达 5.15 百万平方米，较 2017 年增加了 11.5%。其中，孵化器面积 3.13 百万平方米，较 2017 年增加了 25.2%；众创空间面积 2.02 百万平方米，较 2017 年减少了 4.7%（表 5-1）。

表 5-1 北京市创业孵化机构数量及面积

分类	2016 年	2017 年	2018 年
创业孵化机构数量/家	234	291	299
孵化器数量	101	106	152
其中：国家级孵化器	49	54	55
众创空间数量	133	185	147
其中：在国家备案的众创空间	111	149	143
创业孵化机构面积/百万平方米	3.45	4.62	5.15
孵化器面积	2.23	2.50	3.13
众创空间面积	1.22	2.12	2.02

2018 年，北京市创业孵化机构内在孵企业数量为 26 452 家，较 2017 年减少了 37.5%。其中，孵化器当年在孵企业数量 9629 家，较 2017 年增加了 43.4%；众创空间当年在孵企业数量 16 823 家，较 2017 年减少了 1.88 万家。

2018 年，北京市创业孵化机构内当年上市（挂牌）企业总数为 122 家，较 2017 年减少了 65 家。其中，孵化器内当年上市（挂牌）的企业有 60 家，众创空间内当年上市（挂牌）的企业有 62 家（表 5-2）。

表5-2 北京市创业孵化机构在孵企业情况 单位：家

年份	在孵企业数量			当年上市（挂牌）企业数量		
	总数	孵化器	众创空间	总数	孵化器	众创空间
2016	19 625	5316	14 309	196	104	92
2017	42 349	6717	35 632	187	91	96
2018	26 452	9629	16 823	122	60	62

（二）绩效情况

1. 投融资情况

2018 年，北京市创业孵化机构内当年获得投融资的企业数量为 1799 家，较 2017 年减少了 24.9%；当年获得投资额为 477.66 亿元，较 2017 年增长 62.6%（表5-3）。

表5-3 北京市创业孵化机构内获得投融资情况

获得投融资情况	2016 年	2017 年	2018 年
当年获得投融资的企业数量/家	2059	2396	1799
其中：孵化器	572	581	618
众创空间	1487	1815	1181
当年获得投资额/亿元	241.56	293.72	477.66
其中：孵化器	70.23	89.36	128.56
众创空间	171.33	204.36	349.10

2. 知识产权情况

截至 2018 年年底，北京市创业孵化机构内在孵企业拥有有效知识产权数达 86 112 件，较 2017 年增长了近 2.6 万件，增长率达 42.2%。其中，众创空间内在孵企业拥有有效知识产权数达 47 283 件，较 2017 年增长 30.2%。拥有有效发明专利数为 15 616 件，比 2017 年多 5000 余件，增长率达 51.5%（表5-4）。

表5-4 北京市创业孵化机构知识产权情况 单位：件

知识产权情况	2016 年	2017 年	2018 年
拥有有效知识产权数	19 344	60 536	86 112
其中：孵化器	11 709	24 208	38 829
众创空间	7635	36 328	47 283
拥有有效发明专利数	3771	10 305	15 616
其中：孵化器	1990	5598	9736
众创空间	1781	4707	5880

3. 吸纳就业情况

2018 年，北京市创业孵化机构内在孵企业共吸纳就业 246 892 人，较 2017 年略有增长。其中，在孵化器和众创空间中应届毕业大学生创业就业共 23 887 人，不足 2017 年的一半（表 5 - 5）。

表 5 - 5　北京市创业孵化机构吸纳就业情况

单位：人

年份	在孵企业吸纳就业情况			其中：应届毕业大学生创业就业		
	总数	孵化器	众创空间	总数	孵化器	众创空间
2016	139 273	90 451	48 822	23 896	5237	18 659
2017	224 603	116 544	108 059	53 837	7322	46 515
2018	246 892	148 228	98 664	23 887	8355	15 532

（三）自身建设情况

1. 收入和运营成本情况

2018 年，北京市创业孵化机构总收入 67.52 亿元，较 2017 年增长了 29.0%。其中，房屋及物业收入最多，占比超过一半，达 58%；其次是综合服务收入，占比为 27%。

2018 年，北京市创业孵化机构总成本 61.81 亿元，较 2017 年增长了 32.8%。其中，场地费用占比最高，达 36%；其次是管理费用，占比为 20%（表 5 - 6 和图 5 - 1）。

表 5 - 6　北京市创业孵化机构收入和运营成本情况

单位：亿元

年份	收入			运营成本		
	总收入	孵化器	众创空间	总成本	孵化器	众创空间
2016	32.52	19.39	13.13	31.85	15.63	16.22
2017	52.35	27.47	24.88	46.55	20.08	26.47
2018	67.52	41.62	25.90	61.81	32.93	28.88

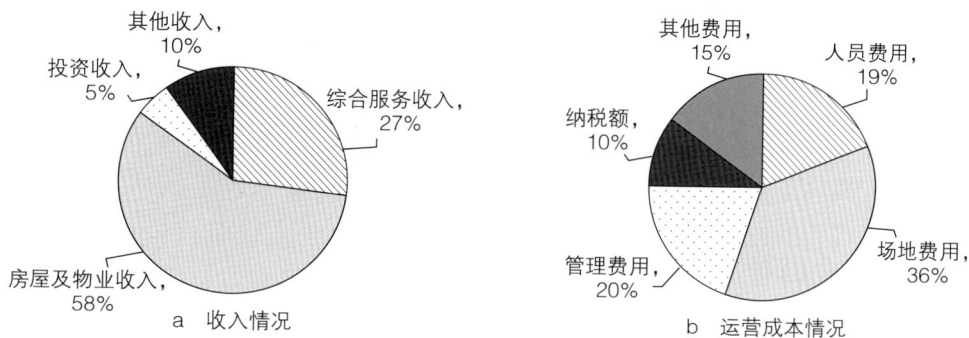

图 5 - 1　北京市创业孵化机构收入和运营成本情况

2018 年，北京市创业孵化机构纳税额达 6.26 亿元，较 2017 年增长 62.2%。其中，孵化器纳税额 4.29 亿元，众创空间纳税额 1.97 亿元。

2. 服务人员情况

2018 年，北京市创业孵化机构共有管理服务人员 7545 人，较 2017 年增长了 4.0%。

2018 年，北京市创业孵化机构共有创业导师 11 507 人，比 2017 年多 1500 余人，增长率达 15.6%（图 5 - 2）。

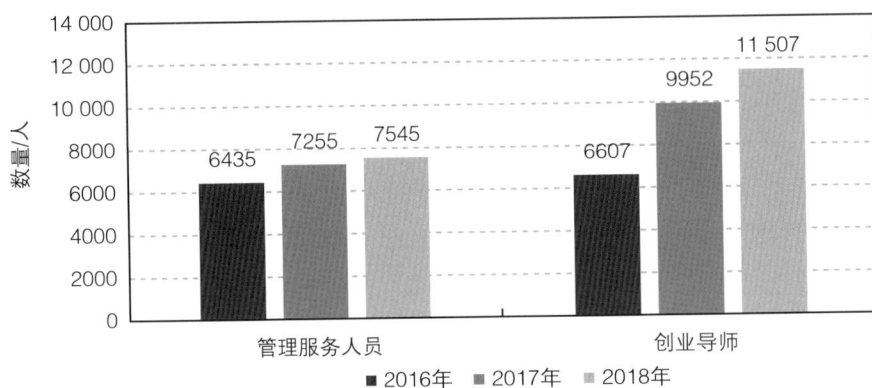

图 5 - 2　北京市创业孵化机构服务人员情况

3. 创业辅导情况

2018 年，北京市创业孵化机构共举办创新创业活动 6029 场，较 2017 年减少了 30.7%；共开展创业教育培训 7782 场，较 2017 年减少 7.4%（图 5 - 3）。

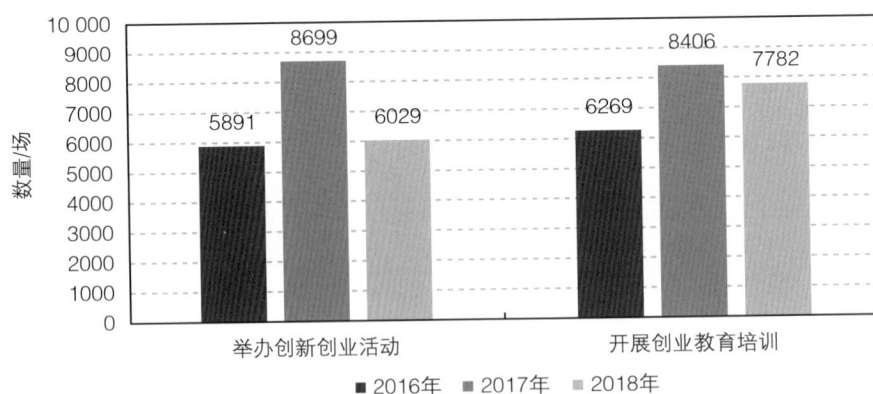

图 5 - 3　北京市创业孵化机构创业辅导情况

二、天津市创业孵化发展情况

（一）总体情况

2018 年，天津市共有创业孵化机构 223 家，较 2017 年减少了 3 家。其中，孵化器 72 家，较

2017 年增加了 1 家，国家级孵化器 33 家，占比为 45.8%；众创空间 151 家，较 2017 年减少了 4 家，在国家备案的众创空间 76 家，占比为 50.3%。

2018 年，天津市创业孵化机构面积达 1.84 百万平方米，相比于 2017 年基本不变。其中，孵化器面积 1.37 百万平方米，相比于 2017 年基本不变；众创空间面积 0.47 百万平方米，较 2017 年减少了 6.0%（表 5 - 7）。

表 5 - 7　天津市创业孵化机构数量及面积

分类	2016 年	2017 年	2018 年
创业孵化机构数量/家	251	226	223
孵化器数量	108	71	72
其中：国家级孵化器	37	32	33
众创空间数量	143	155	151
其中：在国家备案的众创空间	73	77	76
创业孵化机构面积/百万平方米	3.63	1.87	1.84
孵化器面积	3.20	1.37	1.37
众创空间面积	0.43	0.50	0.47

2018 年，天津市创业孵化机构内在孵企业数量达 8301 家，较 2017 年减少 3.4%。其中，孵化器当年在孵企业数量 4263 家，较 2017 年减少了 1 家；众创空间当年在孵企业数量 4038 家，较 2017 年减少了 287 家。

2018 年，天津市创业孵化机构内当年上市（挂牌）企业总数为 40 家，较 2017 年减少了 26 家。其中，孵化器内当年上市（挂牌）的企业有 27 家，众创空间内当年上市（挂牌）的企业有 13 家（表 5 - 8）。

表 5 - 8　天津市创业孵化机构在孵企业情况　　　　　　　　　　　　　　　　单位：家

年份	在孵企业数量			当年上市（挂牌）企业数量		
	总数	孵化器	众创空间	总数	孵化器	众创空间
2016	8282	5080	3202	19	10	9
2017	8589	4264	4325	66	21	45
2018	8301	4263	4038	40	27	13

（二）绩效情况

1. 投融资情况

2018 年，天津市创业孵化机构内当年获得投融资的企业数量为 502 家，较 2017 年减少了

14.04%；当年获得投资额达 7.28 亿元，较 2017 年减少 37.93%（表 5-9）。

表 5-9 天津市创业孵化机构内获得投融资情况

获得投融资情况	2016 年	2017 年	2018 年
当年获得投融资的企业数量/家	656	584	502
其中：孵化器	306	246	223
众创空间	350	338	279
当年获得投资额/亿元	19.41	11.73	7.28
其中：孵化器	10.67	5.00	3.44
众创空间	8.74	6.73	3.84

2. 知识产权情况

截至 2018 年年底，天津市创业孵化机构内在孵企业拥有有效知识产权数达 10 993 件，较 2017 年增长 10.4%。其中，众创空间内在孵企业拥有有效知识产权数达 4282 件，较 2017 年增长 9.2%。拥有有效发明专利数为 2071 件，比 2017 年略有下降（表 5-10）。

表 5-10 天津市创业孵化机构知识产权情况　　　　　　　　　　单位：件

知识产权情况	2016 年	2017 年	2018 年
拥有有效知识产权	8650	9955	10 993
其中：孵化器	5984	6033	6711
众创空间	2666	3922	4282
拥有有效发明专利	2116	2413	2071
其中：孵化器	1386	1553	1202
众创空间	730	860	869

3. 吸纳就业情况

2018 年，天津市创业孵化机构内在孵企业共吸纳就业 82 360 人，较 2017 年增加 1.4%。其中，在孵化器和众创空间中应届毕业大学生创业就业共 10 786 人，较 2017 年减少 16.5%（表 5-11）。

表 5-11 天津市创业孵化机构吸纳就业情况　　　　　　　　　　单位：人

年份	在孵企业吸纳就业情况			其中：应届毕业大学生创业就业		
	总数	孵化器	众创空间	总数	孵化器	众创空间
2016	84 936	72 251	12 685	13 011	9313	3698
2017	81 219	62 177	19 042	12 920	7590	5330
2018	82 360	59 004	23 356	10 786	7222	3564

（三）自身建设情况

1. 收入和运营成本情况

2018年，天津市创业孵化机构总收入5.94亿元，较2017年增加了1.4%。其中，房屋及物业收入最多，占比达46%；其次是综合服务收入，占比为32%。

2018年，天津市创业孵化机构总成本6.00亿元，较2017年增加了11.3%。其中，管理费用占比最高，达28%；其次是人员费用，占比为27%（表5-12和图5-4）。

表5-12　天津市创业孵化机构收入和运营成本情况　　　　　　　　　　单位：亿元

年份	收入			运营成本		
	总收入	孵化器	众创空间	总成本	孵化器	众创空间
2016	53.51	4.89	2.91	50.92	3.3	47.62
2017	5.86	2.97	2.89	5.39	3.0	2.39
2018	5.94	3.90	2.04	6.00	3.86	2.14

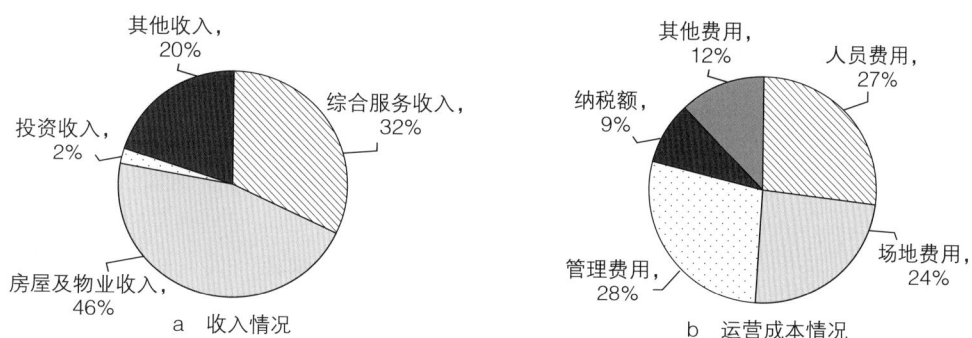

图5-4　天津市创业孵化机构收入和运营成本情况

2018年，天津市创业孵化机构纳税额达0.53亿元，较2017年增加了42.6%。其中，孵化器纳税额0.45亿元，众创空间纳税额0.08亿元。

2. 服务人员情况

2018年，天津市创业孵化机构共有管理服务人员2948人，较2017年减少了7.0%。

2018年，天津市创业孵化机构共有创业导师7410人，比2017年增长了10.2%（图5-5）。

3. 创业辅导情况

2018年，天津市创业孵化机构共举办创新创业活动3756场，较2017年减少了30.6%；共开展创业教育培训4268场，较2017年减少了20.7%（图5-6）。

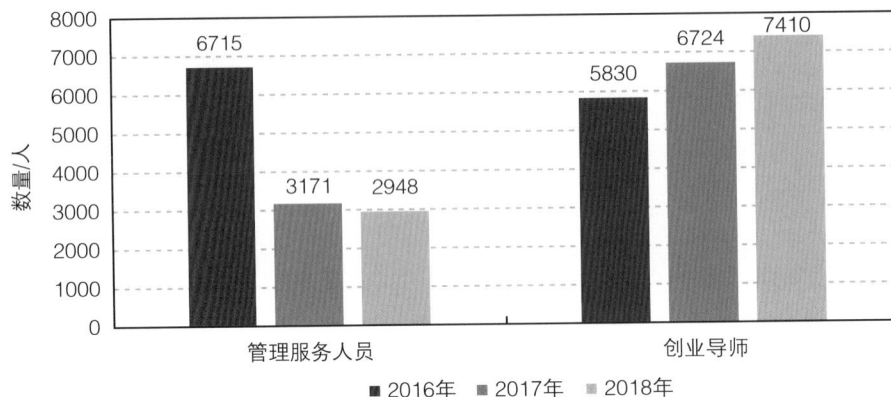

图 5-5　天津市创业孵化机构服务人员情况

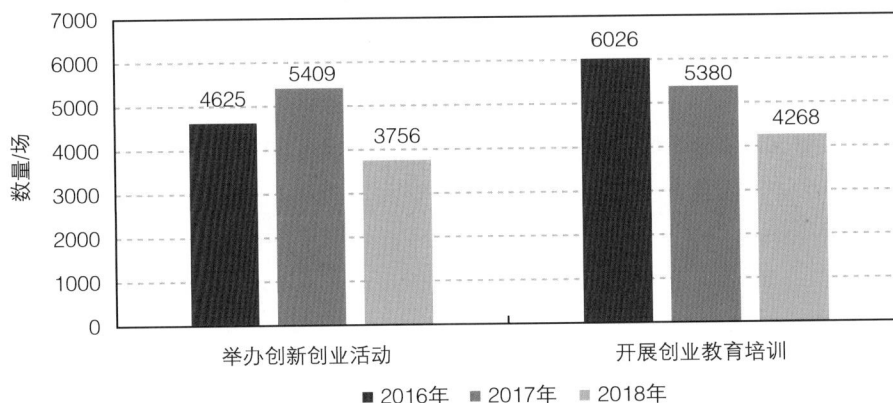

图 5-6　天津市创业孵化机构创业辅导情况

三、河北省创业孵化发展情况

(一) 总体情况

2018 年，河北省共有创业孵化机构 721 家，较 2017 年增加了 45.1%。其中，孵化器 228 家，较 2017 年增加了 64.0%，国家级孵化器 23 家，占比 10.1%；众创空间 493 家，较 2017 年增加了 37.7%，在国家备案的众创空间 80 家，占比 16.2%。

2018 年，河北省创业孵化机构面积达 6.84 百万平方米，较 2017 年增加了 40.5%。其中，孵化器面积 5.30 百万平方米，较 2017 年增加了 43.2%；众创空间面积 1.54 百万平方米，较 2017 年增加了 31.6% (表 5-13)。

表 5-13 河北省创业孵化机构数量及面积

分类	2016 年	2017 年	2018 年
创业孵化机构数量/家	393	497	721
孵化器数量	102	139	228
其中：国家级孵化器	19	23	23
众创空间数量	291	358	493
其中：在国家备案的众创空间	72	83	80
创业孵化机构面积/百万平方米	4.25	4.87	6.84
孵化器面积	3.00	3.70	5.30
众创空间面积	1.25	1.17	1.54

2018 年，河北省创业孵化机构内在孵企业数量达 13 155 家，较 2017 年增长 19.4%。其中，孵化器当年在孵企业数量 6788 家，较 2017 年则增加了近 2000 家；众创空间当年在孵企业数量 6367 家，较 2017 年增加 4.3%。

2018 年，河北省创业孵化机构内当年上市（挂牌）企业总数为 64 家，较 2017 年增加了 41 家。其中，孵化器内当年上市（挂牌）的企业有 12 家，众创空间内当年上市（挂牌）的企业有 52 家（表 5-14）。

表 5-14 河北省创业孵化机构在孵企业情况　　　　　　　　　　　　单位：家

年份	在孵企业数量			当年上市（挂牌）企业数量		
	总数	孵化器	众创空间	总数	孵化器	众创空间
2016	8255	3078	5177	55	27	28
2017	11 013	4907	6106	23	17	6
2018	13 155	6788	6367	64	12	52

（二）绩效情况

1. 投融资情况

2018 年，河北省创业孵化机构内当年获得投融资的企业数量为 949 家，较 2017 年增长了 8.5%；当年获得投资额达 9.39 亿元，较 2017 年减少 31.7%（表 5-15）。

表 5 – 15 河北省创业孵化机构内获得投融资情况

获得投融资情况	2016 年	2017 年	2018 年
当年获得投融资的企业数量/家	835	875	949
其中：孵化器	148	177	219
众创空间	687	698	730
当年获得投资额/亿元	20.58	13.74	9.39
其中：孵化器	2.32	3.19	4.07
众创空间	18.26	10.55	5.32

2. 知识产权情况

截至 2018 年年底，河北省创业孵化机构内在孵企业拥有有效知识产权数达 13 988 件，较 2017 年增长 46.4% 。其中，孵化器内在孵企业拥有有效知识产权数达 9352 件，较 2017 年增长 57.9% 。拥有有效发明专利数为 2409 件，比 2017 年增长 20.6% （表 5 – 16）。

表 5 – 16 河北省创业孵化机构知识产权情况 单位：件

知识产权情况	2016 年	2017 年	2018 年
拥有有效知识产权数	6246	9554	13 988
其中：孵化器	3529	5922	9352
众创空间	2717	3632	4636
拥有有效发明专利数	1478	1998	2409
其中：孵化器	727	1097	1495
众创空间	751	901	914

3. 吸纳就业情况

2018 年，河北省创业孵化机构内在孵企业共吸纳就业 134 327 人，较 2017 年增加 15.3% 。其中，在孵化器和众创空间中应届毕业大学生创业就业共 16 635 人，较 2017 年减少 31.2%（表 5 – 17）。

表 5 – 17 河北省创业孵化机构吸纳就业情况 单位：人

年份	在孵企业吸纳就业情况			其中：应届毕业大学生创业就业		
	总数	孵化器	众创空间	总数	孵化器	众创空间
2016	85 983	53 414	32 569	15 163	5439	9724
2017	116 511	77 655	38 856	24 167	11 514	12 653
2018	134 327	96 166	38 161	16 635	10 655	5980

（三）自身建设情况

1. 收入和运营成本情况

2018 年，河北省创业孵化机构总收入 28.83 亿元，较 2017 年增加了 20 多亿元。其中，投资收入最多，占比达47%；其次是综合服务收入，占比为27%。

2018 年，河北省创业孵化机构总成本 12.52 亿元，较 2017 年增加了 18.3%。其中，场地费用占比最高，达32%；其次是人员费用，占比为23%（表5－18 和图5－7）。

表5－18　河北省创业孵化机构收入和运营成本情况　　　　　　　　　单位：亿元

年份	收入			运营成本		
	总收入	孵化器	众创空间	总成本	孵化器	众创空间
2016	10.64	7.94	2.70	10.06	6.33	3.73
2017	8.42	5.52	2.90	10.58	6.58	4.00
2018	28.83	24.99	3.84	12.52	7.78	4.74

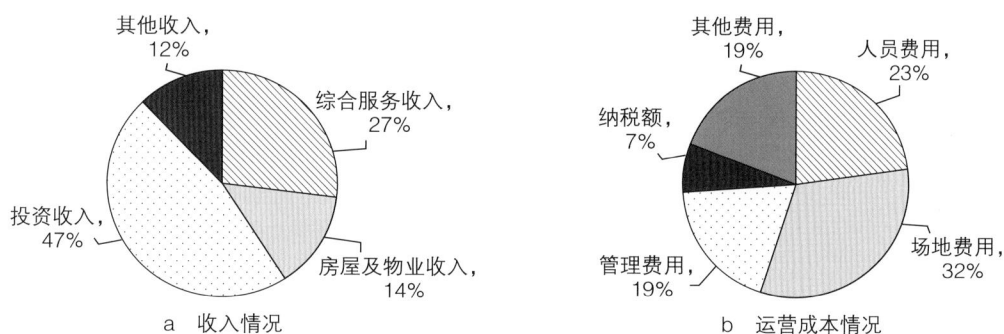

图5－7　河北省创业孵化机构收入和运营成本情况

2018 年，河北省创业孵化机构纳税额达 0.87 亿元，较 2017 年增加了 40.0%。其中，孵化器纳税额 0.75 亿元，众创空间纳税额 0.12 亿元。

2. 服务人员情况

2018 年，河北省创业孵化机构共有管理服务人员 9521 人，较 2017 年增加了 44.2%。

2018 年，河北省创业孵化机构共有创业导师 11 305 人，比 2017 年多了 3000 余人，增长了 37.0%（图5－8）。

3. 创业辅导情况

2018 年，河北省创业孵化机构共举办创新创业活动 7118 场，较 2017 年增加了 14.1%；共开展创业教育培训 11 464 场，较 2017 年增加了 26.9%（图5－9）。

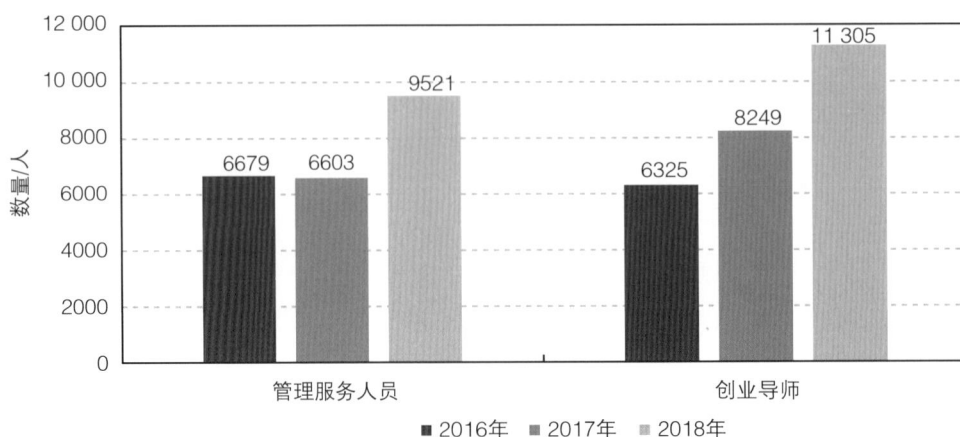

图 5 - 8　河北省创业孵化机构服务人员情况

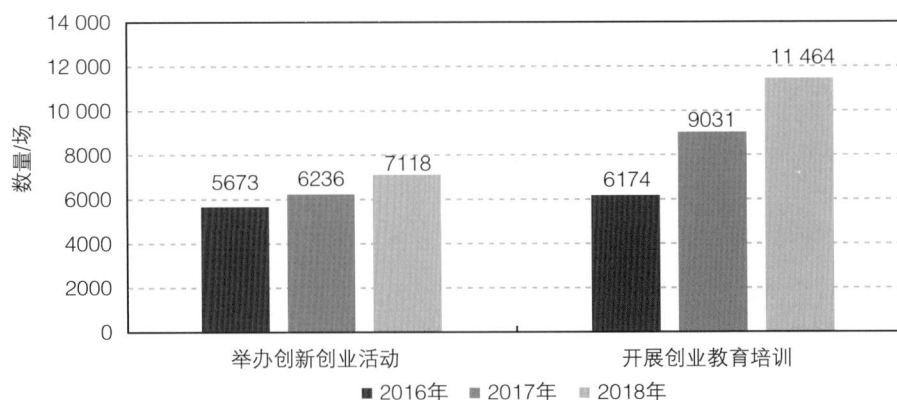

图 5 - 9　河北省创业孵化机构创业辅导情况

四、山西省创业孵化发展情况

（一）总体情况

2018 年，山西省共有创业孵化机构 276 家，较 2017 年增长了 29.6%。其中，孵化器 59 家，较 2017 年增加了 15 家，国家级孵化器 13 家，占比 22.0%；众创空间 217 家，较 2017 年增加了 48 家，在国家备案的众创空间 34 家，占比 15.7%。

2018 年，山西省创业孵化机构面积达 2.23 百万平方米，较 2017 年增加了 27.4%。其中，孵化器面积 1.23 百万平方米，较 2017 年增加了 17.1%；众创空间面积 1.00 百万平方米，较 2017 年增加了 42.9%（表 5 - 19）。

表5-19　山西省创业孵化机构数量及面积

分类	2016 年	2017 年	2018 年
创业孵化机构数量/家	156	213	276
孵化器数量	25	44	59
其中：国家级孵化器	11	12	13
众创空间数量	131	169	217
其中：在国家备案的众创空间	10	34	34
创业孵化机构面积/百万平方米	1.42	1.75	2.23
孵化器面积	0.79	1.05	1.23
众创空间面积	0.63	0.70	1.00

2018 年，山西省创业孵化机构内在孵企业数量达 7373 家，较 2017 年增长 24.3%。其中，孵化器当年在孵企业数量 2435 家，较 2017 年增长了 24.5%；众创空间当年在孵企业数量 4938 家，较 2017 年增加近 1000 家。

2018 年，山西省创业孵化机构内当年上市（挂牌）企业总数为 32 家，较 2017 年增加 18 家。其中，孵化器内当年上市（挂牌）的企业有 9 家，众创空间内当年上市（挂牌）的企业有 23 家（表 5 - 20）。

表5-20　山西省创业孵化机构在孵企业情况　　　　　　　　　单位：家

年份	在孵企业数量			当年上市（挂牌）企业数量		
	总数	孵化器	众创空间	总数	孵化器	众创空间
2016	4169	1190	2979	30	13	17
2017	5930	1956	3974	14	3	11
2018	7373	2435	4938	32	9	23

（二）绩效情况

1. 投融资情况

2018 年，山西省创业孵化机构内当年获得投融资的企业数量为 488 家，较 2017 年增长了 42.7%；当年获得投资额达 3.70 亿元，较 2017 年增长 4.2%（表 5 - 21）。

表 5 – 21　山西省创业孵化机构内获得投融资情况

获得投融资情况	2016 年	2017 年	2018 年
当年获得投融资的企业数量/家	263	342	488
其中：孵化器	74	67	118
众创空间	189	275	370
当年获得投资额/亿元	12.31	3.55	3.70
其中：孵化器	0.74	1.14	1.97
众创空间	11.57	2.41	1.73

2. 知识产权情况

截至 2018 年年底，山西省创业孵化机构内在孵企业拥有有效知识产权数达 7497 件，较 2017 年增长 61.9%。其中，孵化器内在孵企业拥有有效知识产权数达 3811 件，较 2017 年增长 34.3%。拥有有效发明专利数为 1216 件，比 2017 年增长 39.3%（表 5 – 22）。

表 5 – 22　山西省创业孵化机构知识产权情况　　　　　　　　　　　　单位：件

知识产权情况	2016 年	2017 年	2018 年
拥有有效知识产权数	2742	4630	7497
其中：孵化器	1427	2838	3811
众创空间	1315	1792	3686
拥有有效发明专利数	543	873	1216
其中：孵化器	310	474	565
众创空间	233	399	651

3. 吸纳就业情况

2018 年，山西省创业孵化机构内在孵企业共吸纳就业 76 564 人，较 2017 年增加 27.8%。其中，在孵化器和众创空间中应届毕业大学生创业就业共 11 165 人，较 2017 年减少 15.8%（表 5 – 23）。

表 5 – 23　山西省创业孵化机构吸纳就业情况　　　　　　　　　　　　单位：人

年份	在孵企业吸纳就业情况			其中：应届毕业大学生创业就业		
	总数	孵化器	众创空间	总数	孵化器	众创空间
2016	35 898	19 181	16 717	9948	2883	7065
2017	59 925	31 456	28 469	13 254	3856	9398
2018	76 564	36 958	39 606	11 165	4596	6569

（三）自身建设情况

1. 收入和运营成本情况

2018年，山西省创业孵化机构总收入7.86亿元，较2017年增加了13.4%。其中，房屋及物业收入最多，占比达40%；其次是其他收入，占比为32%。

2018年，山西省创业孵化机构总成本8.25亿元，较2017年增加了25.6%。其中，场地费用占比最高，达33%；其次是其他费用，占比为28%（表5－24和图5－10）。

表5－24　山西省创业孵化机构收入和运营成本情况　　　　　　　　　　　单位：亿元

年份	收入			运营成本		
	总收入	孵化器	众创空间	总成本	孵化器	众创空间
2016	5.05	2.64	2.31	5.71	2.89	2.82
2017	6.93	3.85	3.08	6.57	3.68	2.89
2018	7.86	4.38	3.48	8.25	4.04	4.21

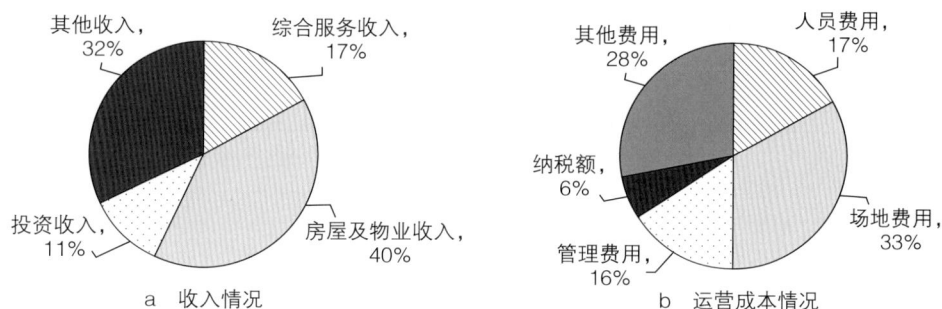

图5－10　山西省创业孵化机构收入和运营成本情况

2018年，山西省创业孵化机构纳税额达0.46亿元，较2017年增加16.2%。其中，孵化器纳税额0.34亿元，众创空间纳税额0.12亿元。

2. 服务人员情况

2018年，山西省创业孵化机构共有管理服务人员10 385人，较2017年增加近3倍。

2018年，山西省创业孵化机构共有创业导师4855人，比2017年增长了15.5%（图5－11）。

3. 创业辅导情况

2018年，山西省创业孵化机构共举办创新创业活动5204场，较2017年减少200场；共开展创业教育培训5698场，较2017年增加了20.6%（图5－12）。

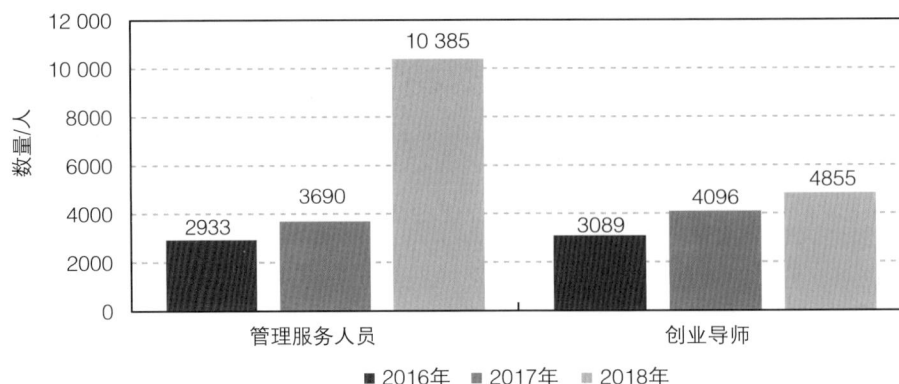

图 5 - 11　山西省创业孵化机构服务人员情况

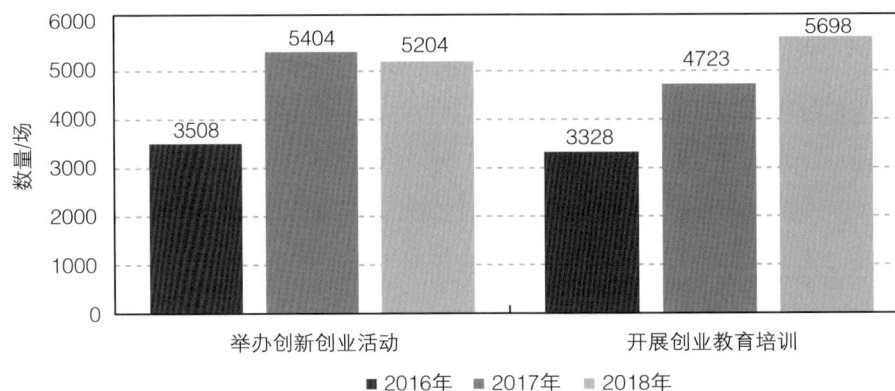

图 5 - 12　山西省创业孵化机构创业辅导情况

五、内蒙古自治区创业孵化发展情况

（一）总体情况

2018 年，内蒙古自治区共有创业孵化机构 233 家，较 2017 年增长了 33.9%。其中，孵化器 51 家，较 2017 年增加了 11 家，国家级孵化器 10 家，占比为 19.6%；众创空间 182 家，较 2017 年增加了 48 家，在国家备案的众创空间 43 家，占比为 23.6%。

2018 年，内蒙古自治区创业孵化机构面积达 3.11 百万平方米，较 2017 年增加了 55.5%。其中，孵化器面积 1.59 百万平方米，较 2017 年增加了 50.0%；众创空间面积 1.52 百万平方米，较 2017 年增加了 61.7%（表 5 - 25）。

表 5-25　内蒙古自治区创业孵化机构数量及面积

分类	2016 年	2017 年	2018 年
创业孵化机构数量/家	121	174	233
孵化器数量	36	40	51
其中：国家级孵化器	9	10	10
众创空间数量	85	134	182
其中：在国家备案的众创空间	35	45	43
创业孵化机构面积/百万平方米	1.74	2.0	3.11
孵化器面积	1.07	1.06	1.59
众创空间面积	0.67	0.94	1.52

2018 年，内蒙古自治区创业孵化机构内在孵企业数量达 5162 家，较 2017 年减少 31.4%。其中，孵化器当年在孵企业数量 1926 家，较 2017 年增长了 21.3%；众创空间当年在孵企业数量 3236 家，较 2017 年减少 2000 多家。

2018 年，内蒙古自治区创业孵化机构内当年上市（挂牌）企业总数为 24 家，较 2017 年减少了 94 家。其中，孵化器内当年上市（挂牌）的企业有 15 家，众创空间内当年上市（挂牌）的企业有 9 家（表 5-26）。

表 5-26　内蒙古自治区创业孵化机构在孵企业情况　　　　　单位：家

年份	在孵企业数量			当年上市（挂牌）企业数量		
	总数	孵化器	众创空间	总数	孵化器	众创空间
2016	5693	1297	4396	81	9	72
2017	7519	1588	5931	118	5	113
2018	5162	1926	3236	24	15	9

（二）绩效情况

1. 投融资情况

2018 年，内蒙古自治区创业孵化机构内当年获得投融资的企业数量为 285 家，较 2017 年减少 35 家；当年获得投资额达 5.57 亿元，较 2017 年增加 49.7%（表 5-27）。

表 5 - 27　内蒙古自治区创业孵化机构内获得投融资情况

获得投融资情况	2016 年	2017 年	2018 年
当年获得投融资的企业数量/家	320	320	285
其中：孵化器	25	21	41
众创空间	295	299	244
当年获得投资额/亿元	6.99	3.72	5.57
其中：孵化器	1.18	0.30	0.97
众创空间	5.81	3.42	4.60

2. 知识产权情况

截至 2018 年年底，内蒙古自治区创业孵化机构内在孵企业拥有有效知识产权数达 4854 件，较 2017 年增长 71.6%。其中，孵化器内在孵企业拥有有效知识产权数达 1711 件，较 2017 年增长 33.7%。拥有有效发明专利数为 829 件，比 2017 年增长 5.1%（表 5 - 28）。

表 5 - 28　内蒙古自治区创业孵化机构知识产权情况　　　　　　　　　单位：件

知识产权情况	2016 年	2017 年	2018 年
拥有有效知识产权数	1910	2829	4854
其中：孵化器	1002	1280	1711
众创空间	908	1549	3143
拥有有效发明专利数	505	789	829
其中：孵化器	262	277	301
众创空间	243	512	528

3. 吸纳就业情况

2018 年，内蒙古自治区创业孵化机构内在孵企业共吸纳就业 46 804 人，较 2017 年减少了 80.7%。其中，在孵化器和众创空间中应届毕业大学生创业就业共 4848 人，较 2017 年减少一半多（表 5 - 29）。

表 5 - 29　内蒙古自治区创业孵化机构吸纳就业情况　　　　　　　　　单位：人

年份	在孵企业吸纳就业情况			其中：应届毕业大学生创业就业		
	总数	孵化器	众创空间	总数	孵化器	众创空间
2016	36 349	19 678	16 671	7365	2760	4605
2017	24 2216	21 737	220 479	12 549	2749	9800
2018	46 804	23 057	23 747	4878	1690	3188

（三）自身建设情况

1. 收入和运营成本情况

2018年，内蒙古自治区创业孵化机构总收入6.59亿元，较2017年增加了57.3%。其中，综合服务收入最多，占比达36%；其次是其他收入，占比为28%。

2018年，内蒙古自治区创业孵化机构总成本6.84亿元，较2017年增加了27.4%。其中，场地费用占比最高，达31%；人员费用、管理费用、其他费用占比均为21%（表5-30和图5-13）。

表5-30 内蒙古自治区创业孵化机构收入和运营成本情况 单位：亿元

年份	收入			运营成本		
	总收入	孵化器	众创空间	总成本	孵化器	众创空间
2016	4.71	3.18	1.53	5.44	3.17	2.37
2017	4.19	2.01	2.18	5.37	3.15	2.22
2018	6.59	3.71	2.88	6.84	2.81	4.03

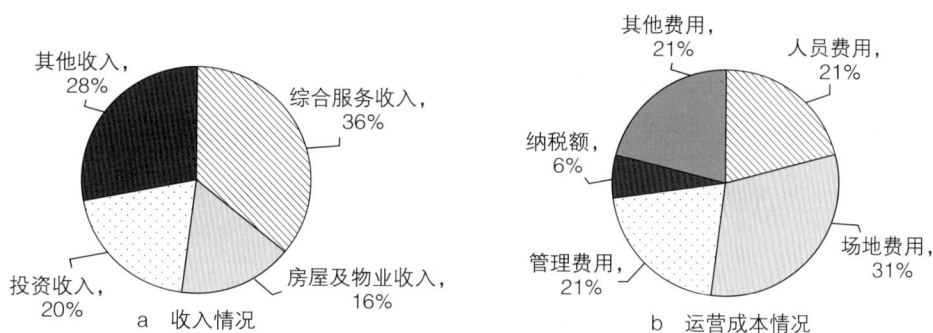

图5-13 内蒙古自治区创业孵化机构收入和运营成本情况

2018年，内蒙古自治区创业孵化机构纳税额达0.37亿元，较2017年增加15.6%。其中，孵化器纳税额0.16亿元，众创空间纳税额0.21亿元。

2. 服务人员情况

2018年，内蒙古自治区创业孵化机构共有管理服务人员6869人，较2017年增加了69.7%。

2018年，内蒙古自治区创业孵化机构共有创业导师4937人，比2017年增加了1000多人，增长了27.7%（图5-14）。

3. 创业辅导情况

2018年，内蒙古自治区创业孵化机构共举办创新创业活动3034场，较2017年减少了700余次；共开展创业教育培训3257场，较2017年稍有增加（图5-15）。

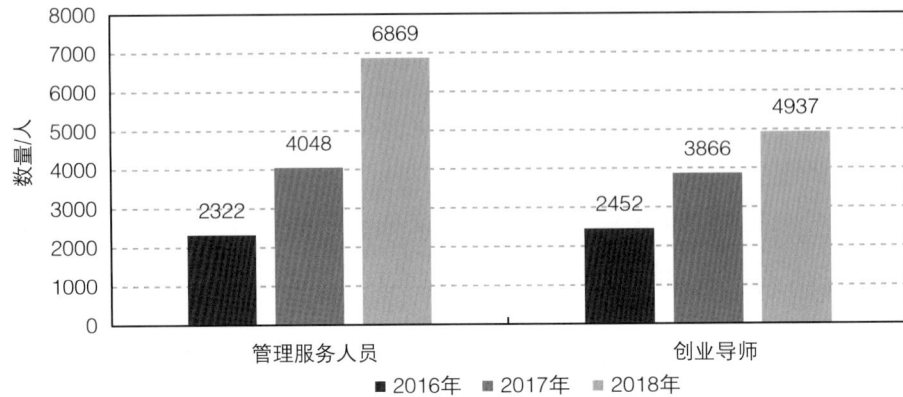

图 5-14　内蒙古自治区创业孵化机构服务人员情况

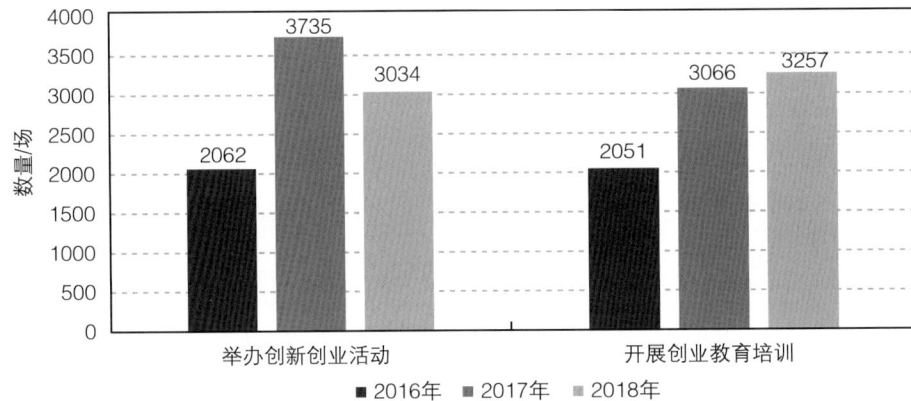

图 5-15　内蒙古自治区创业孵化机构创业辅导情况

六、辽宁省创业孵化发展情况

（一）总体情况

2018 年，辽宁省共有创业孵化机构 248 家，较 2017 年减少了 2 家。其中，孵化器 68 家，较 2017 年减少了 4 家，国家级孵化器 27 家，占比 39.7%；众创空间 180 家，较 2017 年增加了 2 家，在国家备案的众创空间 66 家，占比 36.7%。

2018 年，辽宁省创业孵化机构面积达 2.94 百万平方米，较 2017 年减少 10.4%。其中，孵化器面积 1.78 百万平方米，较 2017 年减少了 13.2%；众创空间面积 1.16 百万平方米，较 2017 年减少 5.7%（表 5-31）。

表 5-31 辽宁省创业孵化机构数量及面积

分类	2016 年	2017 年	2018 年
创业孵化机构数量/家	192	250	248
孵化器数量	73	72	68
其中：国家级孵化器	28	30	27
众创空间数量	119	178	180
其中：在国家备案的众创空间	47	66	66
创业孵化机构面积/百万平方米	3.19	3.28	2.94
孵化器面积	2.44	2.05	1.78
众创空间面积	0.75	1.23	1.16

2018 年，辽宁省创业孵化机构内在孵企业数量达 10 956 家，较 2017 年稍有增加。其中，孵化器当年在孵企业数量 3940 家，较 2017 年减少 13 家；众创空间当年在孵企业数量 7016 家，较 2017 年增加 3.0%。

2018 年，辽宁省创业孵化机构内当年上市（挂牌）企业总数为 21 家，较 2017 年减少 3 家。其中，孵化器内当年上市（挂牌）的企业有 2 家，众创空间内当年上市（挂牌）的企业有 19 家（表 5-32）。

表 5-32 辽宁省创业孵化机构在孵企业情况 单位：家

年份	在孵企业数量			当年上市（挂牌）企业数量		
	总数	孵化器	众创空间	总数	孵化器	众创空间
2016	8571	3290	5281	8	4	4
2017	10 763	3953	6810	24	3	21
2018	10 956	3940	7016	21	2	19

（二）绩效情况

1. 投融资情况

2018 年，辽宁省创业孵化机构内当年获得投融资的企业数量为 536 家，较 2017 年减少了 37 家；当年获得投资额达 8.74 亿元，较 2017 年减少 7.5%（表 5-33）。

表5-33　辽宁省创业孵化机构内获得投融资情况

获得投融资情况	2016 年	2017 年	2018 年
当年获得投融资的企业数量/家	465	573	536
其中：孵化器	150	179	163
众创空间	315	394	373
当年获得投资额/亿元	8.96	8.13	8.74
其中：孵化器	4.93	3.89	3.56
众创空间	4.03	4.24	5.18

2. 知识产权情况

截至 2018 年年底，辽宁省创业孵化机构内在孵企业拥有有效知识产权数达 6364 件，较 2017 年减少 1.8%。其中，众创空间内在孵企业拥有有效知识产权数达 2148 件，较 2017 年增加 100 多件。拥有有效发明专利数为 1646 件，比 2017 年增长 22.1%（表5-34）。

表5-34　辽宁省创业孵化机构知识产权情况　　　　　　　　　　　　单位：件

知识产权情况	2016 年	2017 年	2018 年
拥有有效知识产权数	4970	6482	6364
其中：孵化器	4086	4470	4216
众创空间	884	2012	2148
拥有有效发明专利数	1738	2114	1646
其中：孵化器	1348	1438	1066
众创空间	390	676	580

3. 吸纳就业情况

2018 年，辽宁省创业孵化机构内在孵企业共吸纳就业 92 303 人，较 2017 年减少了 19.9%。其中，在孵化器和众创空间中应届毕业大学生创业就业共 11 512 人，较 2017 年减少 28.4%（表5-35）。

表5-35　辽宁省创业孵化机构吸纳就业情况　　　　　　　　　　　　单位：人

年份	在孵企业吸纳就业情况			其中：应届毕业大学生创业就业		
	总数	孵化器	众创空间	总数	孵化器	众创空间
2016	83 914	56 137	27 777	9696	4976	4720
2017	115 254	66 266	48 988	16 066	5257	10 809
2018	92 303	58 932	33 371	11 512	4044	7468

（三）自身建设情况

1. 收入和运营成本情况

2018 年，辽宁省创业孵化机构总收入 7.62 亿元，较 2017 年减少了 26.5%。其中，综合服务收入最多，占比为 40%；其次是房屋及物业收入，占比为 32%。

2018 年，辽宁省创业孵化机构总成本 7.02 亿元，较 2017 年减少了 0.42 亿元。其中，管理费用占比最高，达 27%；其次是场地费用，占比为 24%（表 5-36 和图 5-16）。

表 5-36　辽宁省创业孵化机构收入和运营成本情况　　　　　　　　单位：亿元

年份	收入			运营成本		
	总收入	孵化器	众创空间	总成本	孵化器	众创空间
2016	5.54	3.63	1.91	12.60	3.76	8.84
2017	10.37	7.07	3.30	7.44	4.22	3.22
2018	7.62	4.92	2.70	7.02	4.00	3.02

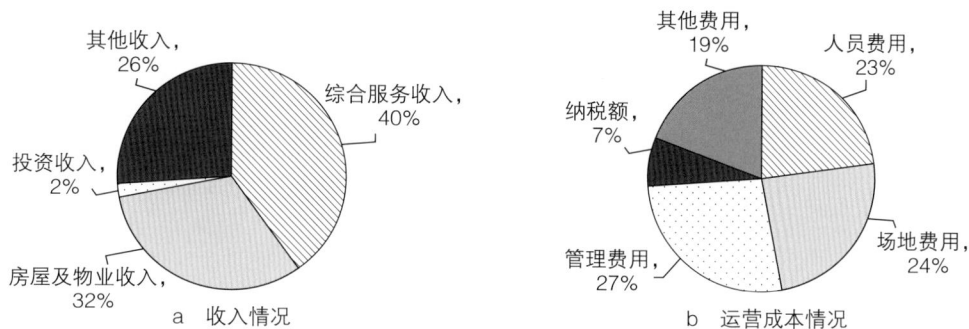

图 5-16　辽宁省创业孵化机构收入和运营成本情况

2018 年，辽宁省创业孵化机构纳税额达 0.53 亿元，较 2017 年增加 6.4%。其中，孵化器纳税额 0.37 亿元，众创空间纳税额 0.16 亿元。

2. 服务人员情况

2018 年，辽宁省创业孵化机构共有管理服务人员 4111 人，较 2017 年减少了 7.0%。

2018 年，辽宁省创业孵化机构共有创业导师 6127 人，比 2017 年增加了近 800 人（图 5-17）。

3. 创业辅导情况

2018 年，辽宁省创业孵化机构共举办创新创业活动 4167 场，较 2017 年减少 14.4%；共开展创业教育培训 4629 场，较 2017 年减少 23.6%（图 5-18）。

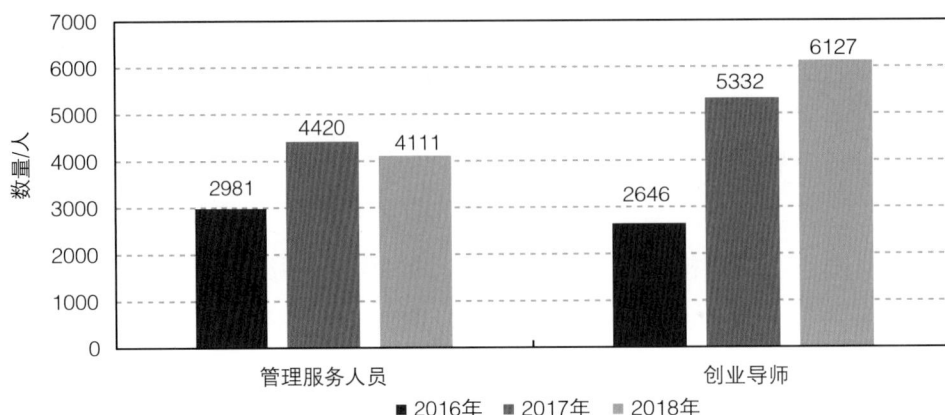

图 5－17　辽宁省创业孵化机构服务人员情况

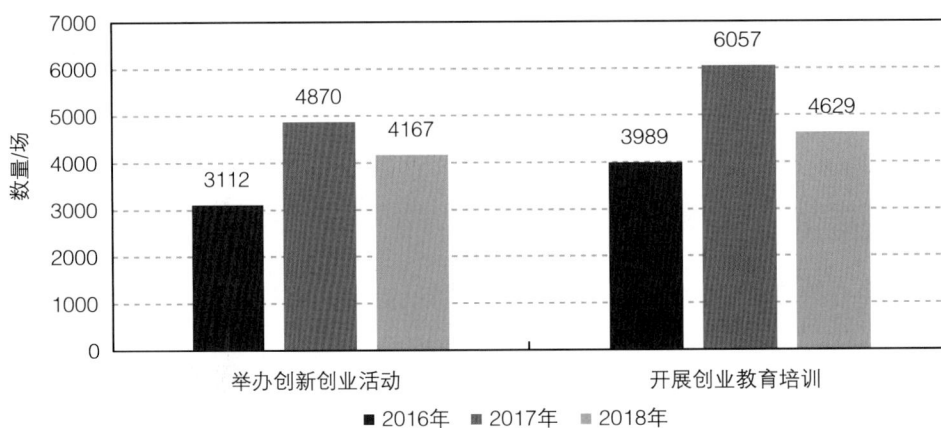

图 5－18　辽宁省创业孵化机构创业辅导情况

七、吉林省创业孵化发展情况

（一）总体情况

2018 年，吉林省共有创业孵化机构 236 家，较 2017 年增长了 18.6%。其中，孵化器 112 家，较 2017 年增加了 18 家，国家级孵化器 21 家，占比 18.8%；众创空间 124 家，相较 2017 年增加 19 家，在国家备案的众创空间 18 家，占比 14.5%。

2018 年，吉林省创业孵化机构面积达 3.50 百万平方米，较 2017 年增加 17.8%。其中，孵化器面积 2.88 百万平方米，较 2017 年增加了 17.1%；众创空间面积 0.62 百万平方米，较 2017 年增加 21.6%（表 5－37）。

表 5–37　吉林省创业孵化机构数量及面积

分类	2016 年	2017 年	2018 年
创业孵化机构数量/家	192	199	236
孵化器数量	87	94	112
其中：国家级孵化器	21	22	21
众创空间数量	105	105	124
其中：在国家备案的众创空间	11	18	18
创业孵化机构面积/百万平方米	3.91	2.97	3.50
孵化器面积	2.23	2.46	2.88
众创空间面积	1.68	0.51	0.62

2018 年，吉林省创业孵化机构内在孵企业数量为 5069 家，较 2017 减少 1.5%。其中，孵化器当年在孵企业数量 3616 家，较 2017 年增长了 12.5%；众创空间当年在孵企业数量 1453 家，较 2017 年减少 24.9%。

2018 年，吉林省创业孵化机构内当年上市（挂牌）企业总数为 6 家，较 2017 年减少了 2 家。其中，孵化器内当年上市（挂牌）的企业有 2 家，众创空间内当年上市（挂牌）的企业有 4 家（表 5–38）。

表 5–38　吉林省创业孵化机构在孵企业情况　　　　　　　　　　　单位：家

年份	在孵企业数量			当年上市（挂牌）企业数量		
	总数	孵化器	众创空间	总数	孵化器	众创空间
2016	4399	2474	1925	9	3	6
2017	5148	3214	1934	8	4	4
2018	5069	3616	1453	6	2	4

（二）绩效情况

1. 投融资情况

2018 年，吉林省创业孵化机构内当年获得投融资的企业数量为 373 家，较 2017 年增加 2 家；当年获得投资额达 5.73 亿元，较 2017 年减少 9.9%（表 5–39）。

表 5 – 39 吉林省创业孵化机构内获得投融资情况

获得投融资情况	2016 年	2017 年	2018 年
当年获得投融资的企业数量/家	269	371	373
其中：孵化器	104	190	204
众创空间	165	181	169
当年获得投资额/亿元	4.87	6.36	5.73
其中：孵化器	1.08	3.28	2.93
众创空间	3.79	3.08	2.80

2. 知识产权情况

截至 2018 年年底，吉林省创业孵化机构内在孵企业拥有有效知识产权数达 7159 件，较 2017 年增长 46.8%。其中，孵化器内在孵企业拥有有效知识产权数达 5282 件，较 2017 年增长 30.5%。拥有有效发明专利数为 1161 件，比 2017 年增长 11.6%（表 5 – 40）。

表 5 – 40 吉林省创业孵化机构知识产权情况　　　　　　　　　　　　单位：件

知识产权情况	2016 年	2017 年	2018 年
拥有有效知识产权数	2697	4877	7159
其中：孵化器	1988	4046	5282
众创空间	709	831	1877
拥有有效发明专利数	764	1040	1161
其中：孵化器	514	817	846
众创空间	250	223	315

3. 吸纳就业情况

2018 年，吉林省创业孵化机构内在孵企业共吸纳就业 72 934 人，较 2017 年增加 4.1%。其中，在孵化器和众创空间中应届毕业大学生创业就业共 7835 人，较 2017 年减少 22.4%（表 5 – 41）。

表 5 – 41 吉林省创业孵化机构吸纳就业情况　　　　　　　　　　　　单位：人

年份	在孵企业吸纳就业情况			其中：应届毕业大学生创业就业		
	总数	孵化器	众创空间	总数	孵化器	众创空间
2016	48 941	41 610	7331	6687	4471	2216
2017	70 036	59 519	10 517	10 093	6676	3417
2018	72 934	61 904	11 030	7835	5662	2173

（三）自身建设情况

1. 收入和运营成本情况

2018年，吉林省创业孵化机构总收入9.19亿元，较2017年减少了20.3%。其中，其他收入最多，占比为32%；其次是综合服务收入，占比为29%。

2018年，吉林省创业孵化机构总成本7.98亿元，较2017年增加了3.6%。其中，管理费用占比最高，达29%；其次是场地费用，占比为24%（表5-42和图5-19）。

表5-42 吉林省创业孵化机构收入和运营成本情况 单位：亿元

年份	收入			运营成本		
	总收入	孵化器	众创空间	总成本	孵化器	众创空间
2016	14.73	11.20	3.53	8.36	4.83	3.53
2017	11.53	5.86	5.67	7.70	5.53	2.17
2018	9.19	6.83	2.36	7.98	6.01	1.97

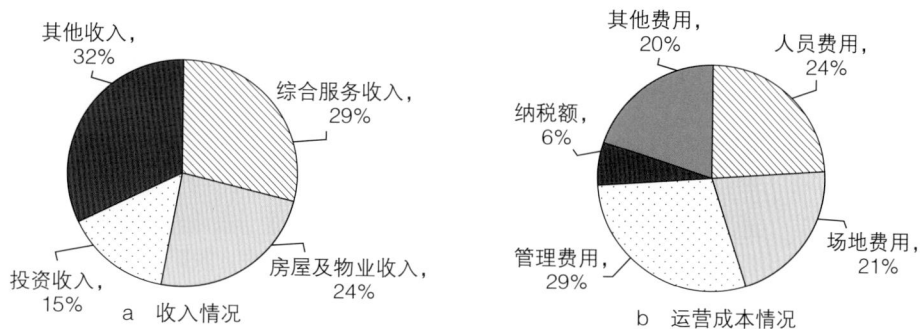

图5-19 吉林省创业孵化机构收入和运营成本情况

2018年，吉林省创业孵化机构纳税额达0.48亿元，较2017年增加32.8%。其中，孵化器纳税额0.33亿元，众创空间纳税额0.15亿元。

2. 服务人员情况

2018年，吉林省创业孵化机构共有管理服务人员3931人，较2017年稍有增加。

2018年，吉林省创业孵化机构共有创业导师3751人，比2017年增加300余人（图5-20）。

3. 创业辅导情况

2018年，吉林省创业孵化机构共举办创新创业活动1744场，较2017年减少33.5%；共开展创业教育培训3324场，较2017年减少42.4%（图5-21）。

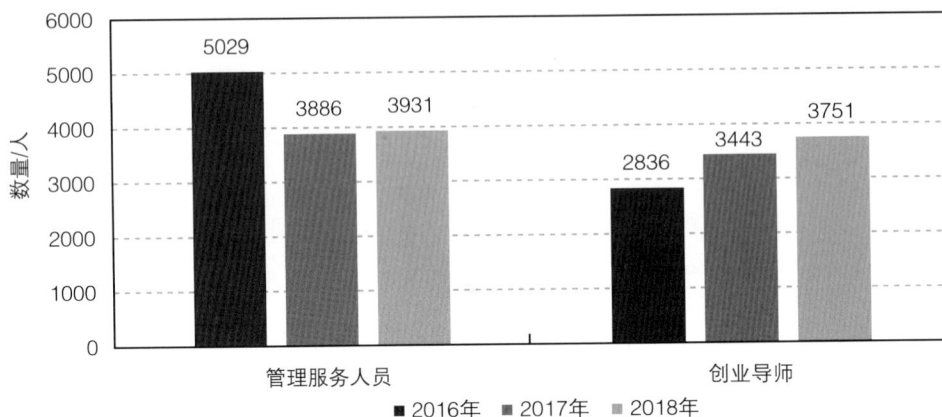

图 5-20 吉林省创业孵化机构服务人员情况

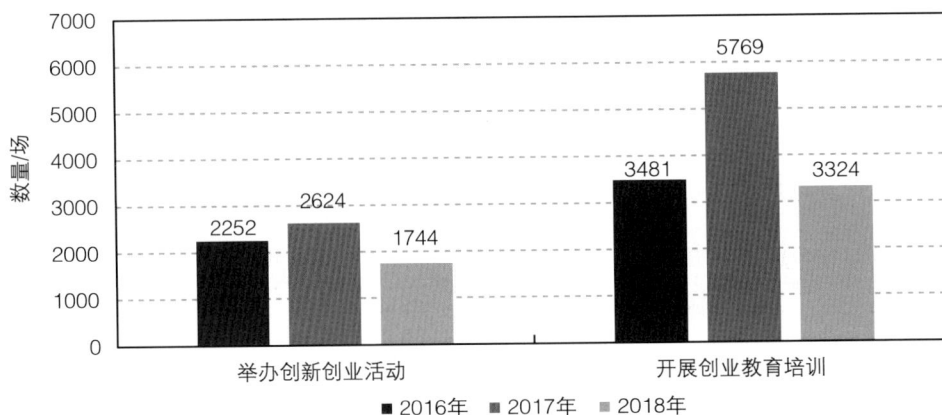

图 5-21 吉林省创业孵化机构创业辅导情况

八、黑龙江省创业孵化发展情况

(一) 总体情况

2018 年，黑龙江省共有创业孵化机构 206 家，相较于 2017 年没有变化。其中，孵化器 178 家，较 2017 年增加了 20 家，国家级孵化器 16 家，占比 9.0%；众创空间 28 家，相较 2017 年减少 20 家，在国家备案的众创空间 28 家，占比 100.0%。

2018 年，黑龙江省创业孵化机构面积达 2.65 百万平方米，较 2017 年增加了 1.1%。其中，孵化器面积 2.58 百万平方米，较 2017 年增加了 0.07 百万平方米；众创空间面积 0.07 百万平方米，较 2017 年减少了 0.04 百万平方米（表 5-43）。

表 5-43　黑龙江省创业孵化机构数量及面积

分类	2016 年	2017 年	2018 年
创业孵化机构数量/家	177	206	206
孵化器数量	129	158	178
其中：国家级孵化器	16	16	16
众创空间数量	48	48	28
其中：在国家备案的众创空间	24	28	28
创业孵化机构面积/百万平方米	2.55	2.62	2.65
孵化器面积	2.46	2.51	2.58
众创空间面积	0.09	0.11	0.07

2018 年，黑龙江省创业孵化机构内在孵企业数量达 6356 家，较 2017 年增长 10.7%。其中，孵化器当年在孵企业数量 5405 家，较 2017 年增加近 800 家；众创空间当年在孵企业数量 951 家，较 2017 年减少 143 家。

2018 年，黑龙江省创业孵化机构内当年上市（挂牌）企业总数为 8 家，较 2017 年减少 24 家。其中，孵化器内当年上市（挂牌）的企业有 8 家，众创空间内当年上市（挂牌）的企业有 0 家（表 5-44）。

表 5-44　黑龙江省创业孵化机构在孵企业情况　　　　　　　　　　　　单位：家

年份	在孵企业数量			当年上市（挂牌）企业数量		
	总数	孵化器	众创空间	总数	孵化器	众创空间
2016	4579	3467	1112	24	17	7
2017	5743	4649	1094	32	18	14
2018	6356	5405	951	8	8	0

（二）绩效情况

1. 投融资情况

2018 年，黑龙江省创业孵化机构内当年获得投融资的企业数量为 100 家，较 2017 年减少了 42.2%；当年获得投资额为 5.13 亿元，较 2017 年减少了 10.6%（表 5-45）。

表 5 - 45　黑龙江省创业孵化机构内获得投融资情况

获得投融资情况	2016 年	2017 年	2018 年
当年获得投融资的企业数量/家	145	173	100
其中：孵化器	74	50	55
众创空间	71	123	45
当年获得投资额/亿元	6.18	5.74	5.13
其中：孵化器	3.39	4.41	3.75
众创空间	2.79	1.33	1.38

2. 知识产权情况

截至 2018 年年底，黑龙江省创业孵化机构内在孵企业拥有有效知识产权数达 5728 件，较 2017 年增加 16.7%。其中，众创空间内在孵企业拥有有效知识产权数达 1321 件，较 2017 年减少 18.2%。拥有有效发明专利数为 1313 件，比 2017 年增加 44.9%（表 5 - 46）。

表 5 - 46　黑龙江省创业孵化机构知识产权情况　　　　　　　　　　单位：件

知识产权情况	2016 年	2017 年	2018 年
拥有有效知识产权数	4714	4909	5728
其中：孵化器	3317	3294	4407
众创空间	1397	1615	1321
拥有有效发明专利数	1213	906	1313
其中：孵化器	1011	690	1078
众创空间	202	216	235

3. 吸纳就业情况

2018 年，黑龙江省创业孵化机构内在孵企业共吸纳就业 53 338 人，较 2017 年增加了 18.6%。其中，在孵化器和众创空间中应届毕业大学生创业就业共 5763 人，较 2017 年略有增加（表 5 - 47）。

表 5 - 47　黑龙江省创业孵化机构吸纳就业情况　　　　　　　　　　单位：人

年份	在孵企业吸纳就业情况			其中：应届毕业大学生创业就业		
	总数	孵化器	众创空间	总数	孵化器	众创空间
2016	40 568	38 182	2386	4404	3724	680
2017	44 967	41 757	3210	5392	4351	1041
2018	53 338	49 587	3751	5763	5041	722

（三）自身建设情况

1. 收入和运营成本情况

2018 年，黑龙江省创业孵化机构总收入 3.95 亿元，较 2017 年增加 0.31 亿元。其中，综合服务收入最多，占比为 35%；其次是房屋及物业收入，占比为 31%。

2018 年，黑龙江省创业孵化机构总成本 4.41 亿元，较 2017 年减少了 12.5%。其中，管理费用占比最高，达 27%；其次是其他费用，占比为 26%（表 5 - 48 和图 5 - 22）。

表 5 - 48　黑龙江省创业孵化机构收入和运营成本情况　　　　　　　　单位：亿元

年份	收入			运营成本		
	总收入	孵化器	众创空间	总成本	孵化器	众创空间
2016	3.80	3.27	0.53	3.98	3.40	0.58
2017	3.64	3.09	0.55	5.04	4.39	0.65
2018	3.95	3.53	0.42	4.41	4.01	0.40

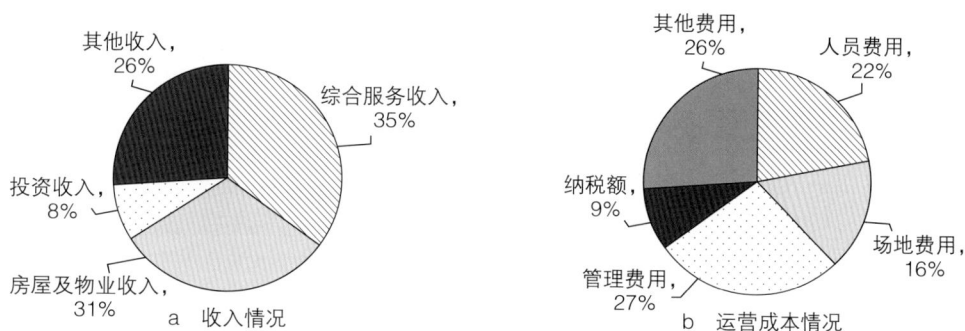

图 5 - 22　黑龙江省创业孵化机构收入和运营成本情况

2018 年，黑龙江省创业孵化机构纳税额达 0.41 亿元，较 2017 年减少 16.4%。其中，孵化器纳税额 0.40 亿元，众创空间纳税额 0.01 亿元。

2. 服务人员情况

2018 年，黑龙江省创业孵化机构共有管理服务人员 2621 人，较 2017 年减少 200 余人。

2018 年，黑龙江省创业孵化机构共有创业导师 2403 人，比 2017 年增长了 36.1%（图 5 - 23）。

3. 创业辅导情况

2018 年，黑龙江省创业孵化机构共举办创新创业活动 647 场，较 2017 年减少了几乎一半；共开展创业教育培训 2980 场，较 2017 年基本保持不变（图 5 - 24）。

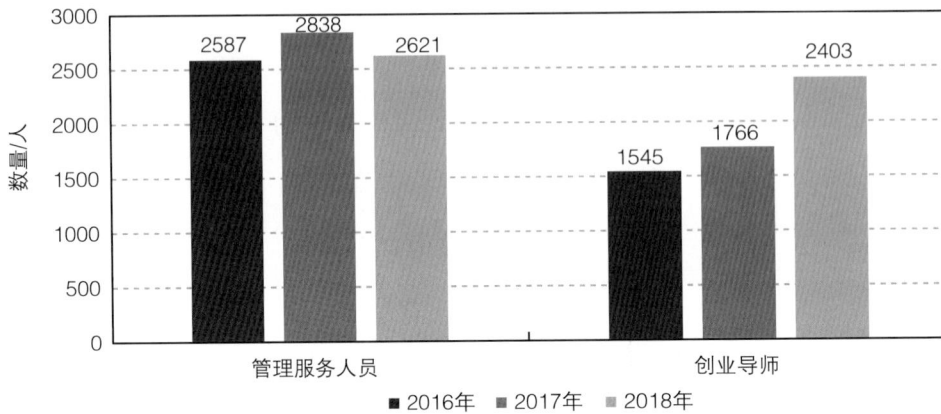

图 5-23　黑龙江省创业孵化机构服务人员情况

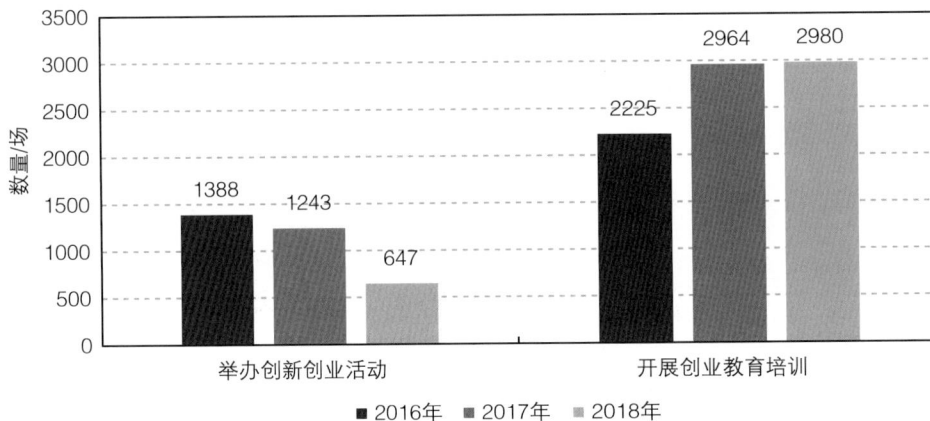

图 5-24　黑龙江省创业孵化机构创业辅导情况

九、上海市创业孵化发展情况

（一）总体情况

2018 年，上海市共有创业孵化机构 332 家，较 2017 年减少 16 家。其中，孵化器 180 家，较 2017 年增加了 4 家，国家孵化器 47 家，占比 26.1%；众创空间 152 家，较 2017 年减少了 20 家，在国家备案的众创空间 69 家，占比 45.4%。

2018 年，上海市创业孵化机构面积达 2.86 百万平方米，较 2017 年增加了 1.8%。其中，孵化器面积 2.38 百万平方米，较 2017 年增加 0.04 百万平方米；众创空间面积 0.48 百万平方米，较 2017 年增加 0.01 百万平方米（表 5-49）。

表 5 – 49　上海市创业孵化机构数量及面积

分类	2016 年	2017 年	2018 年
创业孵化机构数量/家	267	348	332
孵化器数量	156	176	180
其中：国家级孵化器	43	49	47
众创空间数量	111	172	152
其中：在国家备案的众创空间	46	76	69
创业孵化机构面积/百万平方米	2.41	2.81	2.86
孵化器面积	2.11	2.34	2.38
众创空间面积	0.30	0.47	0.48

2018 年，上海市创业孵化机构内在孵企业数量达 14 528 家，较 2017 年减少 14.6%。其中，孵化器当年在孵企业数量 8730 家，较 2017 年增加了 11.4%；众创空间当年在孵企业数量 5798 家，较 2017 年减少 36.8%。

2018 年，上海市创业孵化机构内当年上市（挂牌）企业总数为 23 家，较 2017 年减少了近一半。其中，孵化器内当年上市（挂牌）的企业有 16 家，众创空间内当年上市（挂牌）的企业有 7 家（表 5 – 50）。

表 5 – 50　上海市创业孵化机构在孵企业情况

单位：家

年份	在孵企业数量			当年上市（挂牌）企业数量		
	总数	孵化器	众创空间	总数	孵化器	众创空间
2016	13 604	6639	6965	74	51	23
2017	17 015	7836	9179	43	33	10
2018	14 528	8730	5798	23	16	7

（二）绩效情况

1. 投融资情况

2018 年，上海市创业孵化机构内当年获得投融资的企业数量为 1465 家，较 2017 年减少了 18 家；当年获得投资额达 179.35 亿元，较 2017 年减少 11.7%（表 5 – 51）。

表 5 - 51　上海市创业孵化机构内获得投融资情况

获得投融资情况	2016 年	2017 年	2018 年
当年获得投融资的企业数量/家	1426	1483	1465
其中：孵化器	673	744	770
众创空间	753	739	695
当年获得投资额/亿元	141.70	203.17	179.35
其中：孵化器	71.77	70.34	94.10
众创空间	69.93	132.83	85.25

2. 知识产权情况

截至 2018 年年底，上海市创业孵化机构内在孵企业拥有有效知识产权数达 30 400 件，较 2017 年增长了 73.0%。其中，众创空间内在孵企业拥有有效知识产权数达 8454 件，较 2017 年增长了 1 倍多。拥有有效发明专利数为 4920 件，比 2017 年增长了 45.4%（表 5 - 52）。

表 5 - 52　上海市创业孵化机构知识产权情况

知识产权情况	2016 年	2017 年	2018 年
拥有有效知识产权数/件	12 930	17 577	30 400
其中：孵化器	10 772	13 861	21 946
众创空间	2158	3716	8454
拥有有效发明专利数/件	2663	3384	4920
其中：孵化器	1926	2599	3614
众创空间	737	785	1306

3. 吸纳就业情况

2018 年，上海市创业孵化机构内在孵企业共吸纳就业 141 625 人，较 2017 年增长 9.0%。其中，在孵化器和众创空间中应届毕业大学生创业就业共 12 125 人，较 2017 年减少 3000 多人（表 5 - 53）。

表 5 - 53　上海市创业孵化机构吸纳就业情况　　　　　　　　单位：人

年份	在孵企业吸纳就业情况			其中：应届毕业大学生创业就业		
	总数	孵化器	众创空间	总数	孵化器	众创空间
2016	121 961	98 154	23 807	12 918	7842	5076
2017	129 875	91 650	38 225	15 838	7068	8770
2018	141 625	94 733	46 892	12 125	6503	5622

（三）自身建设情况

1. 收入和运营成本情况

2018 年，上海市创业孵化机构总收入 27.38 亿元，较 2017 年增长了 12.1%。其中，房屋及物业收入最多，占比达 52%；其次是综合服务收入，占比为 29%。

2018 年，上海市创业孵化机构总成本 27.95 亿元，较 2017 年增长了 20.5%。其中，场地费用占比最高，达 39%；其次是管理费用，占比为 25%（表 5-54 和图 5-25）。

表 5-54　上海市创业孵化机构收入和运营成本情况　　　　　　　　　　单位：亿元

年份	收入			运营成本		
	总收入	孵化器	众创空间	总成本	孵化器	众创空间
2016	17.28	14.16	3.12	17.35	12.65	4.70
2017	24.43	18.33	6.10	23.20	15.33	7.87
2018	27.38	20.01	7.37	27.95	19.54	8.41

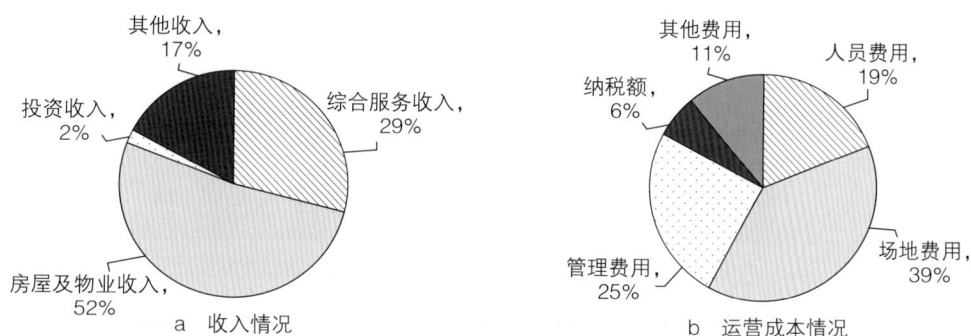

图 5-25　上海市创业孵化机构收入和运营成本情况

2018 年，上海市创业孵化机构纳税额达 1.75 亿元，较 2017 年增长 23.8%。其中，孵化器纳税额 1.57 亿元，众创空间纳税额 0.18 亿元。

2. 服务人员情况

2018 年，上海市创业孵化机构共有管理服务人员 4196 人，较 2017 年减少 28.2%。

2018 年，上海市创业孵化机构共有创业导师 5347 人，比 2017 年增加了 13.7%（图 5-26）。

3. 创业辅导情况

2018 年，上海市创业孵化机构共举办创新创业活动 5154 场，较 2017 年减少 18.9%；共开展创业教育培训 7811 场，较 2017 年减少了 27.1%（图 5-27）。

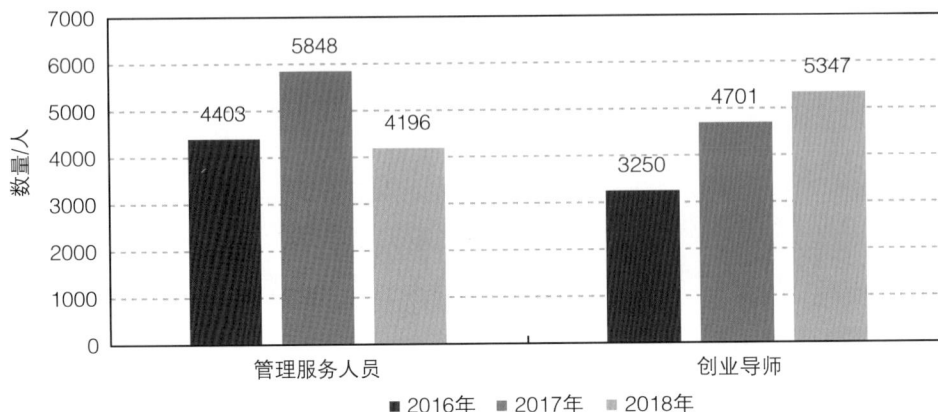

图 5 –26　上海市创业孵化机构服务人员情况

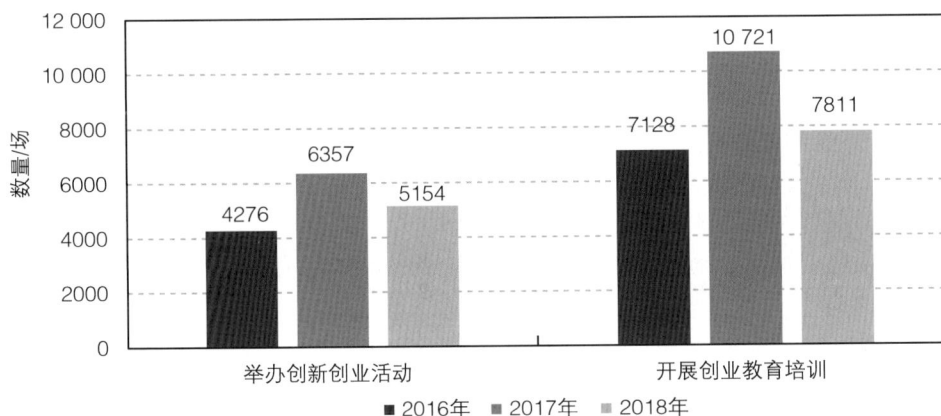

图 5 –27　上海市创业孵化机构创业辅导情况

十、江苏省创业孵化发展情况

（一）总体情况

2018 年，江苏省共有创业孵化机构 1394 家，较 2017 年增加了 16.4%。其中，孵化器 695 家，较 2017 年增加了 85 家，国家级孵化器 175 家，占比为 25.2%；众创空间 699 家，较 2017 年增加了 18.9%，在国家备案的众创空间 168 家，占比 24.0%。

2018 年，江苏省创业孵化机构面积达 27.44 百万平方米，较 2017 年增加了 8.7%。其中，孵化器面积 24.87 百万平方米，较 2017 年增加了 7.5%；众创空间面积 2.57 百万平方米，较 2017 年增加了 21.8%（表 5 –55）。

表 5-55 江苏省创业孵化机构数量及面积

分类	2016 年	2017 年	2018 年
创业孵化机构数量/家	955	1198	1394
孵化器数量	548	610	695
其中：国家级孵化器	158	175	175
众创空间数量	407	588	699
其中：在国家备案的众创空间	94	169	168
创业孵化机构面积/百万平方米	22.78	25.25	27.44
孵化器面积	21.30	23.14	24.87
众创空间面积	1.48	2.11	2.57

2018 年，江苏省创业孵化机构内在孵企业数量达 44 199 家，较 2017 年增长 11.5%。其中，孵化器当年在孵企业数量 31 337 家，较 2017 年增加了 11.3%；众创空间当年在孵企业数量 12 862 家，较 2017 年增加了 12.4%。

2018 年，江苏省创业孵化机构内当年上市（挂牌）企业总数为 86 家，较 2017 年增加 9 家。其中，孵化器内当年上市（挂牌）的企业有 63 家，众创空间内当年上市（挂牌）的企业有 23 家（表 5-56）。

表 5-56 江苏省创业孵化机构在孵企业情况 单位：家

年份	在孵企业数量			当年上市（挂牌）企业数量		
	总数	孵化器	众创空间	总数	孵化器	众创空间
2016	31 391	24 154	7237	141	121	20
2017	39 629	28 185	11 444	77	44	33
2018	44 199	31 337	12 862	86	63	23

（二）绩效情况

1. 投融资情况

2018 年，江苏省创业孵化机构内当年获得投融资的企业数量为 3525 家，较 2017 年增加了 21.9%；当年获得投资额达 126.29 亿元，较 2017 年增长 6.3%（表 5-57）。

表 5-57　江苏省创业孵化机构内获得投融资情况

获得投融资情况	2016 年	2017 年	2018 年
当年获得投融资的企业数量/家	2308	2891	3525
其中：孵化器	1225	1537	1947
众创空间	1083	1354	1578
当年获得投资额/亿元	72. 86	118. 76	126. 29
其中：孵化器	46. 19	70. 43	94. 08
众创空间	26. 67	48. 33	32. 21

2. 知识产权情况

截至 2018 年年底，江苏省创业孵化机构内在孵企业拥有有效知识产权数达 102 253 件，较 2017 年增长了 33.3%。其中，众创空间内在孵企业拥有有效知识产权数达 18 989 件，较 2017 年增长了 32.4%。拥有有效发明专利数为 23 221 件，较 2017 年增长了 9.4%（表 5-58）。

表 5-58　江苏省创业孵化机构知识产权情况　　　　　　　　单位：件

知识产权情况	2016 年	2017 年	2018 年
拥有有效知识产权数	60 316	76 695	102 253
其中：孵化器	53 430	62 348	83 264
众创空间	6886	14 347	18 989
拥有有效发明专利数	16 655	21 228	23 221
其中：孵化器	14 795	18 004	18 431
众创空间	1860	3224	4790

3. 吸纳就业情况

2018 年，江苏省创业孵化机构内在孵企业共吸纳就业 539 202 人，较 2017 年增长 13.2%。其中，在孵化器和众创空间中应届毕业大学生创业就业共 51 451 人，较 2017 年减少 8.5%（表 5-59）。

表 5-59　江苏省创业孵化机构吸纳就业情况　　　　　　　　单位：人

年份	在孵企业吸纳就业情况			其中：应届毕业大学生创业就业		
	总数	孵化器	众创空间	总数	孵化器	众创空间
2016	445 303	399 297	46 006	44 054	30 360	13 694
2017	476 481	407 418	69 063	56 217	33 765	22 452
2018	539 202	472 057	67 145	51 451	40 786	10 665

（三）自身建设情况

1. 收入和运营成本情况

2018年，江苏省创业孵化机构总收入88.45亿元，较2017年减少了19.2%。其中，房屋及物业收入最多，占比为38%；其次是综合服务收入，占比为37%。

2018年，江苏省创业孵化机构总成本68.00亿元，较2017年减少了2.0%。其中，其他费用占比最高，达25%；其次是人员费用，占比为23%（表5-60和图5-28）。

表5-60　江苏省创业孵化机构收入和运营成本情况　　　　　单位：亿元

年份	收入			运营成本		
	总收入	孵化器	众创空间	总成本	孵化器	众创空间
2016	80.78	72.82	7.96	47.74	39.78	7.96
2017	109.41	96.93	12.48	69.38	58.21	11.17
2018	88.45	70.00	18.45	68.00	51.78	16.22

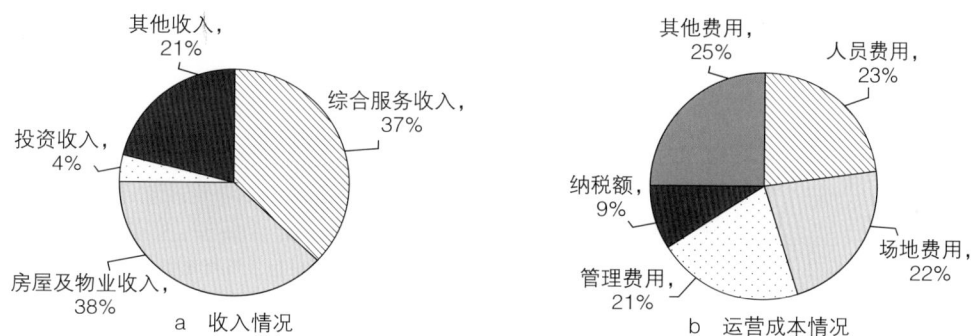

图5-28　江苏省创业孵化机构收入和运营成本情况

2018年，江苏省创业孵化机构纳税额达6.37亿元，较2017年减少4.3%。其中，孵化器纳税额5.38亿元，众创空间纳税额0.99亿元。

2. 服务人员情况

2018年，江苏省创业孵化机构共有管理服务人员18 219人，较2017年增加5.4%。

2018年，江苏省创业孵化机构共有创业导师17 419人，较2017年增加22.4%（图5-29）。

3. 创业辅导情况

2018年，江苏省创业孵化机构共举办创新创业活动10 130场，较2017年减少19.9%；共开展创业教育培训15 776场，较2017年减少4.6%（图5-30）。

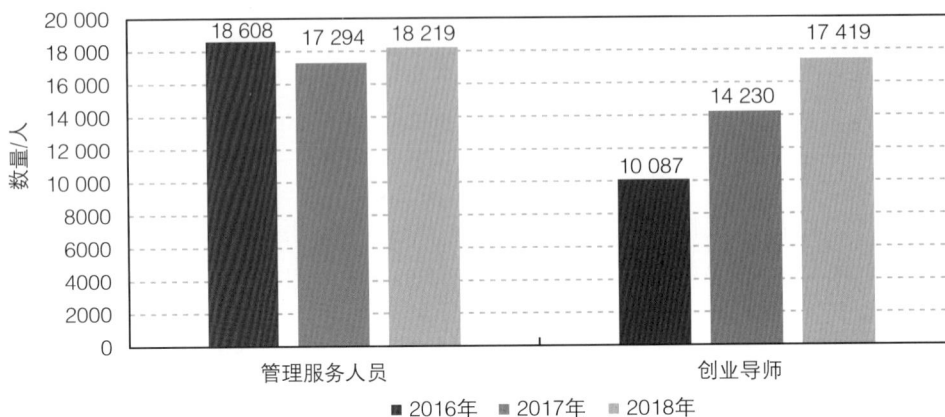

图 5－29　江苏省创业孵化机构服务人员情况

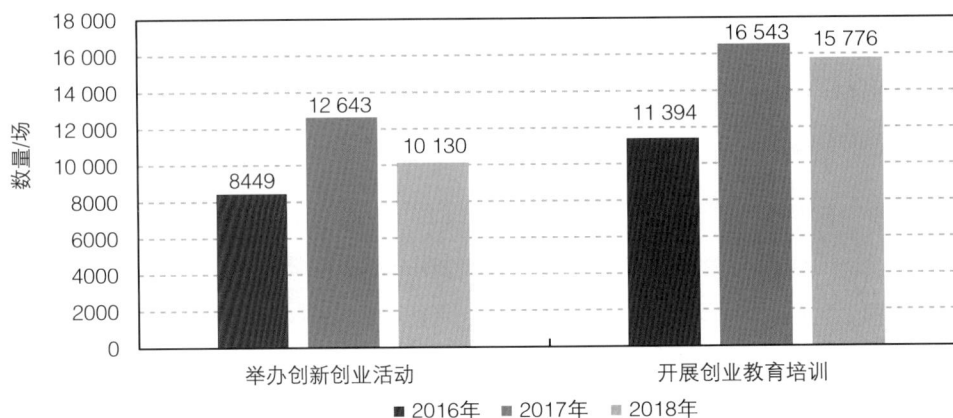

图 5－30　江苏省创业孵化机构创业辅导情况

十一、浙江省创业孵化发展情况

（一）总体情况

2018 年，浙江省共有创业孵化机构 943 家，较 2017 年增加了 45.1%。其中，孵化器 321 家，较 2017 年增加了 86 家，国家级孵化器 68 家，占比为 21.2%；众创空间 622 家，较 2017 年增加了 49.9%，在国家备案的众创空间 119 家，占比为 19.1%。

2018 年，浙江省创业孵化机构面积达 12.29 百万平方米，较 2017 年增加了 34.5%。其中，孵化器面积 9.42 百万平方米，较 2017 年增加 25.3%；众创空间面积 2.87 百万平方米，较 2017 年增加了 77.2%（表 5－61）。

表 5 - 61　浙江省创业孵化机构数量及面积

分类	2016 年	2017 年	2018 年
创业孵化机构数量/家	415	650	943
孵化器数量	160	235	321
其中：国家级孵化器	59	68	68
众创空间数量	255	415	622
其中：在国家备案的众创空间	77	120	119
创业孵化机构面积/百万平方米	6.95	9.14	12.29
孵化器面积	5.63	7.52	9.42
众创空间面积	1.32	1.62	2.87

2018 年，浙江省创业孵化机构内在孵企业数量达 29 812 家，较 2017 年增长 22.9%。其中，孵化器当年在孵企业数量 15 709 家，较 2017 年增加了 31.7%；众创空间当年在孵企业数量 14 103 家，较 2017 年增加了 14.4%。

2018 年，浙江省创业孵化机构内当年上市（挂牌）企业总数为 118 家，较 2016 年减少了近一半。其中，孵化器内当年上市（挂牌）的企业有 82 家，众创空间内当年上市（挂牌）的企业有 36 家（表 5 - 62）。

表 5 - 62　浙江省创业孵化机构在孵企业情况　　　　　　　　　　　　　单位：家

年份	在孵企业数量			当年上市（挂牌）企业数量		
	总数	孵化器	众创空间	总数	孵化器	众创空间
2016	15 293	8534	6759	124	60	64
2017	24 250	11 927	12 323	234	49	185
2018	29 812	15 709	14 103	118	82	36

（二）绩效情况

1. 投融资情况

2018 年，浙江省创业孵化机构内当年获得投融资的企业数量为 3359 家，较 2017 年增长了 41.5%；当年获得投资额达 88.86 亿元，较 2017 年增长 7.6%（表 5 - 63）。

表 5 - 63　浙江省创业孵化机构内获得投融资情况

获得投融资情况	2016 年	2017 年	2018 年
当年获得投融资的企业数量/家	1608	2374	3359
其中：孵化器	426	820	934
众创空间	1182	1554	2425
当年获得投资额/亿元	57.15	82.57	88.86
其中：孵化器	22.32	37.51	43.72
众创空间	34.83	45.06	45.14

2. 知识产权情况

截至 2018 年年底，浙江省创业孵化机构内在孵企业拥有有效知识产权数达 54 033 件，较 2017 年增长了近 2 倍。其中，众创空间内在孵企业拥有有效知识产权数达 26 700 件，较 2017 年增长了 3 倍多。拥有有效发明专利数为 8845 件，比 2017 年增长了 44.4%（表 5 - 64）。

表 5 - 64　浙江省创业孵化机构知识产权情况　　　　　　　　　　单位：件

知识产权情况	2016 年	2017 年	2018 年
拥有有效知识产权数	18 353	27 394	54 033
其中：孵化器	14 028	19 916	27 333
众创空间	4325	7478	26 700
拥有有效发明专利数	3483	6127	8845
其中：孵化器	2417	3896	5472
众创空间	1066	2231	3373

3. 吸纳就业情况

2018 年，浙江省创业孵化机构内在孵企业共吸纳就业 287 823 人，较 2017 年增长 31.1%。其中，在孵化器和众创空间中应届毕业大学生创业就业共 36 650 人，较 2017 年略有减少（表 5 - 65）。

表 5 - 65　浙江省创业孵化机构吸纳就业情况　　　　　　　　　　单位：人

年份	在孵企业吸纳就业情况			其中：应届毕业大学生创业就业		
	总数	孵化器	众创空间	总数	孵化器	众创空间
2016	149 369	107 186	42 183	22 343	11 747	10 596
2017	219 634	150 821	68 813	36 681	17 354	19 327
2018	287 823	189 502	98 321	36 650	19 211	17 439

（三）自身建设情况

1. 收入和运营成本情况

2018 年，浙江省创业孵化机构总收入 41.30 亿元，较 2017 年增长了 58.6%。其中，房屋及物业收入最多，占比达 42%；其次是综合服务收入，占比为 29%。

2018 年，浙江省创业孵化机构总成本 38.40 亿元，较 2017 年增长了 65.9%。其中，场地费用占比最高，达 31%；其次是纳税额，占比为 21%（表 5-66 和图 5-31）。

表 5-66　浙江省创业孵化机构收入和运营成本情况 　　　　　　单位：亿元

年份	收入			运营成本		
	总收入	孵化器	众创空间	总成本	孵化器	众创空间
2016	22.49	17.70	4.79	14.38	9.96	4.42
2017	26.04	16.94	9.10	23.15	15.86	7.29
2018	41.30	24.86	16.44	38.40	27.31	11.09

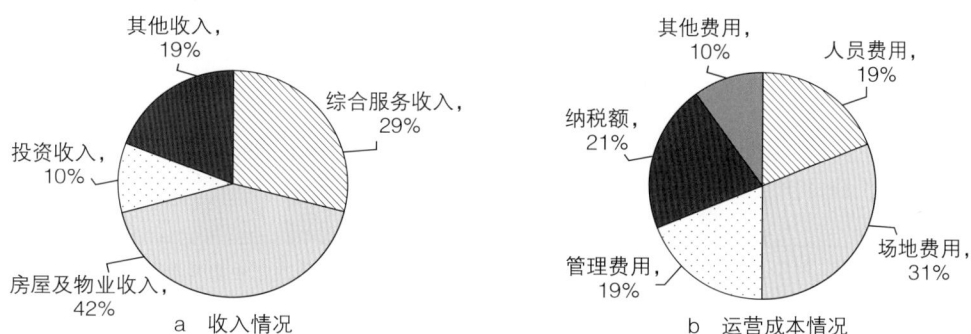

图 5-31　浙江省创业孵化机构收入和运营成本情况

2018 年，浙江省创业孵化机构纳税额达 7.94 亿元，是 2017 年的 4 倍多。其中，孵化器纳税额 7.40 亿元，众创空间纳税额 0.54 亿元。

2. 服务人员情况

2018 年，浙江省创业孵化机构共有管理服务人员 14 185 人，较 2017 年增长 70.9%。

2018 年，浙江省创业孵化机构共有创业导师 17 302 人，较 2017 年增长 45.6%（图 5-32）。

3. 创业辅导情况

2018 年，浙江省创业孵化机构共举办创新创业活动 10 432 场，较 2017 年减少 9.5%；共开展创业教育培训 12 524 场，较 2017 年减少一半多（图 5-33）。

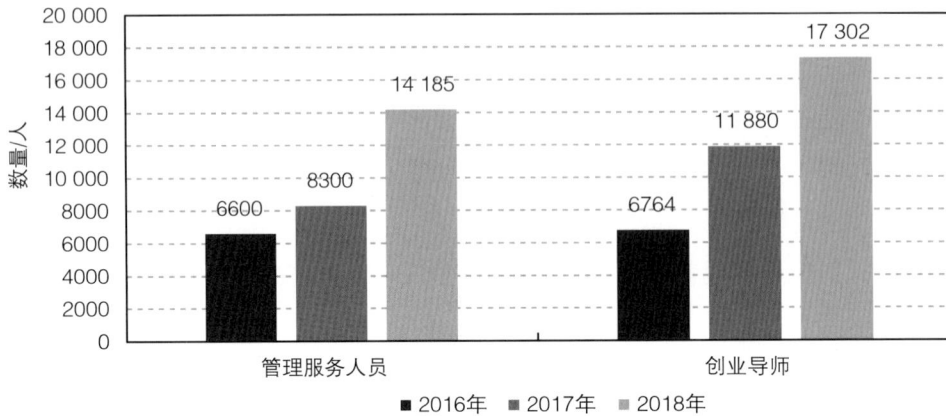

图 5 - 32　浙江省创业孵化机构服务人员情况

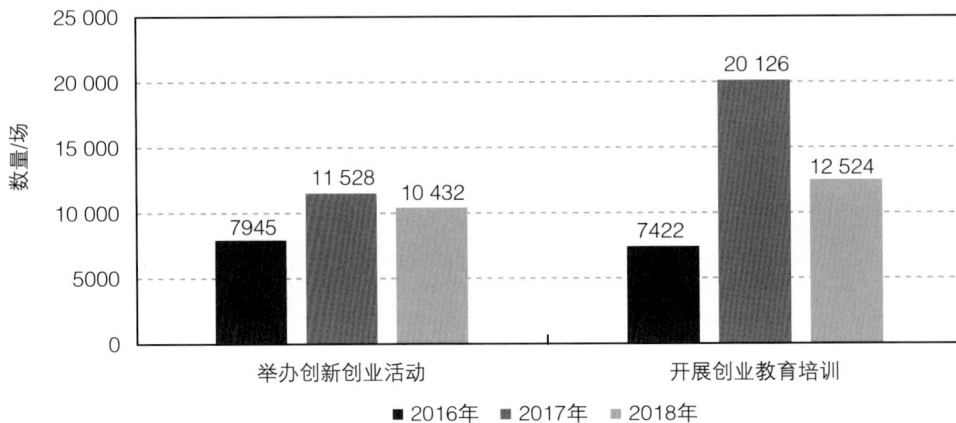

图 5 - 33　浙江省创业孵化机构创业辅导情况

十二、安徽省创业孵化发展情况

（一）总体情况

2018 年，安徽省共有创业孵化机构 422 家，较 2017 年增加了 55.1%。其中，孵化器 157 家，较 2017 年增加近 20 家，国家级孵化器 25 家，占比为 15.9%；众创空间 265 家，较 2017 年增加了近 1 倍，在国家备案的众创空间 41 家，占比为 15.5%。

2018 年，安徽省创业孵化机构面积达 5.00 百万平方米，较 2017 年增加了 28.2%。其中，孵化器面积 3.84 百万平方米，较 2017 年增加了 14.6%；众创空间面积 1.16 百万平方米，较 2017 年增加了 1 倍多（表 5 - 67）。

表 5 - 67　安徽省创业孵化机构数量及面积

分类	2016 年	2017 年	2018 年
创业孵化机构数量/家	214	272	422
孵化器数量	109	139	157
其中：国家级孵化器	20	25	25
众创空间数量	105	133	265
其中：在国家备案的众创空间	24	40	41
创业孵化机构面积/百万平方米	3.33	3.90	5.00
孵化器面积	2.85	3.35	3.84
众创空间面积	0.48	0.55	1.16

2018 年，安徽省创业孵化机构内在孵企业数量达 10 628 家，较 2017 年增长了 28.6%。其中，孵化器当年在孵企业数量 5896 家，较 2017 年增加了 12.5%；众创空间当年在孵企业数量 4732 家，较 2017 年增加了 56.7%。

2018 年，安徽省创业孵化机构内当年上市（挂牌）企业总数为 46 家，较 2017 年增加了 28 家。其中，孵化器内当年上市（挂牌）的企业有 28 家，众创空间内当年上市（挂牌）的企业有 18 家（表 5 - 68）。

表 5 - 68　安徽省创业孵化机构在孵企业情况　　　　　　　　　　　单位：家

年份	在孵企业数量			当年上市（挂牌）企业数量		
	总数	孵化器	众创空间	总数	孵化器	众创空间
2016	6313	4114	2199	33	26	7
2017	8262	5243	3019	18	6	12
2018	10 628	5896	4732	46	28	18

（二）绩效情况

1. 投融资情况

2018 年，安徽省创业孵化机构内当年获得投融资的企业数量为 1037 家，较 2017 年减少 13 家；当年获得投资额达 12.09 亿元，较 2016 年减少 44.2%（表 5 - 69）。

表 5-69　安徽省创业孵化机构内获得投融资情况

获得投融资情况	2016 年	2017 年	2018 年
当年获得投融资的企业数量/家	767	1050	1037
其中：孵化器	241	233	334
众创空间	526	817	703
当年获得投资额/亿元	8.6	21.66	12.09
其中：孵化器	4.84	5.77	7.50
众创空间	3.76	15.89	4.59

2. 知识产权情况

截至 2018 年年底，安徽省创业孵化机构内在孵企业拥有有效知识产权数达 19 996 件，较 2017 年增长了 46.2%。其中，众创空间内在孵企业拥有有效知识产权数达 7751 件，较 2017 年增加 90.2%。拥有有效发明专利数为 3862 件，比 2017 年多 1113 件，增长率达 40.5%（表 5-70）。

表 5-70　安徽省创业孵化机构知识产权情况　　　　　　　　　单位：件

知识产权情况	2016 年	2017 年	2018 年
拥有有效知识产权数	11 101	13 681	19 996
其中：孵化器	9159	9606	12 245
众创空间	1942	4075	7751
拥有有效发明专利数	2412	2749	3862
其中：孵化器	1962	1891	2413
众创空间	450	858	1449

3. 吸纳就业情况

2018 年，安徽省创业孵化机构内在孵企业共吸纳就业 114 492 人，较 2017 年增长 29.4%。其中，在孵化器和众创空间中应届毕业大学生创业就业共 13 361 人，较 2017 年增长 9.4%（表 5-71）。

表 5-71　安徽省创业孵化机构吸纳就业情况　　　　　　　　　单位：人

年份	在孵企业吸纳就业情况			其中：应届毕业大学生创业就业		
	总数	孵化器	众创空间	总数	孵化器	众创空间
2016	64 068	55 816	8252	8883	5846	3037
2017	88 451	68 298	20 153	12 213	6591	5622
2018	114 492	79 969	34 523	13 361	6792	6569

（三）自身建设情况

1. 收入和运营成本情况

2018年，安徽省创业孵化机构总收入17.55亿元，是2017年的2倍多。其中，综合服务收入最多，高达70%；其次是其他收入和房屋及物业收入，占比均为12%。

2018年，安徽省创业孵化机构总成本14.98亿元，是2017年的2倍多。其中，其他费用占比最高，占比为51%；其次是人员费用，占比达16%（表5-72和图5-34）。

表5-72　安徽省创业孵化机构收入和运营成本情况　　　　　　　　　　单位：亿元

年份	收入			运营成本		
	总收入	孵化器	众创空间	总成本	孵化器	众创空间
2016	4.14	3.13	1.01	3.74	2.36	1.38
2017	6.50	4.60	1.90	5.44	3.50	1.94
2018	17.55	5.97	11.58	14.98	4.50	10.48

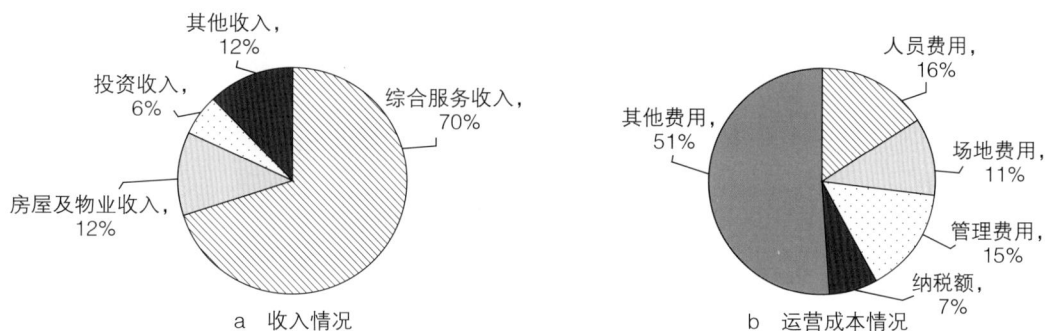

图5-34　安徽省创业孵化机构收入和运营成本情况

2018年，安徽省创业孵化机构纳税额达1.06亿元，是2017年的近3倍。其中，孵化器纳税额0.46亿元，众创空间纳税额0.60亿元。

2. 服务人员情况

2018年，安徽省创业孵化机构共有管理服务人员5015人，较2017年增长率为43.5%。

2018年，安徽省创业孵化机构共有创业导师5174人，比2016年多1801人，增长率达53.4%（图5-35）。

3. 创业辅导情况

2018年，安徽省创业孵化机构共举办创新创业活动4658场，较2017年增加了29.2%；共开展创业教育培训5278场，较2017年增长了11.7%（图5-36）。

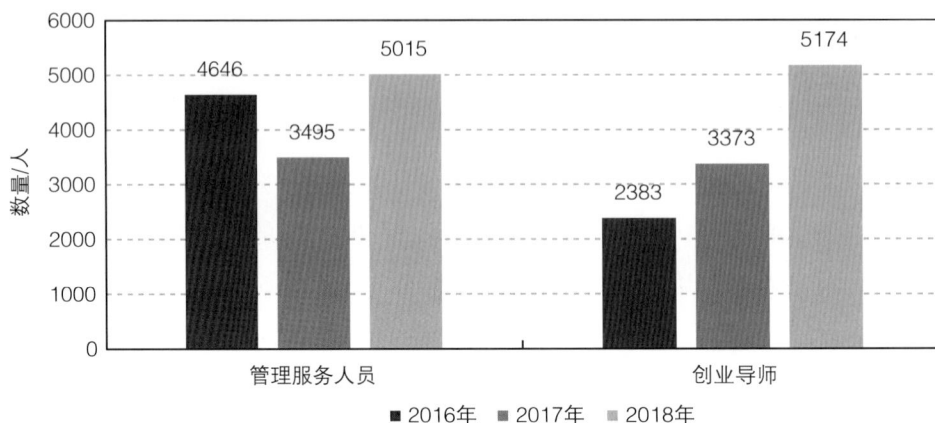

图 5 –35　安徽省创业孵化机构服务人员情况

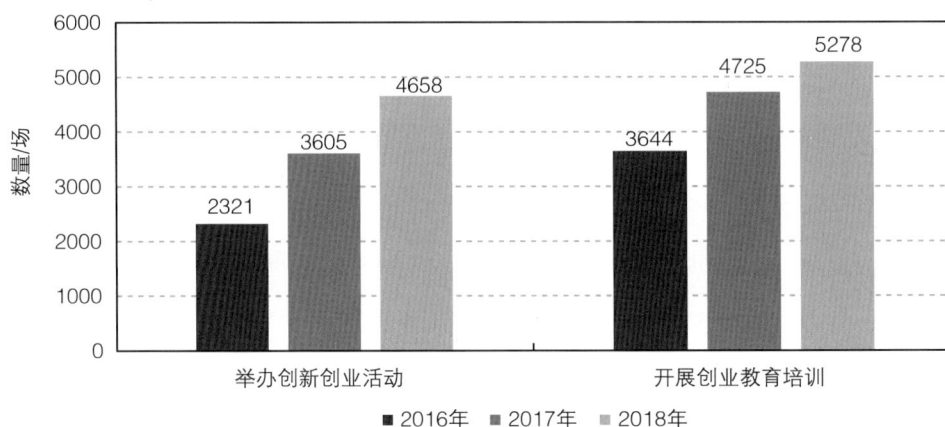

图 5 –36　安徽省创业孵化机构创业辅导情况

十三、福建省创业孵化发展情况

（一）总体情况

2018 年，福建省共有创业孵化机构 425 家，较 2017 年增加了 14 家。其中，孵化器 144 家，较 2017 年增加了 29 家，国家级孵化器 11 家，占比为 7.6%；众创空间 281 家，较 2017 年减少了 15 家，在国家备案的众创空间 52 家，占比为 18.5%。

2018 年，福建省创业孵化机构面积达 4.26 百万平方米，较 2017 年增加了 37.0%。其中，孵化器面积 3.43 百万平方米，较 2017 年增加了 50.4%；众创空间面积 0.83 百万平方米，较 2017 年保持不变（表 5 –73）。

表 5 – 73　福建省创业孵化机构数量及面积

分类	2016 年	2017 年	2018 年
创业孵化机构数量/家	358	411	425
孵化器数量	117	115	144
其中：国家级孵化器	11	12	11
众创空间数量	241	296	281
其中：在国家备案的众创空间	26	52	52
创业孵化机构面积/百万平方米	2.9	3.11	4.26
孵化器面积	2.02	2.28	3.43
众创空间面积	0.88	0.83	0.83

2018 年，福建省创业孵化机构内在孵企业数量达 8021 家，较 2017 年减少 1.7%。其中，孵化器当年在孵企业数量 3380 家，较 2017 年增加了 7.3%；众创空间当年在孵企业数量 4641 家，较 2017 年减少 7.3%。

2018 年，福建省创业孵化机构内当年上市（挂牌）企业总数为 12 家，较 2017 年减少了 22 家。其中，孵化器内当年上市（挂牌）的企业有 10 家，众创空间内当年上市（挂牌）的企业有 2 家（表 5 – 74）。

表 5 – 74　福建省创业孵化机构在孵企业情况　　　　　　　　　单位：家

年份	在孵企业数量			当年上市（挂牌）企业数量		
	总数	孵化器	众创空间	总数	孵化器	众创空间
2016	6751	2671	4080	61	33	28
2017	8157	3150	5007	34	22	12
2018	8021	3380	4641	12	10	2

（二）绩效情况

1. 投融资情况

2018 年，福建省创业孵化机构内当年获得投融资的企业数量为 936 家，较 2017 年减少 39 家；当年获得投资额达 27.32 亿元，较 2017 年增长 4.5%（表 5 – 75）。

表 5 - 75　福建省创业孵化机构内获得投融资情况

获得投融资情况	2016 年	2017 年	2018 年
当年获得投融资的企业数量/家	964	975	936
其中：孵化器	253	258	268
众创空间	711	717	668
当年获得投资额/亿元	30.54	26.14	27.32
其中：孵化器	12.98	11.33	15.12
众创空间	17.56	14.81	12.20

2. 知识产权情况

截至 2018 年年底，福建省创业孵化机构内在孵企业拥有有效知识产权数达 17 573 件，较 2017 年增长率达 31.0%。其中，众创空间内在孵企业拥有有效知识产权数达 6667 件，较 2017 年增加 1500 多件；拥有有效发明专利数为 2242 件，比 2017 年增长率达 14.9%（表 5 - 76）。

表 5 - 76　福建省创业孵化机构知识产权情况　　　　　　　　　　　单位：件

知识产权情况	2016 年	2017 年	2018 年
拥有有效知识产权数	8812	13 419	17 573
其中：孵化器	6314	8303	10 870
众创空间	2498	5116	6667
拥有有效发明专利数	1550	1951	2242
其中：孵化器	977	1253	1347
众创空间	573	698	895

3. 吸纳就业情况

2018 年，福建省创业孵化机构内在孵企业共吸纳就业 82 345 人，较 2017 年增长 6.2%。其中，在孵化器和众创空间中应届毕业大学生创业就业共 10 524 人，较 2017 年减少 19.1%（表 5 - 77）。

表 5 - 77　福建省创业孵化机构吸纳就业情况　　　　　　　　　　　单位：人

年份	在孵企业吸纳就业情况			其中：应届毕业大学生创业就业		
	总数	孵化器	众创空间	总数	孵化器	众创空间
2016	73 748	46 235	27 513	13 613	5143	8470
2017	77 551	49 004	28 547	13 008	5532	7476
2018	82 345	49 486	32 859	10 524	4866	5658

（三）自身建设情况

1. 收入和运营成本情况

2018 年，福建省创业孵化机构总收入 13.37 亿元，较 2017 年增长了 21.7%。其中，房屋及物业收入最多，占比为 42%；其次是综合服务收入，占比为 30%。

2018 年，福建省创业孵化机构总成本 13.72 亿元，较 2017 年增长了 17.0%。其中，人员费用占比最高，达 27%；其次是场地费用，占比为 24%（表 5 – 78 和图 5 – 37）。

表 5 –78　福建省创业孵化机构收入和运营成本情况　　　　　　　　　单位：亿元

年份	收入			运营成本		
	总收入	孵化器	众创空间	总成本	孵化器	众创空间
2016	8.56	4.97	3.59	10.41	4.93	5.48
2017	10.99	5.88	5.11	11.73	5.01	6.72
2018	13.37	7.32	6.05	13.72	7.36	6.36

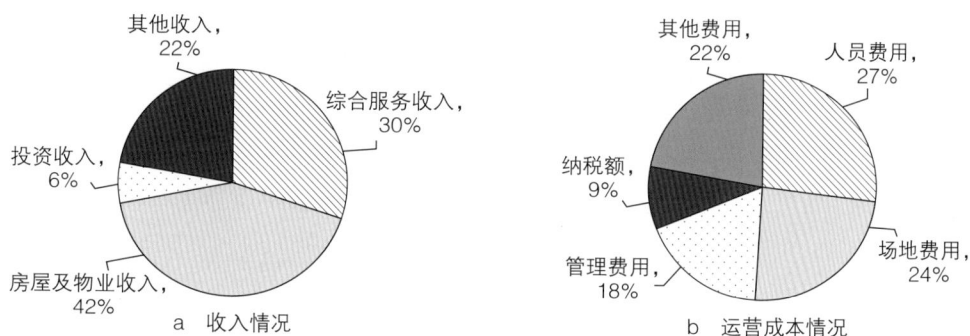

图 5 –37　福建省创业孵化机构收入和运营成本情况

2018 年，福建省创业孵化机构纳税额达 1.16 亿元，较 2017 年增长 22.6%。其中，孵化器纳税额 0.99 亿元，众创空间纳税额 0.17 亿元。

2. 服务人员情况

2018 年，福建省创业孵化机构共有管理服务人员 6015 人，较 2017 年增长了 13.5%。

2018 年，福建省创业孵化机构共有创业导师 7719 人，比 2017 年增长了 13.1%（图 5 – 38）。

3. 创业辅导情况

2018 年，福建省创业孵化机构共举办创新创业活动 4311 场，较 2017 年减少 18.9%；共开展创业教育培训 5194 场，较 2017 年减少 19.0%（图 5 – 39）。

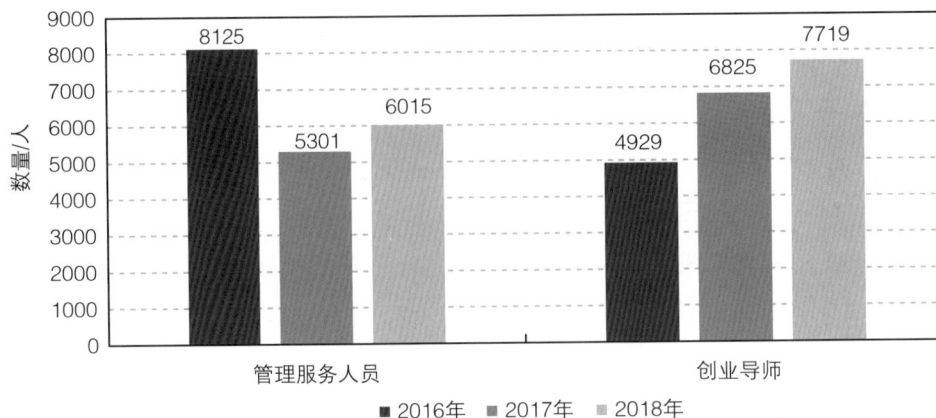

图 5 -38　福建省创业孵化机构服务人员情况

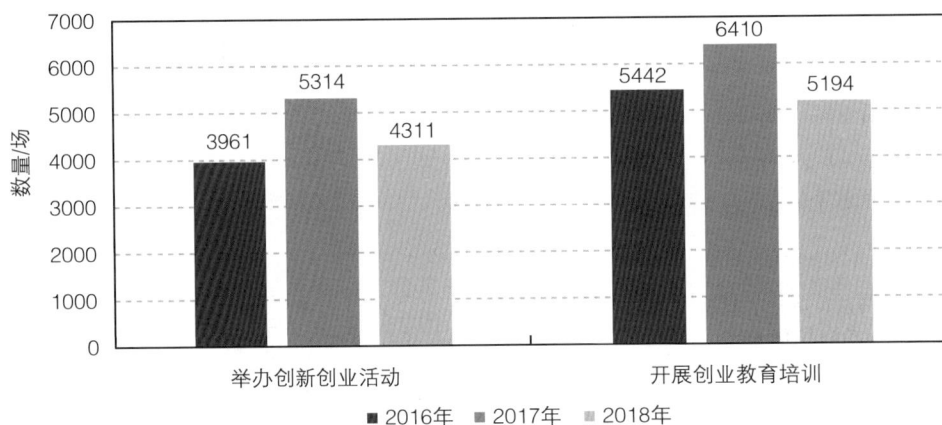

图 5 -39　福建省创业孵化机构创业辅导情况

十四、江西省创业孵化发展情况

（一）总体情况

2018 年，江西省共有创业孵化机构 165 家，较 2017 年增加了 9 家。其中，孵化器 53 家，较 2017 年增加了 2 家，国家级孵化器 18 家，占比为 34.0%；众创空间 112 家，较 2017 年增加了 7 家，在国家备案的众创空间 42 家，占比为 37.5%。

2018 年，江西省创业孵化机构面积达 2.90 百万平方米，较 2017 年增加了 19.8%。其中，孵化器面积 1.62 百万平方米，较 2017 年增加了 0.02 百万平方米；众创空间面积 1.28 百万平方米，较 2017 年增加了 56.1%（表 5 -79）。

表 5-79　江西省创业孵化机构数量及面积

分类	2016 年	2017 年	2018 年
创业孵化机构数量/家	116	156	165
孵化器数量	33	51	53
其中：国家级孵化器	16	18	18
众创空间数量	83	105	112
其中：在国家备案的众创空间	10	42	42
创业孵化机构面积/百万平方米	1.93	2.42	2.90
孵化器面积	1.02	1.60	1.62
众创空间面积	0.91	0.82	1.28

2018 年，江西省创业孵化机构内在孵企业数量达 8074 家，较 2017 年增长 12.8%。其中，孵化器当年在孵企业数量 2987 家，较 2017 年减少 7 家；众创空间当年在孵企业数量 5087 家，较 2017 年增加了 22.1%。

2018 年，江西省创业孵化机构内当年上市（挂牌）企业总数为 7 家，较 2017 年减少 30 家。其中，孵化器内当年上市（挂牌）的企业有 3 家，众创空间内当年上市（挂牌）的企业有 4 家（表 5-80）。

表 5-80　江西省创业孵化机构在孵企业情况　　　　　　　　　　　　　　单位：家

年份	在孵企业数量			当年上市（挂牌）企业数量		
	总数	孵化器	众创空间	总数	孵化器	众创空间
2016	5279	1839	3440	28	9	19
2017	7160	2994	4166	37	7	30
2018	8074	2987	5087	7	3	4

（二）绩效情况

1. 投融资情况

2018 年，江西省创业孵化机构内当年获得投融资的企业数量为 666 家，较 2017 年增长了 22.2%；当年获得投资额达 7.58 亿元，较 2017 年减少近一半（表 5-81）。

表 5-81 江西省创业孵化机构内获得投融资情况

获得投融资情况	2016 年	2017 年	2018 年
当年获得投融资的企业数量/家	579	856	666
其中：孵化器	108	214	252
众创空间	471	642	414
当年获得投资额/亿元	13.01	15.12	7.58
其中：孵化器	2.14	3.52	2.51
众创空间	10.87	11.60	5.07

2. 知识产权情况

截至 2018 年年底，江西省创业孵化机构内在孵企业拥有有效知识产权数达 7637 件，较 2017 年减少 19.7%。其中，众创空间内在孵企业拥有有效知识产权数达 3612 件，较 2017 年增加 42.8%。拥有有效发明专利数为 1100 件，比 2017 年增加 76 件（表 5-82）。

表 5-82 江西省创业孵化机构知识产权情况　　　　　　　单位：件

知识产权情况	2016 年	2017 年	2018 年
拥有有效知识产权数	7651	9515	7637
其中：孵化器	1903	3201	4025
众创空间	5748	6314	3612
拥有有效发明专利数	987	1024	1100
其中：孵化器	431	581	536
众创空间	556	443	564

3. 吸纳就业情况

2018 年，江西省创业孵化机构内在孵企业共吸纳就业 73 361 人，较 2017 年增长 15.1%。其中，在孵化器和众创空间中应届毕业大学生创业就业共 15 876 人，较 2017 年增长 20.4%（表 5-83）。

表 5-83 江西省创业孵化机构吸纳就业情况　　　　　　　单位：人

年份	在孵企业吸纳就业情况			其中：应届毕业大学生创业就业		
	总数	孵化器	众创空间	总数	孵化器	众创空间
2016	55 397	39 107	16 290	11 477	5093	6384
2017	63 763	47 251	16 512	13 184	7097	6087
2018	73 361	50 022	23 339	15 876	7593	8283

（三）自身建设情况

1. 收入和运营成本情况

2018年，江西省创业孵化机构总收入17.83亿元。其中，其他收入最多，占比为36%；其次是综合服务收入，占比为33%。

2018年，江西省创业孵化机构总成本17.61亿元，较2017年增长了74.0%。其中，其他费用占比最高，达52%；其次是管理费用，占比为16%（表5-84和图5-40）。

表5-84　江西省创业孵化机构收入和运营成本情况　　　　　　　　　　　单位：亿元

年份	收入			运营成本		
	总收入	孵化器	众创空间	总成本	孵化器	众创空间
2016	9.67	7.04	2.63	8.69	2.61	6.08
2017	17.33	10.26	7.07	10.12	2.62	7.50
2018	17.83	12.97	4.76	17.61	3.70	13.91

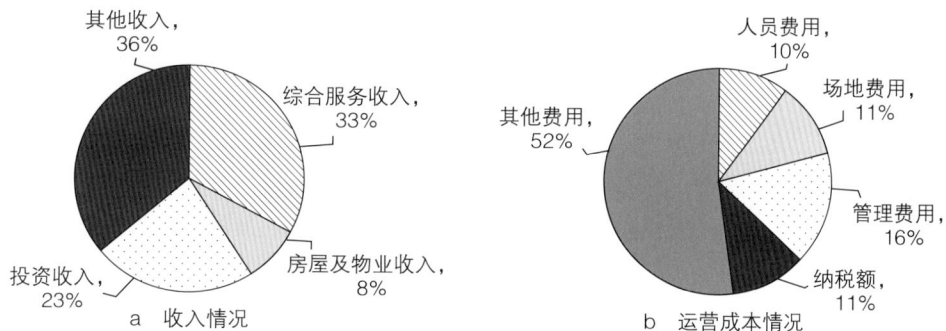

图5-40　江西省创业孵化机构收入和运营成本情况

2018年，江西省创业孵化机构纳税额达1.99亿元，较2017年增长21.7%。其中，孵化器纳税额0.29亿元，众创空间纳税额1.70亿元。

2. 服务人员情况

2018年，江西省创业孵化机构共有管理服务人员12 249人，较2017年稍有减少。

2018年，江西省创业孵化机构共有创业导师4765人，较2017年稍有增加（图5-41）。

3. 创业辅导情况

2018年，江西省创业孵化机构共举办创新创业活动3972场，较2017年增减少13.6%；共开展创业教育培训17 250场，是2017年的3.4倍（图5-42）。

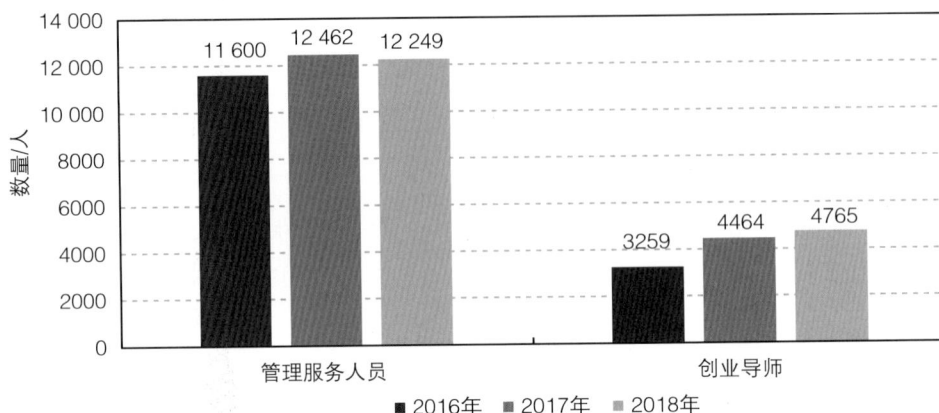

图 5 −41 江西省创业孵化机构服务人员情况

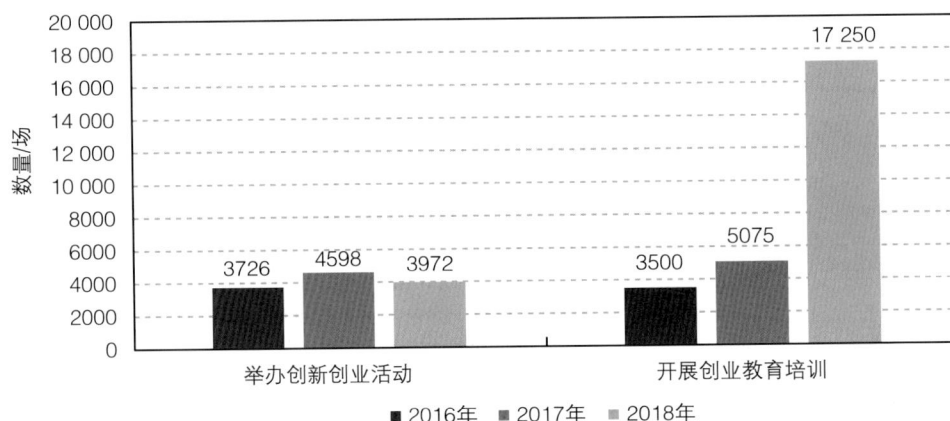

图 5 −42 江西省创业孵化机构创业辅导情况

十五、山东省创业孵化发展情况

(一) 总体情况

2018 年，山东省共有创业孵化机构 958 家，较 2017 年增加 21.7%。其中，孵化器 378 家，较 2017 年增加了 75 家，国家级孵化器 83 家，占比为 22.0%；众创空间 580 家，较 2017 年增加了近 100 家，在国家备案的众创空间 191 家，占比为 32.9%。

2018 年，山东省创业孵化机构面积达 18.35 百万平方米，较 2017 年增加了 34.7%。其中，孵化器面积 14.62 百万平方米，较 2017 年增加了 30.4%；众创空间面积 3.73 百万平方米，较 2017 年增加了 54.8%（表 5 −85）。

表 5 - 85　山东省创业孵化机构数量及面积

分类	2016 年	2017 年	2018 年
创业孵化机构数量/家	611	787	958
孵化器数量	216	303	378
其中：国家级孵化器	74	84	83
众创空间数量	395	484	580
其中：在国家备案的众创空间	162	198	191
创业孵化机构面积/百万平方米	9.92	13.62	18.35
孵化器面积	7.46	11.21	14.62
众创空间面积	2.46	2.41	3.73

2018 年，山东省创业孵化机构内在孵企业数量达 29 400 家，较 2017 年增长 16.7%。其中，孵化器当年在孵企业数量 16 840 家，较 2017 年增加了 22.4%；众创空间当年在孵企业数量 12 560 家，较 2017 年减少 1113 家。

2018 年，山东省创业孵化机构内当年上市（挂牌）企业总数为 117 家，较 2017 年减少了 26 家。其中，孵化器内当年上市（挂牌）的企业有 58 家，众创空间内当年上市（挂牌）的企业有 59 家（表 5 - 86）。

表 5 - 86　山东省创业孵化机构在孵企业情况　　　　　　　　　　单位：家

年份	在孵企业数量			当年上市（挂牌）企业数量		
	总数	孵化器	众创空间	总数	孵化器	众创空间
2016	18 291	10 640	7651	266	90	176
2017	25 202	13 755	11 447	143	69	74
2018	29 400	16 840	12 560	117	58	59

（二）绩效情况

1. 投融资情况

2018 年，山东省创业孵化机构内当年获得投融资的企业数量为 1796 家，较 2017 年减少了 3.1%；当年获得投资额达 23.89 亿元，较 2017 年减少 15.7%（表 5 - 87）。

表 5 – 87　山东省创业孵化机构内获得投融资情况

获得投融资情况	2016 年	2017 年	2018 年
当年获得投融资的企业数量/家	1527	1854	1796
其中：孵化器	522	694	671
众创空间	1005	1160	1125
当年获得投资额/亿元	24.97	28.35	23.89
其中：孵化器	10.80	13.13	12.96
众创空间	14.17	15.22	10.93

2. 知识产权情况

截至 2018 年年底，山东省创业孵化机构内在孵企业拥有有效知识产权数达 35 267 件，较 2017 年增长了近 6413 件，增长率达 22.2%。其中，众创空间内在孵企业拥有有效知识产权数达 8955 件，较 2017 年增长了 22.1%。拥有有效发明专利数为 6701 件，比 2017 年多 371 件，增长率达 5.9%（表 5 – 88）。

表 5 – 88　山东省创业孵化机构知识产权情况　　　　　　　　　　　　单位：件

知识产权情况	2016 年	2017 年	2018 年
拥有有效知识产权数	22 120	28 854	35 267
其中：孵化器	17 010	21 521	26 312
众创空间	5110	7333	8955
拥有有效发明专利数	5314	6330	6701
其中：孵化器	3927	4454	4543
众创空间	1387	1876	2158

3. 吸纳就业情况

2018 年，山东省创业孵化机构内在孵企业共吸纳就业 295 834 人，较 2017 年增长 19.7%。其中，在孵化器和众创空间中应届毕业大学生创业就业共 37 914 人，较 2017 年减少 12.1%（表 5 – 89）。

表 5 – 89　山东省创业孵化机构吸纳就业情况　　　　　　　　　　　　单位：人

年份	在孵企业吸纳就业情况			其中：应届毕业大学生创业就业		
	总数	孵化器	众创空间	总数	孵化器	众创空间
2016	191 701	148 156	43 545	32 076	18 174	13 902
2017	247 164	190 268	56 896	43 130	26 177	16 953
2018	295 834	235 216	60 618	37 914	26 941	10 973

（三）自身建设情况

1. 收入和运营成本情况

2018 年，山东省创业孵化机构总收入 31.64 亿元，较 2017 年增长了 30.5%。其中，综合服务收入最多，占比达 38%；其次是房屋及物业收入，占比为 27%。

2018 年，山东省创业孵化机构总成本 29.78 亿元，较 2017 年增长了 34.5%。其中，管理费用占比最高，达 28%；其次是其他费用，占比达 23%（表 5-90 和图 5-43）。

表 5-90　山东省创业孵化机构收入和运营成本情况　　　　　　　　单位：亿元

年份	收入			运营成本		
	总收入	孵化器	众创空间	总成本	孵化器	众创空间
2016	15.20	9.63	5.57	15.55	9.24	6.31
2017	24.24	16.07	8.17	22.14	14.50	7.64
2018	31.64	20.82	10.82	29.78	18.35	11.43

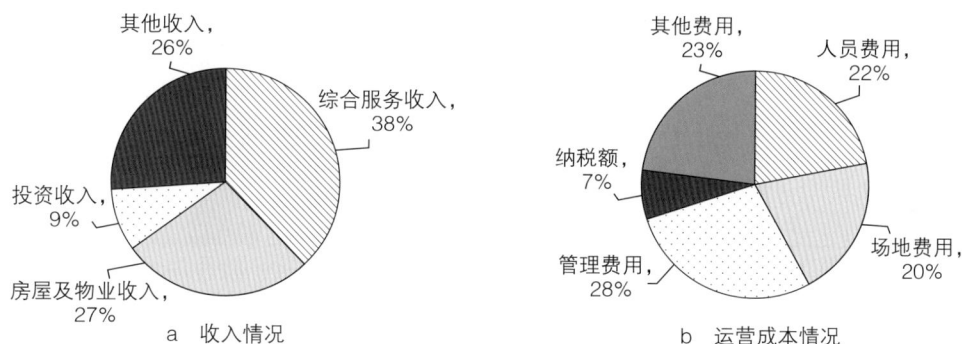

图 5-43　山东省创业孵化机构收入和运营成本情况

2018 年，山东省创业孵化机构纳税额达 2.09 亿元，较 2017 年增长 32.9%。其中，孵化器纳税额 1.51 亿元，众创空间纳税额 0.58 亿元。

2. 服务人员情况

2018 年，山东省创业孵化机构共有管理服务人员 23 722 人，是 2017 年的 2 倍多。

2018 年，山东省创业孵化机构共有创业导师 16 001 人，比 2017 年多 3576 人，增长率达 28.8%（图 5-44）。

3. 创业辅导情况

2018 年，山东省创业孵化机构共举办创新创业活动 9730 场，较 2017 年减少了 20.3%；共开展创业教育培训 16 271 场，较 2017 年减少了 19.1%（图 5-45）。

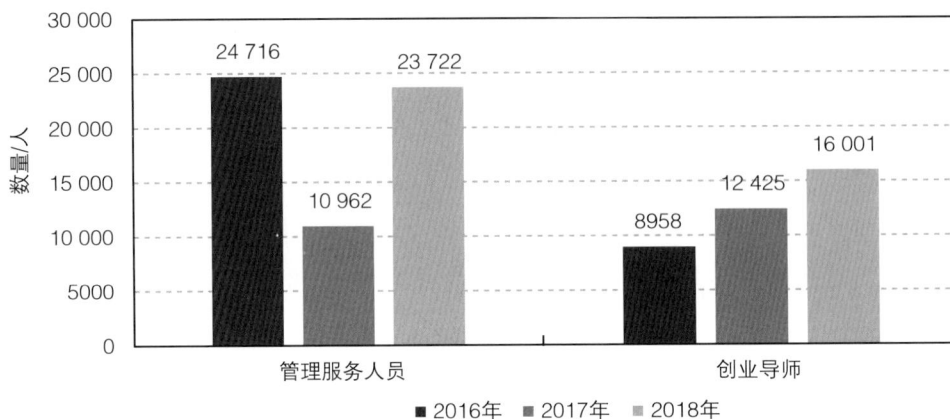

图 5 - 44　山东省创业孵化机构服务人员情况

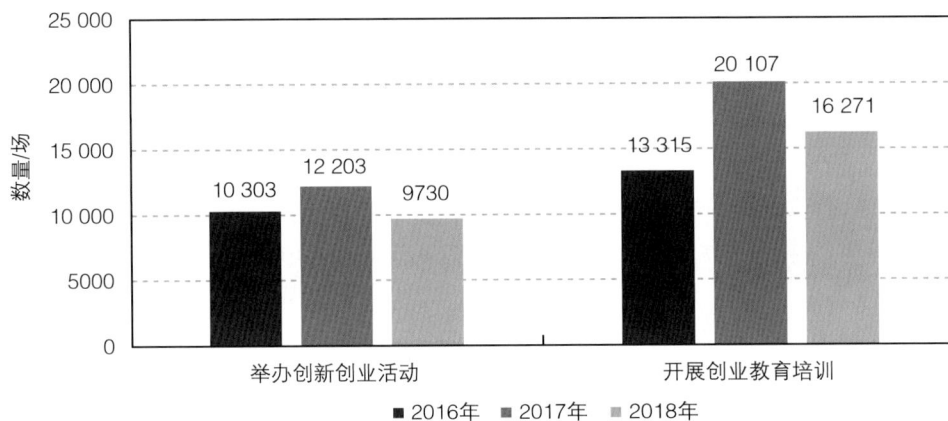

图 5 - 45　山东省创业孵化机构创业辅导情况

十六、河南省创业孵化发展情况

（一）总体情况

2018 年，河南省共有创业孵化机构 372 家，较 2017 年增加了 23.2%。其中，孵化器 169 家，较 2017 年增加了 21 家，国家级孵化器 36 家，占比为 21.3%；众创空间 203 家，较 2017 年增加了 49 家，在国家备案的众创空间 38 家，占比为 18.7%。

2018 年，河南省创业孵化机构面积达 5.91 百万平方米，较 2017 年减少了 11.5%。其中，孵化器面积 5.04 百万平方米，较 2017 年减少了 16.6%；众创空间面积 0.87 百万平方米，较 2017 年增加了 35.9%（表 5 - 91）。

表 5-91　河南省创业孵化机构数量及面积

分类	2016 年	2017 年	2018 年
创业孵化机构数量/家	214	302	372
孵化器数量	126	148	169
其中：国家级孵化器	30	36	36
众创空间数量	88	154	203
其中：在国家备案的众创空间	14	38	38
创业孵化机构面积/百万平方米	6.46	6.68	5.91
孵化器面积	6.01	6.04	5.04
众创空间面积	0.45	0.64	0.87

2018 年，河南省创业孵化机构内在孵企业数量达 14 836 家，较 2017 年增长 11.1%。其中，孵化器当年在孵企业数量 9089 家，较 2017 年增加了 6.3%；众创空间当年在孵企业数量 5747 家，较 2017 年增加了 19.7%。

2018 年，河南省创业孵化机构内当年上市（挂牌）企业总数为 227 家，较 2017 年增加了 133 家。其中，孵化器内当年上市（挂牌）的企业有 168 家，众创空间内当年上市（挂牌）的企业有 59 家（表 5-92）。

表 5-92　河南省创业孵化机构在孵企业情况　　　　　　　　　　　　　单位：家

年份	在孵企业数量			当年上市（挂牌）企业数量		
	总数	孵化器	众创空间	总数	孵化器	众创空间
2016	9780	6733	3047	63	54	9
2017	13 349	8548	4801	94	75	19
2018	14 836	9089	5747	227	168	59

（二）绩效情况

1. 投融资情况

2018 年，河南省创业孵化机构内当年获得投融资的企业数量为 1725 家，较 2017 年增长了 11.1%；当年获得投资额达 19.87 亿元，较 2017 年增长 17.9%（表 5-93）。

表 5-93　河南省创业孵化机构内获得投融资情况

获得投融资情况	2016 年	2017 年	2018 年
当年获得投融资的企业数量/家	1048	1553	1725
其中：孵化器	411	596	681
众创空间	637	957	1044
当年获得投资额/亿元	15.86	16.85	19.87
其中：孵化器	8.09	9.27	8.92
众创空间	7.77	7.58	10.95

2. 知识产权情况

截至 2018 年年底，河南省创业孵化机构内在孵企业拥有有效知识产权数达 28 258 件，较 2017 年增长了 8636 件，增长率达 44.0%。其中，众创空间内在孵企业拥有有效知识产权数达 8747 件，较 2017 年增长了 46.1%。拥有有效发明专利数为 5050 件，比 2017 年多 1285 件，增长率达 34.1%（表 5-94）。

表 5-94　河南省创业孵化机构知识产权情况　　　　　　　　　　　　　单位：件

知识产权情况	2016 年	2017 年	2018 年
拥有有效知识产权数	12 322	19 622	28 258
其中：孵化器	8443	13 635	19 511
众创空间	3879	5987	8747
拥有有效发明专利数	2758	3765	5050
其中：孵化器	2006	2453	3181
众创空间	752	1312	1869

3. 吸纳就业情况

2018 年，河南省创业孵化机构内在孵企业共吸纳就业 211 727 人，较 2017 年减少 0.8%。其中，在孵化器和众创空间中应届毕业大学生创业就业共 29 280 人，较 2017 年减少 14.8%（表 5-95）。

表 5-95　河南省创业孵化机构吸纳就业情况　　　　　　　　　　　　　单位：人

年份	在孵企业吸纳就业情况			其中：应届毕业大学生创业就业		
	总数	孵化器	众创空间	总数	孵化器	众创空间
2016	181 365	155 693	25 672	28 591	18 431	10 160
2017	213 524	170 838	42 686	34 371	19 157	15 214
2018	211 727	166 844	44 883	29 280	19 554	9726

（三）自身建设情况

1. 收入和运营成本情况

2018 年，河南省创业孵化机构总收入 11.72 亿元，较 2017 年增长了 13.2%。其中，房屋及物业收入最多，占比达 32%；其次是其他收入，占比为 31%。

2018 年，河南省创业孵化机构总成本 11.25 亿元，较 2017 年减少 0.04 亿元。其中，管理费用占比最高，达 27%；其次是场地费用，占比达 26%（表 5-96 和图 5-46）。

表 5-96　河南省创业孵化机构收入和运营成本情况　　　　　　　　　　单位：亿元

年份	收入			运营成本		
	总收入	孵化器	众创空间	总成本	孵化器	众创空间
2016	8.27	6.98	1.29	10.03	7.98	2.05
2017	10.35	7.30	3.05	11.29	7.76	3.53
2018	11.72	7.19	4.53	11.25	6.39	4.86

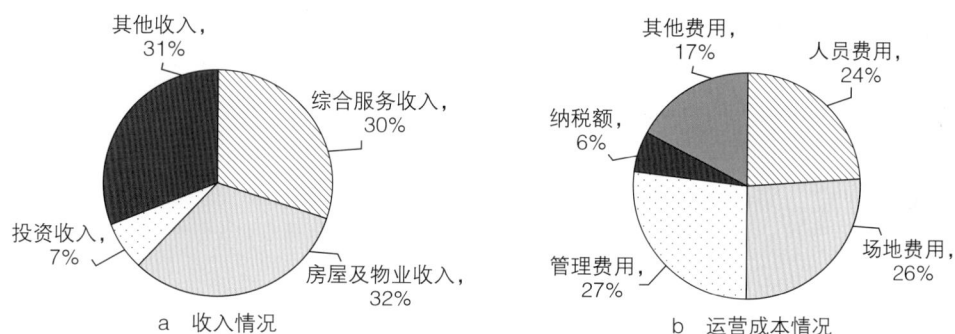

图 5-46　河南省创业孵化机构收入和运营成本情况

2018 年，河南省创业孵化机构纳税额达 0.66 亿元，较 2017 年增长 23.0%。其中，孵化器纳税额 0.50 亿元，众创空间纳税额 0.16 亿元。

2. 服务人员情况

2018 年，河南省创业孵化机构共有管理服务人员 6218 人，较 2017 年增长了 21.3%。

2018 年，河南省创业孵化机构共有创业导师 7494 人，比 2017 年多 1848 人，增长率达 32.7%（图 5-47）。

3. 创业辅导情况

2018 年，河南省创业孵化机构共举办创新创业活动 4208 场，较 2017 年减少 23.0%；共开展创业教育培训 7044 场，较 2016 年减少了 21.6%（图 5-48）。

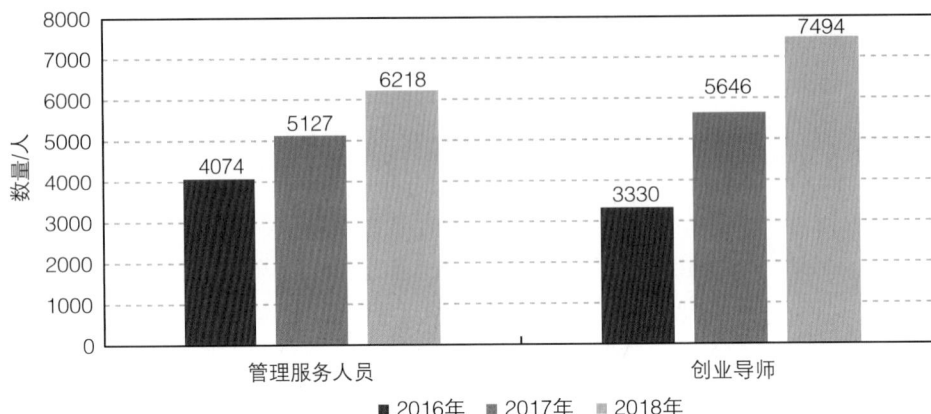

图 5-47　河南省创业孵化机构服务人员情况

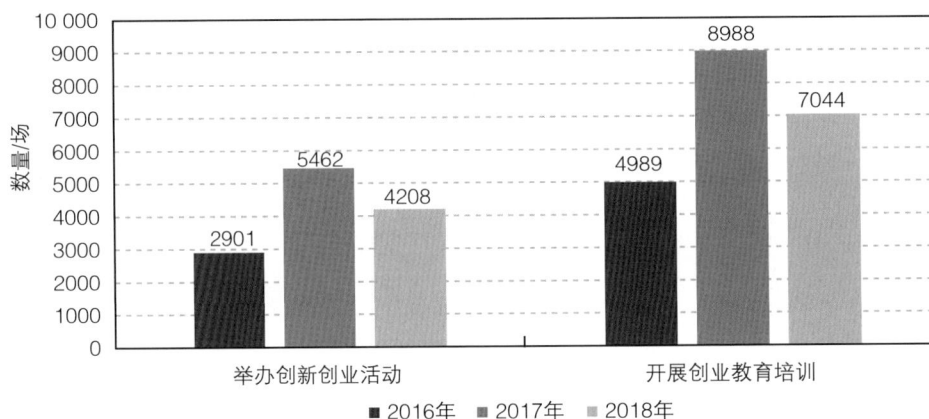

图 5-48　河南省创业孵化机构创业辅导情况

十七、湖北省创业孵化发展情况

（一）总体情况

2018 年，湖北省共有创业孵化机构 467 家，较 2017 年增加了 36.2%。其中，孵化器 192 家，较 2017 年增加了 9.1%，国家级孵化器 45 家，占比为 23.4%；众创空间 275 家，较 2017 年增加了 108 家，在国家备案的众创空间 61 家，占比为 22.2%。

2018 年，湖北省创业孵化机构面积达 5.73 百万平方米，较 2017 年减少了 3.5%。其中，孵化器面积 4.63 百万平方米，较 2017 年减少了 14.1%；众创空间面积 1.10 百万平方米，是 2017 年的 2 倍（表 5-97）。

表 5 – 97　湖北省创业孵化机构数量及面积

分类	2016 年	2017 年	2018 年
创业孵化机构数量/家	118	343	467
孵化器数量	67	176	192
其中：国家级孵化器	41	45	45
众创空间数量	51	167	275
其中：在国家备案的众创空间	32	55	61
创业孵化机构面积/百万平方米	2.28	5.94	5.73
孵化器面积	2.11	5.39	4.63
众创空间面积	0.17	0.55	1.10

2018 年，湖北省创业孵化机构内在孵企业数量达 20 402 家，较 2017 年增长 27.7%。其中，孵化器当年在孵企业数量 10 344 家，较 2017 年增加了 14.1%；众创空间当年在孵企业数量 10 058 家，较 2017 年增加了 45.5%。

2018 年，湖北省创业孵化机构内当年上市（挂牌）企业总数为 162 家，较 2017 年减少了 80 家。其中，孵化器内当年上市（挂牌）的企业有 101 家，众创空间内当年上市（挂牌）的企业有 61 家（表 5 – 98）。

表 5 – 98　湖北省创业孵化机构在孵企业情况　　　　　　　　　　单位：家

年份	在孵企业数量			当年上市（挂牌）企业数量		
	总数	孵化器	众创空间	总数	孵化器	众创空间
2016	7269	4438	2831	119	77	42
2017	15 980	9066	6914	242	163	79
2018	20 402	10 344	10 058	162	101	61

（二）绩效情况

1. 投融资情况

2018 年，湖北省创业孵化机构内当年获得投融资的企业数量为 1311 家，较 2017 年增长了 56.1%；当年获得投资额达 52.64 亿元，是 2017 年的近 2 倍（表 5 – 99）。

表 5-99　湖北省创业孵化机构内获得投融资情况

获得投融资情况	2016 年	2017 年	2018 年
当年获得投融资的企业数量/家	481	840	1311
其中：孵化器	277	398	445
众创空间	204	442	866
当年获得投资额/亿元	13.13	26.57	52.64
其中：孵化器	8.45	11.76	17.71
众创空间	4.68	14.81	34.93

2. 知识产权情况

截至 2018 年年底，湖北省创业孵化机构内在孵企业拥有有效知识产权数达 29 097 件，较 2017 年增长了 8061 件，增长率达 38.3%。其中，众创空间内在孵企业拥有有效知识产权数达 12 249 件，较 2017 年增长 13.5%。拥有有效发明专利数为 5365 件，较 2017 年减少 21.4%（表 5-100）。

表 5-100　湖北省创业孵化机构知识产权情况　　　　　　　　　　单位：件

知识产权情况	2016 年	2017 年	2018 年
拥有有效知识产权数	7759	21 036	29 097
其中：孵化器	6145	10 246	16 848
众创空间	1614	10 790	12 249
拥有有效发明专利数	1361	6826	5365
其中：孵化器	1065	1709	2485
众创空间	296	5117	2880

3. 吸纳就业情况

2018 年，湖北省创业孵化机构内在孵企业共吸纳就业 181 990 人，较 2017 年减少 2.1%。其中，在孵化器和众创空间中应届毕业大学生创业就业共 24 992 人，较 2017 年减少 8.8%（表 5-101）。

表 5-101　湖北省创业孵化机构吸纳就业情况　　　　　　　　　　单位：人

年份	在孵企业吸纳就业情况			其中：应届毕业大学生创业就业		
	总数	孵化器	众创空间	总数	孵化器	众创空间
2016	70 584	62 578	8006	11 769	7694	4075
2017	185 885	123 324	62 561	27 392	14 811	12 581
2018	181 990	136 125	45 865	24 992	17 485	7507

（三）自身建设情况

1. 收入和运营成本情况

2018 年，湖北省创业孵化机构总收入 35.86 亿元，较 2017 年增长了 104.2%。其中，其他收入最多，占比达 43%；其次是综合服务收入，占比为 36%。

2018 年，湖北省创业孵化机构总成本 45.38 亿元，是 2017 年的 3.6 倍。其中，管理费用占比最高，达 41%；其次是场地、人员费用，占比均为 21%（表 5-102 和图 5-49）。

表 5-102 湖北省创业孵化机构收入和运营成本情况 　　　　　　　　　单位：亿元

年份	收入			运营成本		
	总收入	孵化器	众创空间	总成本	孵化器	众创空间
2016	6.74	5.72	1.02	5.27	4.49	0.78
2017	17.56	14.17	3.39	12.54	9.27	3.27
2018	35.86	20.50	15.36	45.38	13.75	31.63

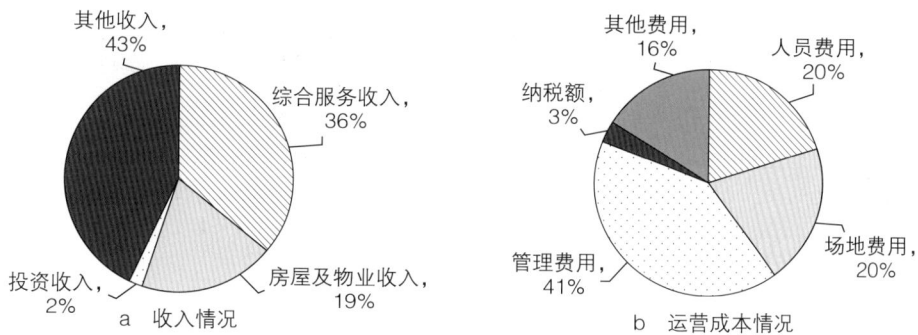

图 5-49　湖北省创业孵化机构收入和运营成本情况

2018 年，湖北省创业孵化机构纳税额达 1.24 亿元，较 2017 年增长 50.2%。其中，孵化器纳税额 0.84 亿元，众创空间纳税额 0.40 亿元。

2. 服务人员情况

2018 年，湖北省创业孵化机构共有管理服务人员 8011 人，较 2017 年增长了 73.7%。

2018 年，湖北省创业孵化机构共有创业导师 9579 人，较 2017 年增长率达 61.9%（图 5-50）。

3. 创业辅导情况

2018 年，湖北省创业孵化机构共举办创新创业活动 7121 场，较 2017 年增加了 44.9%；共开展创业教育培训 8093 场，较 2017 年增加了 222 场（图 5-51）。

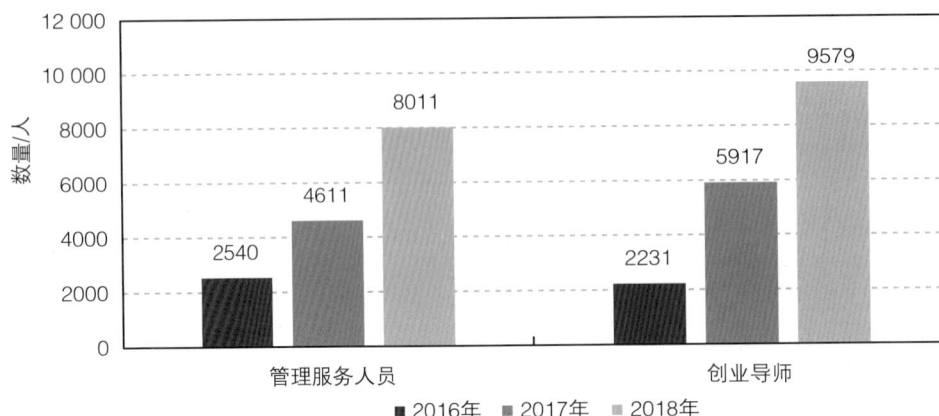

图 5–50　湖北省创业孵化机构服务人员情况

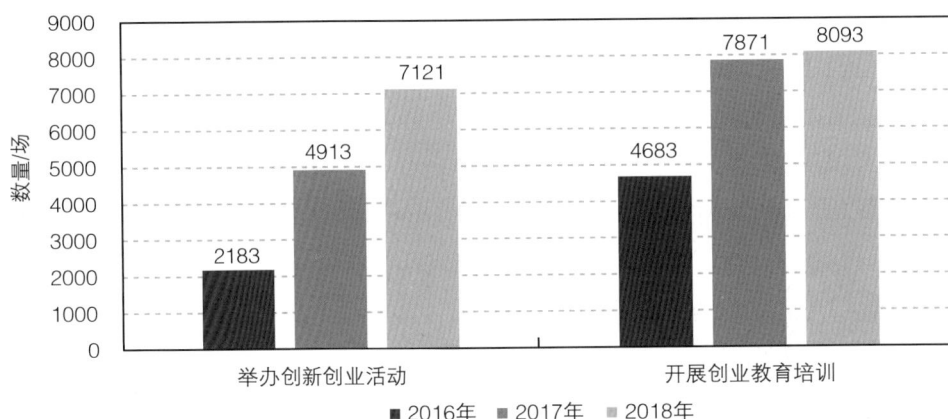

图 5–51　湖北省创业孵化机构创业辅导情况

十八、湖南省创业孵化发展情况

(一) 总体情况

2018 年，湖南省共有创业孵化机构 262 家，较 2017 年增加了 34.4%。其中，孵化器 85 家，较 2017 年增加了 15 家，国家级孵化器 19 家，占比为 22.4%；众创空间 177 家，较 2017 年增加了 52 家，在国家备案的众创空间 46 家，占比为 26.0%。

2018 年，湖南省创业孵化机构面积达 3.88 百万平方米，较 2017 年增加了 15.8%。其中，孵化器面积 3.22 百万平方米，较 2017 年增加了 12.6%；众创空间面积 0.66 百万平方米，较 2017 年增加了 34.7%(表 5–103)。

表 5 - 103　湖南省创业孵化机构数量及面积

分类	2016 年	2017 年	2018 年
创业孵化机构数量/家	100	195	262
孵化器数量	47	70	85
其中：国家级孵化器	16	19	19
众创空间数量	53	125	177
其中：在国家备案的众创空间	30	47	46
创业孵化机构面积/百万平方米	2.69	3.35	3.88
孵化器面积	2.44	2.86	3.22
众创空间面积	0.25	0.49	0.66

2018 年，湖南省创业孵化机构内在孵企业数量达 10 732 家，较 2017 年增长 24.8%。其中，孵化器当年在孵企业数量 5527 家，较 2017 年增加了 16.5%；众创空间当年在孵企业数量 5205 家，较 2017 年增加了 35.1%。

2018 年，湖南省创业孵化机构内当年上市（挂牌）企业总数为 19 家，较 2017 年减少了 8 家。其中，孵化器内当年上市（挂牌）的企业有 14 家，众创空间内当年上市（挂牌）的企业有 5 家（表 5 - 104）。

表 5 - 104　湖南省创业孵化机构在孵企业情况　　　　　　　　　　　　　　单位：家

年份	在孵企业数量			当年上市（挂牌）企业数量		
	总数	孵化器	众创空间	总数	孵化器	众创空间
2016	4980	3231	1749	62	33	29
2017	8598	4746	3852	27	14	13
2018	10 732	5527	5205	19	14	5

（二）绩效情况

1. 投融资情况

2018 年，湖南省创业孵化机构内当年获得投融资的企业数量为 1040 家，较 2017 年增长了 25.2%；当年获得投资额达 27.40 亿元，较 2017 年增长 81.7%（表 5 - 105）。

表 5 - 105　湖南省创业孵化机构内获得投融资情况

获得投融资情况	2016 年	2017 年	2018 年
当年获得投融资的企业数量/家	479	831	1040
其中：孵化器	212	222	320
众创空间	267	609	720
当年获得投资额/亿元	8.73	15.08	27.40
其中：孵化器	4.43	6.42	7.12
众创空间	4.30	8.66	20.28

2. 知识产权情况

截至 2018 年年底，湖南省创业孵化机构内在孵企业拥有有效知识产权数达 19 130 件，是 2017 年的 2 倍多。其中，众创空间内在孵企业拥有有效知识产权数达 6686 件，是 2017 年的 2.9 倍；拥有有效发明专利总数为 5052 件，比 2017 年多 1728 件，增长率达 52.0%（表 5 - 106）。

表 5 - 106　湖南省创业孵化机构知识产权情况　　　　　　　　　　　　单位：件

知识产权情况	2016 年	2017 年	2018 年
拥有有效知识产权数	5674	9106	19 130
其中：孵化器	4702	6803	12 444
众创空间	972	2303	6686
拥有有效发明专利数	2071	3324	5052
其中：孵化器	1809	2688	2982
众创空间	262	636	2070

3. 吸纳就业情况

2018 年，湖南省创业孵化机构内在孵企业共吸纳就业 156 712 人，较 2017 年增长 2.2%。其中，在孵化器和众创空间中应届毕业大学生创业就业共 18 332 人，较 2017 年略有降低（表 5 - 107）。

表 5 - 107　湖南省创业孵化机构吸纳就业情况　　　　　　　　　　　　单位：人

年份	在孵企业吸纳就业情况			其中：应届毕业大学生创业就业		
	总数	孵化器	众创空间	总数	孵化器	众创空间
2016	90 895	76 875	14 020	10 166	7270	2896
2017	153 340	109 937	43 403	18 802	9809	8993
2018	156 712	113 833	42 879	18 332	9560	8772

（三）自身建设情况

1. 收入和运营成本情况

2018 年，湖南省创业孵化机构总收入 11.37 亿元，较 2017 年增长了 18.1%。其中，房屋及物业收入最多，占比达 35%；其次是综合服务收入，占比为 30%。

2018 年，湖南省创业孵化机构总成本 11.03 亿元，较 2017 年增长了 26.6%。其中，场地费用占比最高，达 27%；其次是人员费用，占比达 24%（表 5－108 和图 5－52）。

表 5－108　湖南省创业孵化机构收入和运营成本情况　　　　　单位：亿元

年份	收入			运营成本		
	总收入	孵化器	众创空间	总成本	孵化器	众创空间
2016	7.89	6.65	1.24	8.60	6.74	1.86
2017	9.63	6.87	2.76	8.71	5.23	3.48
2018	11.37	7.47	3.90	11.03	6.68	4.35

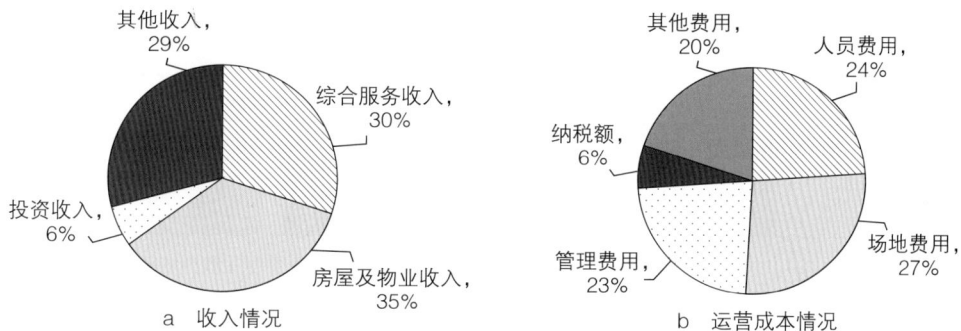

图 5－52　湖南省创业孵化机构收入和运营成本情况

2018 年，湖南省创业孵化机构纳税额达 0.72 亿元，较 2016 年增长 37.1%。其中，孵化器纳税额 0.64 亿元，众创空间纳税额 0.08 亿元。

2. 服务人员情况

2018 年，湖南省创业孵化机构共有管理服务人员 8799 人，较 2017 年增长了 82.0%。

2018 年，湖南省创业孵化机构共有创业导师 5453 人，较 2017 年增长率达 22.2%（图 5－53）。

3. 创业辅导情况

2018 年，湖南省创业孵化机构共举办创新创业活动 4046 场，较 2017 年减少了 2.4%；共开展创业教育培训 4997 场，较 2017 年增加了 93 家（图 5－54）。

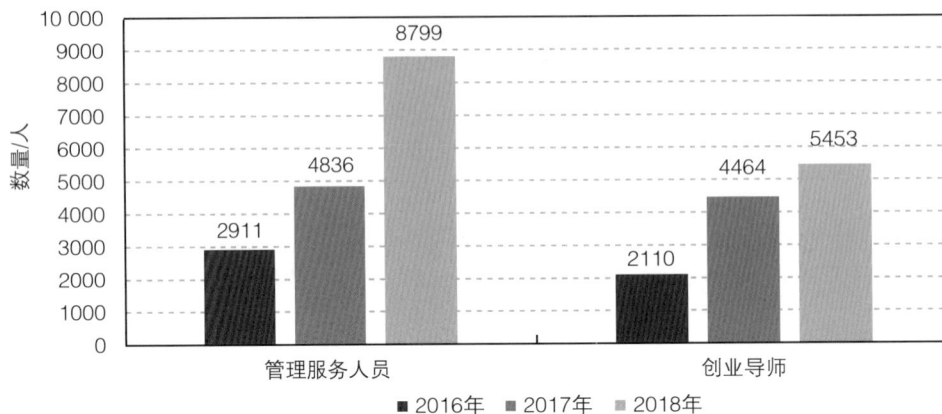

图 5-53　湖南省创业孵化机构服务人员情况

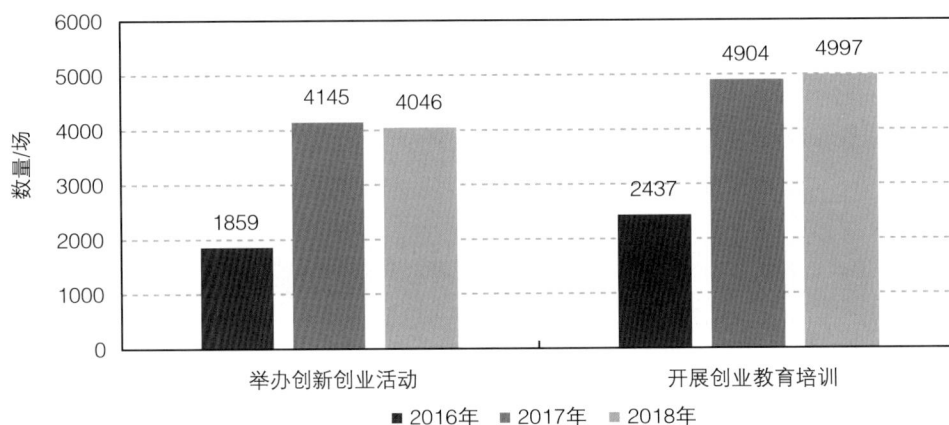

图 5-54　湖南省创业孵化机构创业辅导情况

十九、广东省创业孵化发展情况

(一) 总体情况

2018 年，广东省共有创业孵化机构 1678 家，较 2017 年增加了 16.0% 。其中，孵化器 962 家，较 2017 年增加了 208 家，国家级孵化器 108 家，占比为 11.2%；众创空间 716 家，较 2016 年增加了 24 家，在国家备案的众创空间 228 家，占比为 31.8% 。

2018 年，广东省创业孵化机构面积达 21.37 百万平方米，较 2017 年增加了 12.41% 。其中，孵化器面积 19.49 百万平方米，较 2017 年增加了 12.7%；众创空间面积 1.88 百万平方米，较 2017 年增加了 9.9%（表 5-109）。

表 5 -109 广东省创业孵化机构数量及面积

分类	2016 年	2017 年	2018 年
创业孵化机构数量/家	1084	1446	1678
孵化器数量	576	754	962
其中：国家级孵化器	83	109	108
众创空间数量	508	692	716
其中：在国家备案的众创空间	178	227	228
创业孵化机构面积/百万平方米	17.07	19.01	21.37
孵化器面积	15.39	17.30	19.49
众创空间面积	1.68	1.71	1.88

2018 年，广东省创业孵化机构内在孵企业数量达 45 157 家，较 2017 年增长了 8.9%。其中，孵化器当年在孵企业数量 30 928 家，较 2017 年增加了 31.8%；众创空间当年在孵企业数量 14 229 家，较 2017 年减少了 21.0%。

2018 年，广东省创业孵化机构内当年上市（挂牌）企业总数为 154 家，较 2017 年减少了 82 家。其中，孵化器内当年上市（挂牌）的企业有 124 家，众创空间内当年上市（挂牌）的企业有 30 家（表 5 -110）。

表 5 -110 广东省创业孵化机构在孵企业情况 单位：家

年份	在孵企业数量			当年上市（挂牌）企业数量		
	总数	孵化器	众创空间	总数	孵化器	众创空间
2016	30 813	16 535	14 278	222	140	82
2017	41 479	23 459	18 020	236	173	63
2018	45 157	30 928	14 229	154	124	30

（二）绩效情况

1. 投融资情况

2018 年，广东省创业孵化机构内当年获得投融资的企业数量为 3658 家，较 2017 年增长了 17.9%；当年获得投资额达 225.59 亿元，较 2017 年增长 40.3%（表 5 -111）。

表 5 –111　广东省创业孵化机构内获得投融资情况

获得投融资情况	2016 年	2017 年	2018 年
当年获得投融资的企业数量/家	2651	3103	3658
其中：孵化器	803	1230	1753
众创空间	1848	1873	1905
当年获得投资额/亿元	128.83	160.82	225.59
其中：孵化器	69.47	87.73	134.72
众创空间	59.36	73.09	90.87

2. 知识产权情况

截至 2018 年年底，广东省创业孵化机构内在孵企业拥有有效知识产权数达 103 927 件，较 2017 年增长了 52.7%。其中，孵化器内在孵企业拥有有效知识产权数达 85 283 件，较 2017 年增长了 60.8%。拥有有效发明专利数为 19 394 件，较 2017 年增长了 37.3%（表 5 – 112）。

表 5 –112　广东省创业孵化机构知识产权情况　　　　　　　　　　　　　　单位：件

知识产权情况	2016 年	2017 年	2018 年
拥有有效知识产权数	44 334	68 073	103 927
其中：孵化器	32 998	53 045	85 283
众创空间	11 336	15 028	18 644
拥有有效发明专利数	9246	14 123	19 394
其中：孵化器	7367	11 008	15 454
众创空间	1879	3115	3940

3. 吸纳就业情况

2018 年，广东省创业孵化机构内在孵企业共吸纳就业 482 642 人，较 2017 年增长了 25.7%。其中，在孵化器和众创空间中应届毕业大学生创业就业共 53 812 人，较 2017 年减少了 3.0%（表 5 – 113）。

表 5 –113　广东省创业孵化机构吸纳就业情况　　　　　　　　　　　　　　单位：人

年份	在孵企业吸纳就业情况			其中：应届毕业大学生创业就业		
	总数	孵化器	众创空间	总数	孵化器	众创空间
2016	289 919	246 685	43 234	34 758	22 408	12 350
2017	383 923	315 233	68 690	55 467	36 002	19 465
2018	482 642	408 950	73 692	53 812	38 297	15 515

（三）自身建设情况

1. 收入和运营成本情况

2018 年，广东省创业孵化机构总收入 131.24 亿元，较 2017 年增长了 43.4%。其中，房屋及物业收入最多，占比近一半，达 47%；其次是其他收入，占比为 32%。

2018 年，广东省创业孵化机构总成本 94.36 亿元，较 2017 年增长了 31.9%。其中，场地费用占比最高，达 34%；其次是管理费用，占比为 23%（表 5-114 和图 5-55）。

表 5-114 广东省创业孵化机构收入和运营成本情况　　　　单位：亿元

年份	收入			运营成本		
	总收入	孵化器	众创空间	总成本	孵化器	众创空间
2016	68.83	58.90	9.93	55.60	43.31	12.29
2017	91.53	77.75	13.78	71.55	54.65	16.90
2018	131.24	118.08	13.16	94.36	79.56	14.80

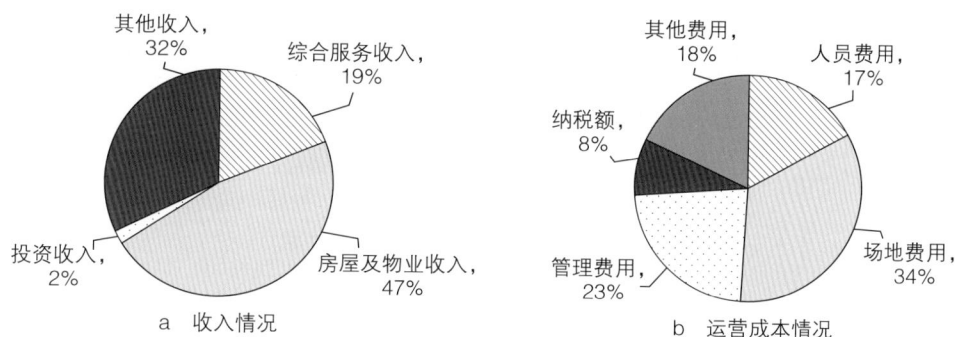

图 5-55　广东省创业孵化机构收入和运营成本情况

2018 年，广东省创业孵化机构纳税额达 7.68 亿元，较 2017 年增长了 24.0%。其中，孵化器纳税额 7.26 亿元，众创空间纳税额 0.42 亿元。

2. 服务人员情况

2018 年，广东省创业孵化机构共有管理服务人员 27 969 人，较 2017 年增长了 20.1%。

2018 年，广东省创业孵化机构共有创业导师 18 608 人，较 2017 年增长了 10.4%（图 5-56）。

3. 创业辅导情况

2018 年，广东省创业孵化机构共举办创新创业活动 9061 场，较 2017 年减少了 40.7%；共开展创业教育培训 21 623 场，较 2017 年减少了 11.3%（图 5-57）。

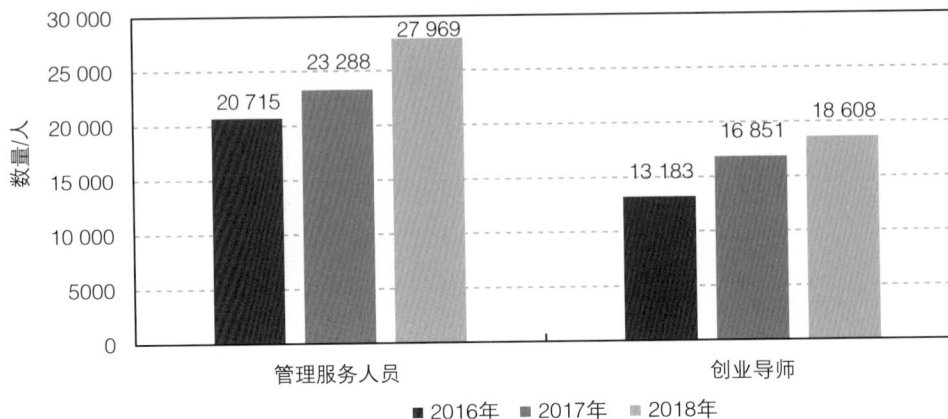

图 5－56　广东省创业孵化机构服务人员情况

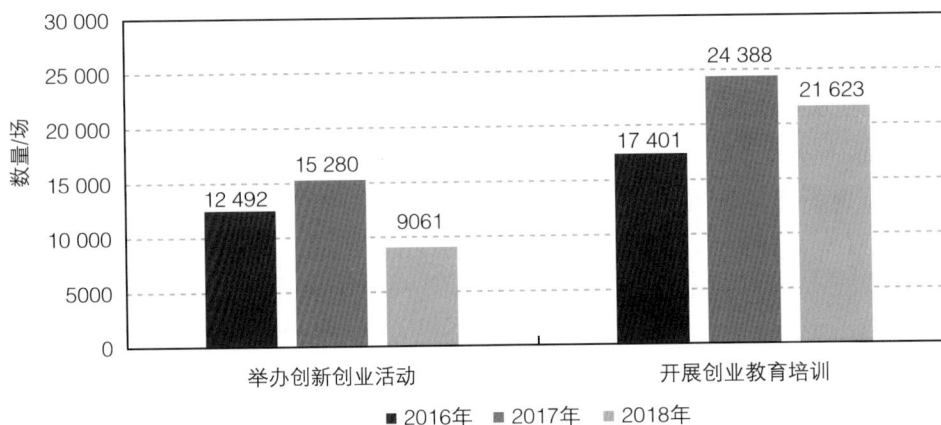

图 5－57　广东省创业孵化机构创业辅导情况

二十、广西壮族自治区创业孵化发展情况

（一）总体情况

2018 年，广西壮族自治区共有创业孵化机构 210 家，较 2017 年增加了 42.9%。其中，孵化器 89 家，较 2017 年增加了 15 家，国家级孵化器 10 家，占比为 11.2%；众创空间 121 家，较 2017 年增加了 48 家，在国家备案的众创空间 20 家，占比为 16.5%。

2018 年，广西壮族自治区创业孵化机构面积达 2.41 百万平方米，较 2017 年增加了 8.6%。其中，孵化器面积 2.05 百万平方米，较 2017 年增加了 5.1%；众创空间面积 0.36 百万平方米，较 2017 年增加了 33.3%（表 5－115）。

表 5 – 115   广西壮族自治区创业孵化机构数量及面积

分类	2016 年	2017 年	2018 年
创业孵化机构数量/家	69	147	210
孵化器数量	45	74	89
其中：国家级孵化器	8	10	10
众创空间数量	24	73	121
其中：在国家备案的众创空间	11	21	20
创业孵化机构面积/百万平方米	1.53	2.22	2.41
孵化器面积	1.42	1.95	2.05
众创空间面积	0.11	0.27	0.36

2018 年，广西壮族自治区创业孵化机构内在孵企业数量达 4693 家，较 2017 年增长了 32.1%。其中，孵化器当年在孵企业数量 2842 家，较 2017 年增加了 22.0%；众创空间当年在孵企业数量 1851 家，较 2017 年增加了 629 家。

2018 年，广西壮族自治区创业孵化机构内当年上市（挂牌）企业总数为 21 家，较 2017 年减少 21 家。其中，孵化器内当年上市（挂牌）的企业有 19 家，众创空间内当年上市（挂牌）的企业有 2 家（表 5 – 116）。

表 5 – 116   广西壮族自治区创业孵化机构在孵企业情况
单位：家

年份	在孵企业数量			当年上市（挂牌）企业数量		
	总数	孵化器	众创空间	总数	孵化器	众创空间
2016	2262	1665	597	31	18	13
2017	3552	2330	1222	42	16	26
2018	4693	2842	1851	21	19	2

（二）绩效情况

1. 投融资情况

2018 年，广西壮族自治区创业孵化机构内当年获得投融资的企业数量为 202 家，较 2017 年减少了 7.3%；当年获得投资额达 6.07 亿元，较 2017 年增长了 193.2%（表 5 – 117）。

表 5-117　广西壮族自治区创业孵化机构内获得投融资情况

获得投融资情况	2016 年	2017 年	2018 年
当年获得投融资的企业数量/家	80	218	202
其中：孵化器	41	83	84
众创空间	39	135	118
当年获得投资额/亿元	1.69	2.07	6.07
其中：孵化器	1.03	1.07	5.53
众创空间	0.66	1.00	0.54

2. 知识产权情况

截至 2018 年年底，广西壮族自治区创业孵化机构内在孵企业拥有有效知识产权数达 4966 件，较 2017 年增长了 1683 件，增长率达 51.3%。其中，众创空间内在孵企业拥有有效知识产权数达 782 件，是 2017 年的 1.1 倍。拥有有效发明专利数为 1501 件，比 2017 年多 303 件，增长率达 25.3%（表 5-118）。

表 5-118　广西壮族自治区创业孵化机构知识产权情况　　　　单位：件

知识产权情况	2016 年	2017 年	2018 年
拥有有效知识产权数	2423	3283	4966
其中：孵化器	2104	2548	4184
众创空间	319	735	782
拥有有效发明专利数	866	1198	1501
其中：孵化器	647	880	1229
众创空间	219	318	272

3. 吸纳就业情况

2018 年，广西壮族自治区创业孵化机构内在孵企业共吸纳就业 39 564 人，较 2017 年增长了 2.4%。其中，在孵化器和众创空间中应届毕业大学生创业就业共 3861 人，较 2017 年减少了 20.6%（表 5-119）。

表 5-119　广西壮族自治区创业孵化机构吸纳就业情况　　　　单位：人

年份	在孵企业吸纳就业情况			其中：应届毕业大学生创业就业		
	总数	孵化器	众创空间	总数	孵化器	众创空间
2016	27 564	26 276	1288	2593	2154	439
2017	38 640	34 394	4246	4865	3326	1539
2018	39 564	32 765	6799	3861	2712	1149

（三）自身建设情况

1. 收入和运营成本情况

2018 年，广西壮族自治区创业孵化机构总收入 3.13 亿元，较 2017 年增长了 25.2%。其中，房屋及物业收入最多，达 35%；其次是综合服务收入，达 32%。

2018 年，广西壮族自治区创业孵化机构总成本 3.35 亿元，较 2017 年增长了 34.0%。其中，场地费用占比最高，达 27%；其次是管理费用，达 26%（表 5 - 120 和图 5 - 58）。

表 5 - 120　广西壮族自治区创业孵化机构收入和运营成本情况　　　　　单位：亿元

年份	收入			运营成本		
	总收入	孵化器	众创空间	总成本	孵化器	众创空间
2016	1.51	1.36	0.15	1.54	1.19	0.35
2017	2.50	1.95	0.55	2.50	1.73	0.77
2018	3.13	2.25	0.88	3.35	2.40	0.95

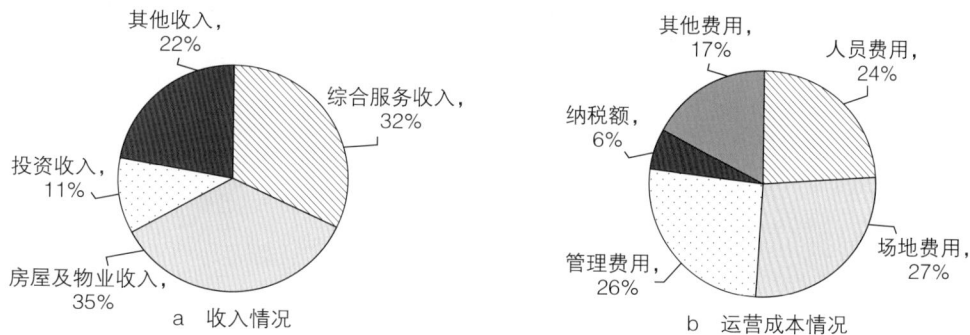

图 5 - 58　广西壮族自治区创业孵化机构收入和运营成本情况

2018 年，广西壮族自治区创业孵化机构纳税额达 0.20 亿元，较 2017 年增长了 3.2%。其中，孵化器纳税额 0.16 亿元，众创空间纳税额 0.04 亿元。

2. 服务人员情况

2018 年，广西壮族自治区创业孵化机构共有管理服务人员 2858 人，较 2017 年增长了 64.0%。

2018 年，广西壮族自治区创业孵化机构共有创业导师 3312 人，比 2017 年多 1300 余人，增长率达 66.5%（图 5 - 59）。

3. 创业辅导情况

2018 年，广西壮族自治区创业孵化机构共举办创新创业活动 1326 场，较 2017 年减少了 1.3%；共开展创业教育培训 2309 场，较 2017 年增长了 4.7%（图 5 - 60）。

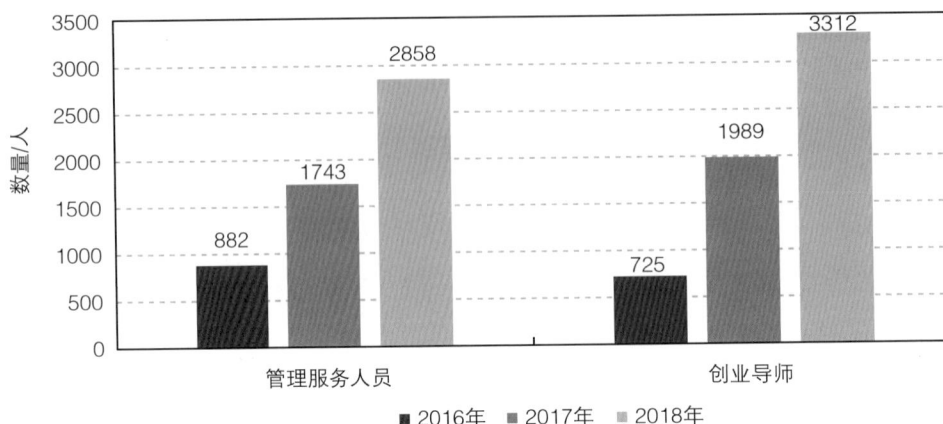

图 5-59 广西壮族自治区创业孵化机构服务人员情况

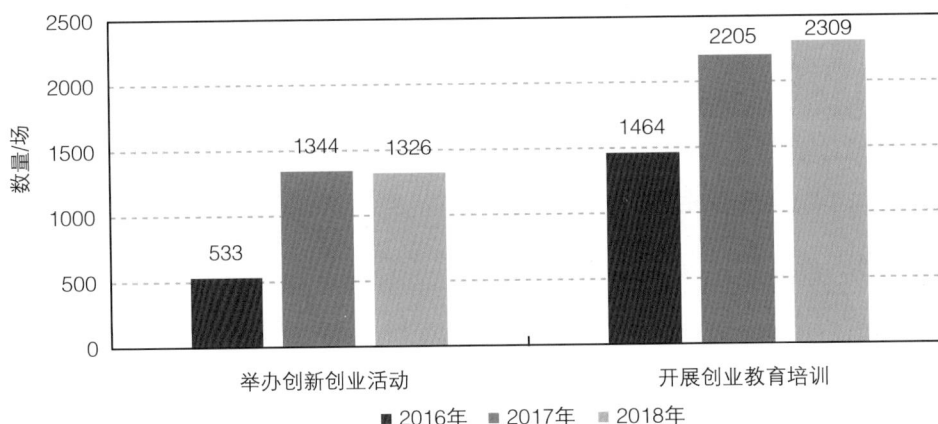

图 5-60 广西壮族自治区创业孵化机构创业辅导情况

二十一、海南省创业孵化发展情况

（一）总体情况

2018 年，海南省共有创业孵化机构 32 家，较 2017 年增加了 19 家。其中，孵化器 6 家，较 2017 年增加了 1 家，国家级孵化器 1 家，占比为 16.7%；众创空间 26 家，较 2017 年增加了 18 家，在国家备案的众创空间 6 家，占比为 23.08%。

2018 年，海南省创业孵化机构面积达 0.16 百万平方米，较 2017 年减少了 15.8%。其中，孵化器面积 0.10 百万平方米，较 2017 年减少了 37.5%；众创空间面积 0.06 百万平方米，是 2017 年的 2 倍（表 5-121）。

表 5-121 海南省创业孵化机构数量及面积

分类	2016 年	2017 年	2018 年
创业孵化机构数量/家	11	13	32
孵化器数量	4	5	6
其中：国家级孵化器	1	1	1
众创空间数量	7	8	26
其中：在国家备案的众创空间	1	6	6
创业孵化机构面积/百万平方米	0.09	0.19	0.16
孵化器面积	0.07	0.16	0.10
众创空间面积	0.02	0.03	0.06

2018 年，海南省创业孵化机构内在孵企业数量达 2243 家，较 2017 年增长了 65.0%。其中，孵化器当年在孵企业数量 1335 家，较 2017 年增长了 35.1%；众创空间当年在孵企业数量 908 家，是 2017 年的 2 倍多。

2018 年，海南省创业孵化机构内当年上市（挂牌）企业总数为 6 家，较 2017 年减少了 18 家。其中，孵化器内当年上市（挂牌）的企业有 5 家，众创空间内当年上市（挂牌）的企业有 1 家（表 5-122）。

表 5-122 海南省创业孵化机构在孵企业情况

单位：家

年份	在孵企业数量			当年上市（挂牌）企业数量		
	总数	孵化器	众创空间	总数	孵化器	众创空间
2016	631	414	217	19	3	16
2017	1359	988	371	24	5	19
2018	2243	1335	908	6	5	1

（二）绩效情况

1. 投融资情况

2018 年，海南省创业孵化机构内当年获得投融资的企业数量为 72 家，较 2017 年减少近一半；当年获得投资额达 0.97 亿元，较 2017 年减少 3.15 亿元（表 5-123）。

表 5 - 123　海南省创业孵化机构内获得投融资情况

获得投融资情况	2016 年	2017 年	2018 年
当年获得投融资的企业数量/家	54	133	72
其中：孵化器	11	22	13
众创空间	43	111	59
当年获得投资额/亿元	1.28	4.12	0.97
其中：孵化器	0.57	3.71	0.60
众创空间	0.71	0.41	0.37

2. 知识产权情况

截至 2018 年年底，海南省创业孵化机构内在孵企业拥有有效知识产权数达 2363 件，是 2017 年的近 2 倍，增长率达 94.8%。其中，众创空间内在孵企业拥有有效知识产权数达 1261 件，是 2017 年的 8.1 倍。拥有有效发明专利数为 289 件，比 2017 年多 21 件（表 5 - 124）。

表 5 - 124　海南省创业孵化机构知识产权情况　　　　　　　　单位：件

知识产权情况	2016 年	2017 年	2018 年
拥有有效知识产权数	648	1213	2363
其中：孵化器	576	1058	1102
众创空间	72	155	1261
拥有有效发明专利数	73	268	289
其中：孵化器	48	228	137
众创空间	25	40	152

3. 吸纳就业情况

2018 年，海南省创业孵化机构内在孵企业共吸纳就业 13 896 人，较 2017 年增长了 24.4%。其中，在孵化器和众创空间中应届毕业大学生创业就业共 1259 人，较 2017 年增加了 28.9%（表 5 - 125）。

表 5 - 125　海南省创业孵化机构吸纳就业情况　　　　　　　　单位：人

年份	在孵企业吸纳就业情况			其中：应届毕业大学生创业就业		
	总数	孵化器	众创空间	总数	孵化器	众创空间
2016	6718	5694	1024	923	591	332
2017	11 170	10 248	922	977	783	194
2018	13 896	8646	5250	1259	414	845

（三）自身建设情况

1. 收入和运营成本情况

2018年，海南省创业孵化机构总收入0.61亿元，较2017年增长了17.3%。其中，其他收入最多，占比达50%；其次是综合服务收入，占比为33%。

2018年，海南省创业孵化机构总成本0.82亿元，是2017年2.1倍。其中，管理费用占比最高，达32%；其次是场地费用和人员费用，占比均为25%（表5-126和图5-61）。

表5-126 海南省创业孵化机构收入和运营成本情况 单位：亿元

年份	收入			运营成本		
	总收入	孵化器	众创空间	总成本	孵化器	众创空间
2016	0.17	0.10	0.07	0.47	0.16	0.31
2017	0.52	0.23	0.29	0.40	0.24	0.16
2018	0.61	0.17	0.44	0.82	0.30	0.52

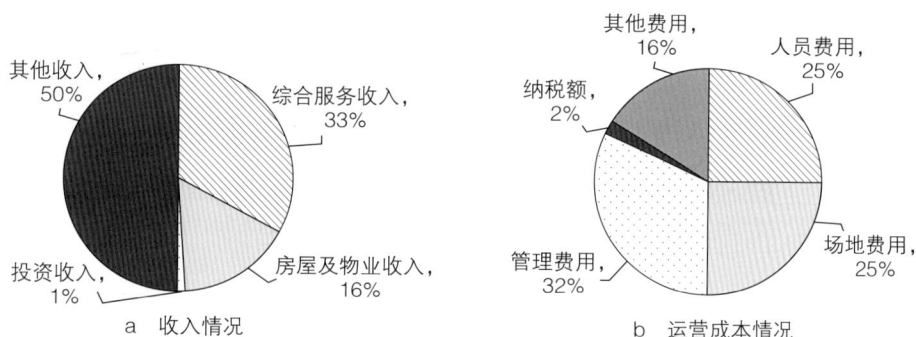

a 收入情况　　　　　b 运营成本情况

图5-61 海南省创业孵化机构收入和运营成本情况

2018年，海南省创业孵化机构纳税额达0.02亿元，较2017年增长了17.2%。其中，孵化器纳税额0.02亿元。

2. 服务人员情况

2018年，海南省创业孵化机构共有管理服务人员594人，较2017年增长了106.3%。

2018年，海南省创业孵化机构共有创业导师690人，较2017年增长了113.0%（图5-62）。

3. 创业辅导情况

2018年，海南省创业孵化机构共举办创新创业活动708场，是2017年的2.5倍；共开展创业教育培训634场，较2017年减少了20.1%（图5-63）。

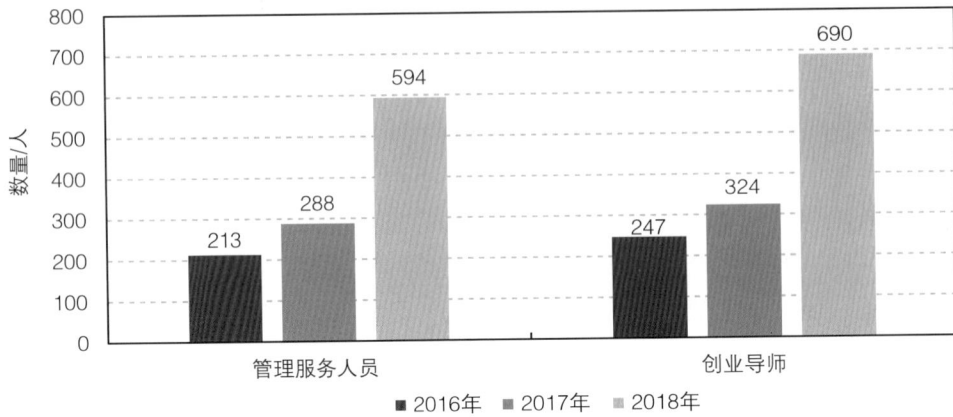

图 5 - 62　海南省创业孵化机构服务人员情况

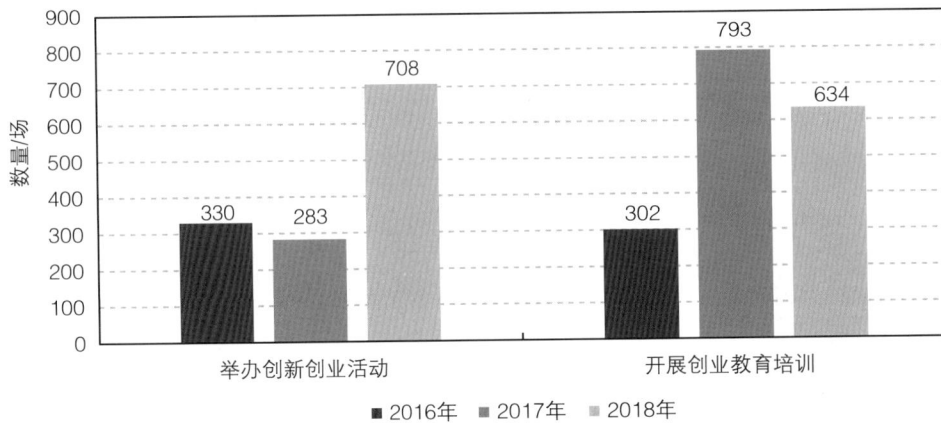

图 5 - 63　海南省创业孵化机构创业辅导情况

二十二、重庆市创业孵化发展情况

（一）总体情况

2018 年，重庆市共有创业孵化机构 280 家，较 2017 年增加了 1 家。其中，孵化器 65 家，较 2017 年减少了 16 家，国家级孵化器 16 家，占比为 24.6%；众创空间 215 家，较 2017 年减少了 15 家，在国家备案的众创空间 42 家，占比为 19.5%。

2018 年，重庆市创业孵化机构面积达 1.84 百万平方米，较 2017 年增加了 11.5%。其中，孵化器面积 0.91 百万平方米，较 2017 年增加了 13.8%；众创空间面积 0.93 百万平方米，较 2017 年增加了 9.4%（表 5 - 127）。

表 5 – 127　重庆市创业孵化机构数量及面积

分类	2016 年	2017 年	2018 年
创业孵化机构数量/家	308	279	280
孵化器数量	51	49	65
其中：国家级孵化器	14	16	16
众创空间数量	257	230	215
其中：在国家备案的众创空间	32	43	42
创业孵化机构面积/百万平方米	1.97	1.65	1.84
孵化器面积	0.80	0.80	0.91
众创空间面积	1.17	0.85	0.93

2018 年，重庆市创业孵化机构内在孵企业数量达 7336 家，较 2017 年减少了 8.6%。其中，孵化器当年在孵企业数量 2585 家，较 2017 年增加了 24.2%；众创空间当年在孵企业数量 4751 家，较 2017 年减少了 1192 家。

2018 年，重庆市创业孵化机构内当年上市（挂牌）企业总数为 19 家，较 2017 年减少了 10 家。其中，孵化器内当年上市（挂牌）的企业有 11 家，众创空间内当年上市（挂牌）的企业有 8 家（表 5 – 128）。

表 5 – 128　重庆市创业孵化机构在孵企业情况　　　　　　　　　　　　单位：家

年份	在孵企业数量			当年上市（挂牌）企业数量		
	总数	孵化器	众创空间	总数	孵化器	众创空间
2016	7004	1834	5170	52	5	47
2017	8024	2081	5943	29	12	17
2018	7336	2585	4751	19	11	8

（二）绩效情况

1. 投融资情况

2018 年，重庆市创业孵化机构内当年获得投融资的企业数量为 1075 家，较 2017 年增长了 17.2%；当年获得投资额达 15.37 亿元，较 2017 年增加了 39.0%（表 5 – 129）。

表 5 - 129　重庆市创业孵化机构内获得投融资情况

获得投融资情况	2016 年	2017 年	2018 年
当年获得投融资的企业数量/家	788	917	1075
其中：孵化器	130	95	103
众创空间	658	822	972
当年获得投资额/亿元	20.08	11.06	15.37
其中：孵化器	2.68	2.47	1.87
众创空间	17.40	8.59	13.50

2. 知识产权情况

截至 2018 年年底，重庆市创业孵化机构内在孵企业拥有有效知识产权数达 13 034 件，较 2017 年增长了 4040 件，增长率达 44.9%。其中，众创空间内在孵企业拥有有效知识产权数达 6854 件，是 2017 年的 1.2 倍。拥有有效发明专利数为 2024 件，比 2017 年少 329 件，增长率为 - 14.0%（表 5 - 130）。

表 5 - 130　重庆市创业孵化机构知识产权情况　　　　　　　　　单位：件

知识产权情况	2016 年	2017 年	2018 年
拥有有效知识产权数	6646	8994	13 034
其中：孵化器	2606	3129	6180
众创空间	4040	5865	6854
拥有有效发明专利数	1702	2353	2024
其中：孵化器	535	849	696
众创空间	1167	1504	1328

3. 吸纳就业情况

2018 年，重庆市创业孵化机构内在孵企业共吸纳就业 69 284 人，较 2017 年减少了 5.9%。其中，在孵化器和众创空间中应届毕业大学生创业就业共 8907 人，较 2017 年减少了 50.0%（表 5 - 131）。

表 5 - 131　重庆市创业孵化机构吸纳就业情况　　　　　　　　　单位：人

年份	在孵企业吸纳就业情况			其中：应届毕业大学生创业就业		
	总数	孵化器	众创空间	总数	孵化器	众创空间
2016	56 578	26 485	30 093	12 638	2864	9774
2017	73 636	29 143	44 493	17 825	3700	14 125
2018	69 284	33 487	35 797	8907	3875	5032

（三）自身建设情况

1. 收入和运营成本情况

2018 年，重庆市创业孵化机构总收入 7.01 亿元，较 2017 年减少了 9.7%。其中，综合服务收入最多，占比达 45%；其次是其他收入，占比为 26%。

2018 年，重庆市创业孵化机构总成本 6.98 亿元，较 2017 年增长了 4.0%。其中，场地费用占比最高，达 31%；其次是人员费用，占比为 29%（表 5 - 132 和图 5 - 64）。

表 5 - 132　重庆市创业孵化机构收入和运营成本情况　　　　　　　　单位：亿元

年份	收入			运营成本		
	总收入	孵化器	众创空间	总成本	孵化器	众创空间
2016	7.50	2.27	5.23	6.89	2.02	4.87
2017	7.76	1.60	6.16	6.71	1.51	5.20
2018	7.01	2.64	4.37	6.98	2.51	4.47

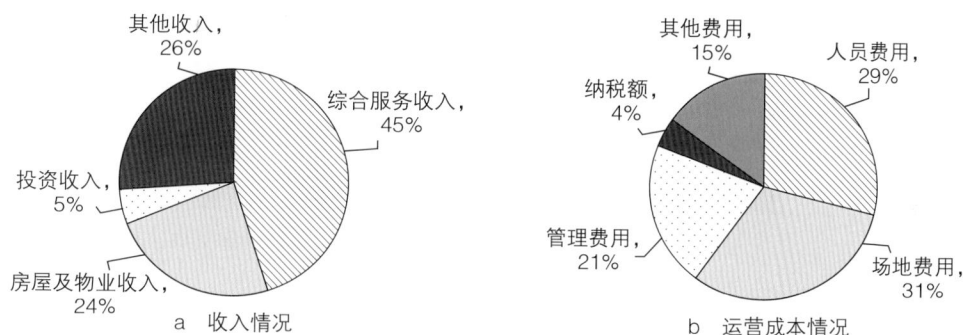

图 5 - 64　重庆市创业孵化机构收入和运营成本情况

2018 年，重庆市创业孵化机构纳税额达 0.31 亿元，较 2017 年减少了 17.7%。其中，孵化器纳税额 0.14 亿元，众创空间纳税额 0.17 亿元。

2. 服务人员情况

2018 年，重庆市创业孵化机构共有管理服务人员 10 839 人，较 2017 年增长了 188.5%。

2018 年，重庆市创业孵化机构共有创业导师 7014 人，较 2017 年增长了 9.1%（图 5 - 65）。

3. 创业辅导情况

2018 年，重庆市创业孵化机构共举办创新创业活动 3639 场，较 2017 年减少了 28.0%；共开展创业教育培训 4823 场，较 2017 年减少了 4.5%（图 5 - 66）。

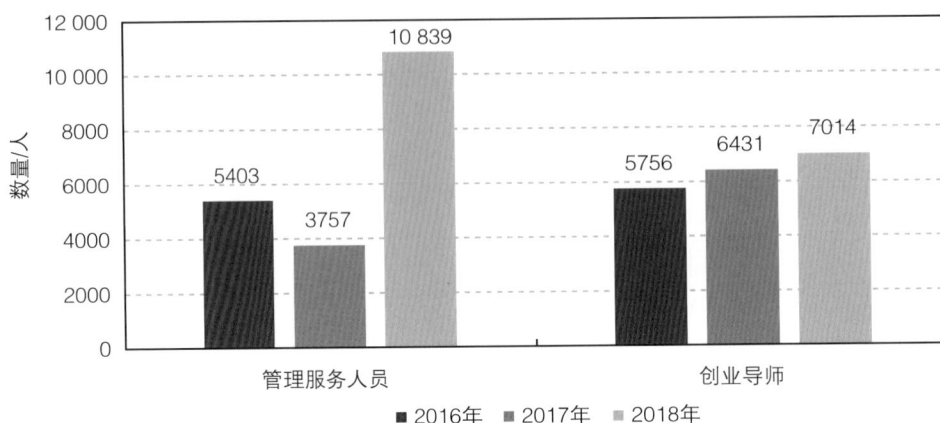

图 5 –65　重庆市创业孵化机构服务人员情况

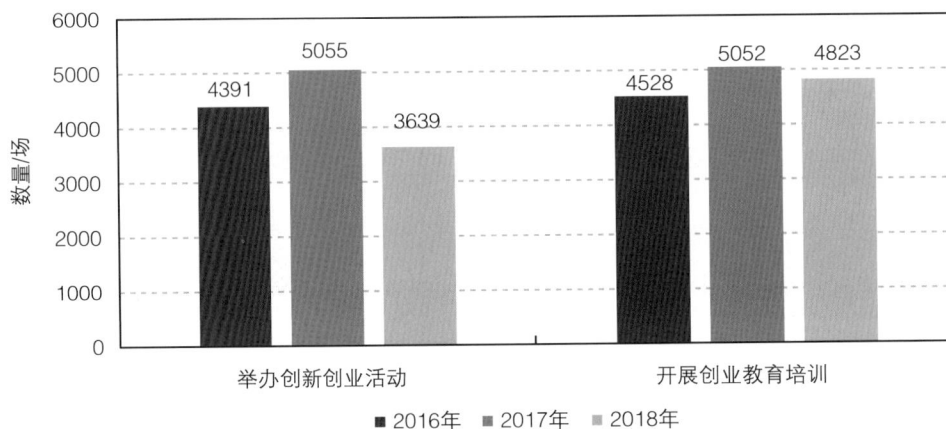

图 5 –66　重庆市创业孵化机构创业辅导情况

二十三、四川省创业孵化发展情况

（一）总体情况

2018 年，四川省共有创业孵化机构 303 家，较 2017 年增加了 14.3%。其中，孵化器 147 家，较 2017 年增加了 4 家，国家级孵化器 28 家，占比为 19.0%；众创空间 156 家，较 2017 年增加了 34 家，在国家备案的众创空间 63 家，占比为 40.4%。

2018 年，四川省创业孵化机构面积达 4.24 百万平方米，较 2017 年减少了 2.8%。其中，孵化器面积 3.44 百万平方米，较 2017 年减少了 6.8%；众创空间面积 0.80 百万平方米，较 2017 年增加了 19.4%（表 5 –133）。

表 5-133   四川省创业孵化机构数量及面积

分类	2016 年	2017 年	2018 年
创业孵化机构数量/家	211	265	303
孵化器数量	108	143	147
其中：国家级孵化器	26	29	28
众创空间数量	103	122	156
其中：在国家备案的众创空间	54	64	63
创业孵化机构面积/百万平方米	3.81	4.36	4.24
孵化器面积	3.27	3.69	3.44
众创空间面积	0.54	0.67	0.80

2018 年，四川省创业孵化机构内在孵企业数量达 11 104 家，较 2017 年减少了 3.8%。其中，孵化器当年在孵企业数量 7590 家，较 2017 年增加了 8.9%；众创空间当年在孵企业数量 3514 家，较 2017 年减少了 1054 家。

2018 年，四川省创业孵化机构内当年上市（挂牌）企业总数为 127 家，较 2017 年增加了 120 家。其中，孵化器内当年上市（挂牌）的企业有 86 家，众创空间内当年上市（挂牌）的企业有 41 家（表 5-134）。

表 5-134   四川省创业孵化机构在孵企业情况   单位：家

年份	在孵企业数量			当年上市（挂牌）企业数量		
	总数	孵化器	众创空间	总数	孵化器	众创空间
2016	9743	5423	4320	110	24	86
2017	11 538	6970	4568	247	122	125
2018	11 104	7590	3514	127	86	41

（二）绩效情况

1. 投融资情况

2018 年，四川省创业孵化机构内当年获得投融资的企业数量为 685 家，较 2017 年增长了 21.9%；当年获得投资额达 23.34 亿元，较 2017 年减少了 15.9%（表 5-135）。

表 5 - 135　四川省创业孵化机构内获得投融资情况

获得投融资情况	2016 年	2017 年	2018 年
当年获得投融资的企业数量/家	499	562	685
其中：孵化器	224	257	371
众创空间	275	305	314
当年获得投资额/亿元	17. 82	27. 75	23. 34
其中：孵化器	10. 29	11. 73	14. 36
众创空间	7. 53	16. 02	8. 98

2. 知识产权情况

截至 2018 年年底，四川省创业孵化机构内在孵企业拥有有效知识产权数达 18 961 件，较 2017 年增长了 7120 件，增长率达 60.1%。其中，众创空间内在孵企业拥有有效知识产权数达 5444 件，比 2017 年增加了 1.3 倍。拥有有效发明专利数为 4413 件，比 2017 年多 2000 余件，增长率达 102.0%（表 5 - 136）。

表 5 - 136　四川省创业孵化机构知识产权情况　　　　　　　　　　单位：件

知识产权情况	2016 年	2017 年	2018 年
拥有有效知识产权数	11 622	11 841	18 961
其中：孵化器	6863	9485	13 517
众创空间	4759	2356	5444
拥有有效发明专利数	1658	2185	4413
其中：孵化器	1202	1649	2544
众创空间	456	536	1869

3. 吸纳就业情况

2018 年，四川省创业孵化机构内在孵企业共吸纳就业 131 748 人，较 2017 年增长了 6.9%。其中，在孵化器和众创空间中应届毕业大学生创业就业共 12 929 人，较 2017 年减少了 35.7%（表 5 - 137）。

表 5 - 137　四川省创业孵化机构吸纳就业情况　　　　　　　　　　单位：人

年份	在孵企业吸纳就业情况			其中：应届毕业大学生创业就业		
	总数	孵化器	众创空间	总数	孵化器	众创空间
2016	101 684	78 789	22 895	15 318	7724	7594
2017	123 287	94 183	29 104	20 118	9903	10 215
2018	131 748	100 874	30 874	12 929	8414	4515

（三）自身建设情况

1. 收入和运营成本情况

2018 年，四川省创业孵化机构总收入 16.96 亿元，较 2017 年增长了 37.4%。其中，其他收入最多，占比达 46%；其次是综合服务收入，占比为 28%。

2018 年，四川省创业孵化机构总成本 15.26 亿元，较 2017 年增长了 11.8%。其中，其他费用占比最高，达 35%；其次是场地费用，占比为 22%（表 5 - 138 和图 5 - 67）。

表 5 - 138　四川省创业孵化机构收入和运营成本情况　　　　　　　　　单位：亿元

年份	收入			运营成本		
	总收入	孵化器	众创空间	总成本	孵化器	众创空间
2016	11.13	8.73	2.40	10.54	8.53	2.01
2017	12.34	9.56	2.78	13.65	10.90	2.75
2018	16.96	13.03	3.93	15.26	11.65	3.61

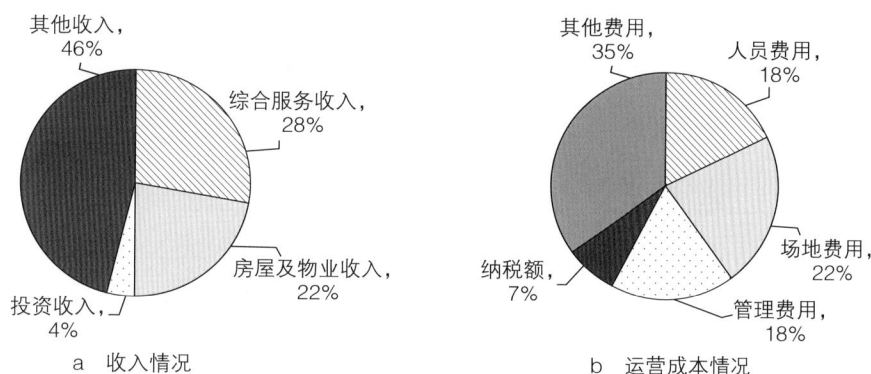

图 5 - 67　四川省创业孵化机构收入和运营成本情况

2018 年，四川省创业孵化机构纳税额达 1.11 亿元，较 2017 年增长了 23.9%。其中，孵化器纳税额 0.92 亿元，众创空间纳税额 0.19 亿元。

2. 服务人员情况

2018 年，四川省创业孵化机构共有管理服务人员 3947 人，较 2017 年增长了 8.8%。

2018 年，四川省创业孵化机构共有创业导师 7244 人，较 2017 年增长了 16.3%（图 5 - 68）。

3. 创业辅导情况

2018 年，四川省创业孵化机构共举办创新创业活动 5252 场，较 2017 年增长了 7.2%；共开展创业教育培训 6622 场，较 2017 年减少了 2.8%（图 5 - 69）。

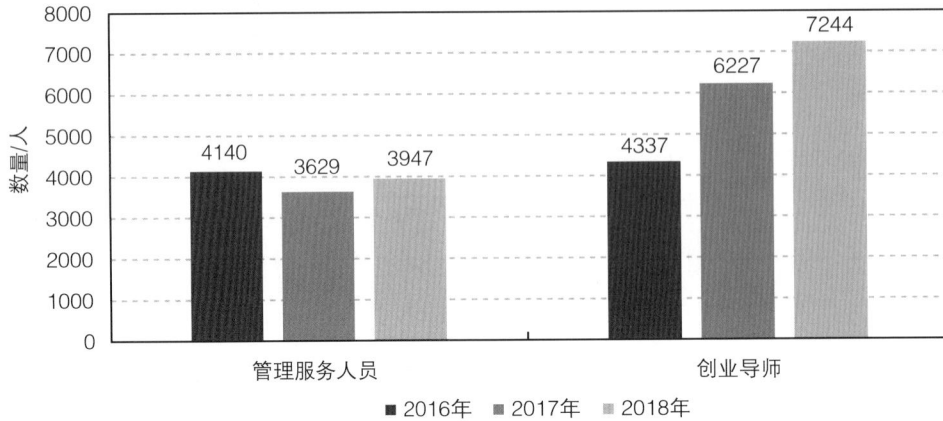

图 5-68　四川省创业孵化机构服务人员情况

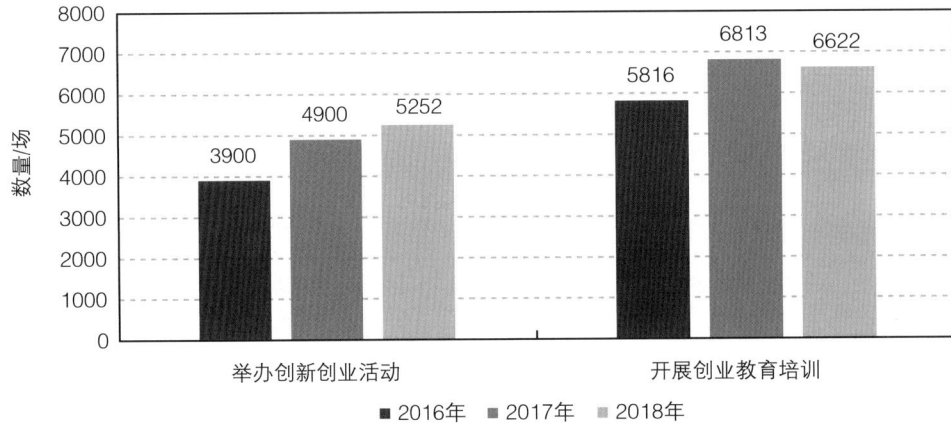

图 5-69　四川省创业孵化机构创业辅导情况

二十四、贵州省创业孵化发展情况

（一）总体情况

2018 年，贵州省共有创业孵化机构 109 家，较 2017 年增加了 18.5%。其中，孵化器 31 家，较 2017 年增加了 2 家，国家级孵化器 6 家，占比为 19.4%；众创空间 78 家，较 2017 年增加了 15 家，在国家备案的众创空间 25 家，占比为 32.1%。

2018 年，贵州省创业孵化机构面积达 4.06 百万平方米，较 2017 年增加了 4.9%。其中，孵化器面积 3.72 百万平方米，较 2017 年增加了 4.5%；众创空间面积 0.34 百万平方米，较 2017 年增加了 9.7%（表 5-139）。

表 5 – 139　贵州省创业孵化机构数量及面积

分类	2016 年	2017 年	2018 年
创业孵化机构数量/家	68	92	109
孵化器数量	28	29	31
其中：国家级孵化器	4	6	6
众创空间数量	40	63	78
其中：在国家备案的众创空间	20	24	25
创业孵化机构面积/百万平方米	4.20	3.87	4.06
孵化器面积	3.98	3.56	3.72
众创空间面积	0.22	0.31	0.34

2018 年，贵州省创业孵化机构内在孵企业数量达 2572 家，较 2017 年增长 9.3%。其中，孵化器当年在孵企业数量 1047 家，较 2017 年减少了 6.9%；众创空间当年在孵企业数量 1525 家，较 2017 年增加了 295 家。

2018 年，贵州省创业孵化机构内当年上市（挂牌）企业总数为 1 家，较 2017 年减少了 2 家。其中，孵化器内当年上市（挂牌）的企业有 0 家，众创空间内当年上市（挂牌）的企业有 1 家（表 5 – 140）。

表 5 – 140　贵州省创业孵化机构在孵企业情况　　　　　　　　　　　　　单位：家

年份	在孵企业数量			当年上市（挂牌）企业数量		
	总数	孵化器	众创空间	总数	孵化器	众创空间
2016	1682	905	777	6	4	2
2017	2354	1124	1230	3	1	2
2018	2572	1047	1525	1	0	1

（二）绩效情况

1. 投融资情况

2018 年，贵州省创业孵化机构内当年获得投融资的企业数量为 199 家，较 2017 年增长了 18.5%；当年获得投资额达 2.38 亿元，较 2017 年减少了 16.2%（表 5 – 141）。

表 5 – 141　贵州省创业孵化机构内获得投融资情况

获得投融资情况	2016 年	2017 年	2018 年
当年获得投融资的企业数量/家	106	168	199
其中：孵化器	24	27	48
众创空间	82	141	151
当年获得投资额/亿元	1.28	2.84	2.38
其中：孵化器	0.55	1.41	1.09
众创空间	0.73	1.43	1.29

2. 知识产权情况

截至 2018 年年底，贵州省创业孵化机构内在孵企业拥有有效知识产权数达 3460 件，较 2017 年增长了 312 件，增长率为 9.9%。其中，众创空间内在孵企业拥有有效知识产权数达 945 件，较 2017 年减少了 17.6%。拥有有效发明专利数为 517 件，比 2017 年少 200 余件，增长率为 – 35.1%（表 5 – 142）。

表 5 – 142　贵州省创业孵化机构知识产权情况　　　　　　　　　　　单位：件

知识产权情况	2016 年	2017 年	2018 年
拥有有效知识产权数	1587	3148	3460
其中：孵化器	1089	2001	2515
众创空间	498	1147	945
拥有有效发明专利数	433	796	517
其中：孵化器	266	468	392
众创空间	167	328	125

3. 吸纳就业情况

2018 年，贵州省创业孵化机构内在孵企业共吸纳就业 39 664 人，较 2017 年增长了 4.1%。其中，在孵化器和众创空间中应届毕业大学生创业就业共 3524 人，较 2017 年减少了 41.2%（表 5 – 143）。

表 5 – 143　贵州省创业孵化机构吸纳就业情况　　　　　　　　　　　单位：人

年份	在孵企业吸纳就业情况			其中：应届毕业大学生创业就业		
	总数	孵化器	众创空间	总数	孵化器	众创空间
2016	28 207	21 212	6995	3794	1696	2098
2017	38 094	25 709	12 385	5998	2160	3838
2018	39 664	28 198	11 466	3524	1994	1530

（三）自身建设情况

1. 收入和运营成本情况

2018 年，贵州省创业孵化机构总收入 13.55 亿元，较 2017 年减少了 6.2%。其中，综合服务收入最多，占比达 46%；其次是投资收入，占比为 24%。

2018 年，贵州省创业孵化机构总成本 2.90 亿元，较 2017 年增加了 28.9%。其中，人员费用占比最高，达 34%；其次是管理费用，占比为 33%（表 5-144 和图 5-70）。

表 5-144　贵州省创业孵化机构收入和运营成本情况　　　　　　　　　　单位：亿元

年份	收入			运营成本		
	总收入	孵化器	众创空间	总成本	孵化器	众创空间
2016	13.55	12.99	0.56	43.05	42.47	0.58
2017	14.44	12.89	1.55	2.25	0.88	1.37
2018	13.55	11.69	1.86	2.90	1.21	1.69

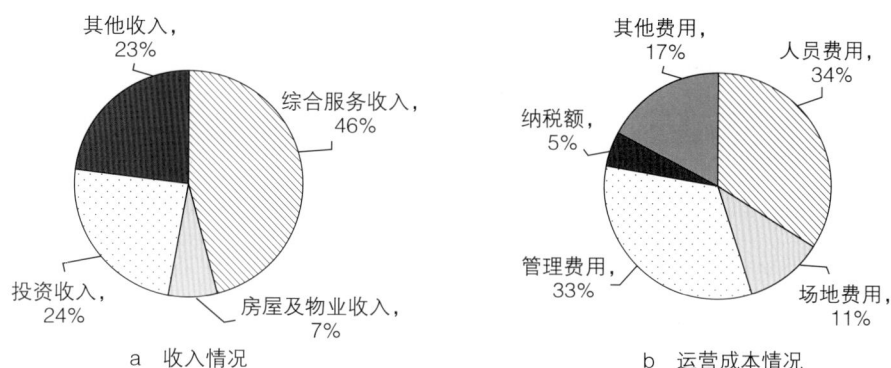

a　收入情况　　　　　　　　　　b　运营成本情况

图 5-70　贵州省创业孵化机构收入和运营成本情况

2018 年，贵州省创业孵化机构纳税额达 0.14 亿元，较 2017 年增加了 40.0%。其中，孵化器纳税额 0.08 亿元，众创空间纳税额 0.06 亿元。

2. 服务人员情况

2018 年，贵州省创业孵化机构共有管理服务人员 3134 人，较 2017 年增长了 22.7%。

2018 年，贵州省创业孵化机构共有创业导师 1464 人，较 2017 年增长了 9.5%（图 5-71）。

3. 创业辅导情况

2018 年，贵州省创业孵化机构共举办创新创业活动 1179 场，较 2017 年减少了 16.6%；共开展创业教育培训 1587 场，较 2017 年减少了 13.1%（图 5-72）。

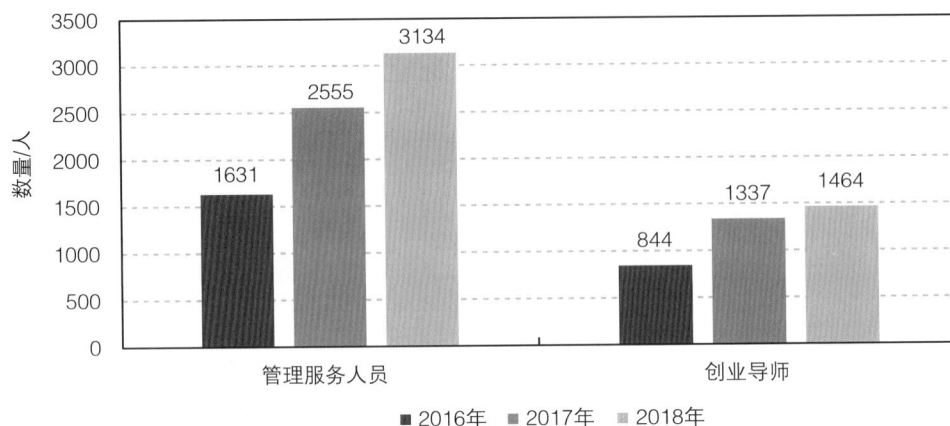

图 5-71　贵州省创业孵化机构服务人员情况

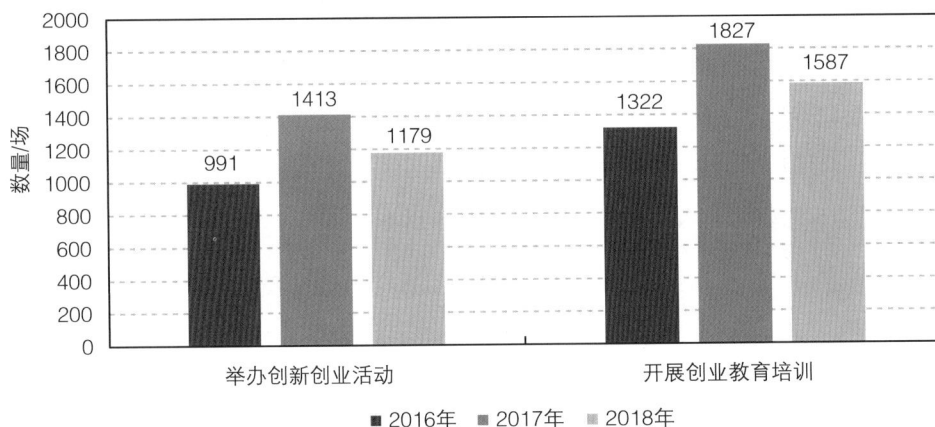

图 5-72　贵州省创业孵化机构创业辅导情况

二十五、云南省创业孵化发展情况

(一) 总体情况

2018 年，云南省共有创业孵化机构 165 家，较 2017 年增加了 13.8%。其中，孵化器 33 家，较 2017 年增加了 1 家，国家级孵化器 11 家，占比为 33.3%；众创空间 132 家，较 2017 年增加了 19 家，在国家备案的众创空间 35 家，占比为 26.5%。

2018 年，云南省创业孵化机构面积达 3.02 百万平方米，较 2017 年增加了 94.8%。其中，孵化器面积 0.67 百万平方米，较 2017 年减少了 14.1%；众创空间面积 2.35 百万平方米，较 2017 年增加了 205.2%（表 5-145）。

表 5 - 145　云南省创业孵化机构数量及面积

分类	2016 年	2017 年	2018 年
创业孵化机构数量/家	78	145	165
孵化器数量	20	32	33
其中：国家级孵化器	11	12	11
众创空间数量	58	113	132
其中：在国家备案的众创空间	27	36	35
创业孵化机构面积/百万平方米	0.95	1.55	3.02
孵化器面积	0.61	0.78	0.67
众创空间面积	0.34	0.77	2.35

2018 年，云南省创业孵化机构内在孵企业数量达 4635 家，较 2017 年增长了 3.2%。其中，孵化器当年在孵企业数量 2073 家，较 2017 年增加了 9.5%；众创空间当年在孵企业数量 2562 家，较 2017 年减少了 36 家。

2018 年，云南省创业孵化机构内当年上市（挂牌）企业总数为 2 家，较 2017 年减少了 1 家。其中，孵化器内当年上市（挂牌）的企业有 1 家，众创空间内当年上市（挂牌）的企业有 1 家（表 5 - 146）。

表 5 - 146　云南省创业孵化机构在孵企业情况　　　　　　　　　单位：家

年份	在孵企业数量			当年上市（挂牌）企业数量		
	总数	孵化器	众创空间	总数	孵化器	众创空间
2016	2513	1196	1317	4	2	2
2017	4491	1893	2598	3	1	2
2018	4635	2073	2562	2	1	1

（二）绩效情况

1. 投融资情况

2018 年，云南省创业孵化机构内当年获得投融资的企业数量为 272 家，较 2017 年增加了 48.6%；当年获得投资额达 2.47 亿元，较 2017 年增加了 19.9%（表 5 - 147）。

表 5-147　云南省创业孵化机构内获得投融资情况

获得投融资情况	2016 年	2017 年	2018 年
当年获得投融资的企业数量/家	201	183	272
其中：孵化器	28	14	26
众创空间	173	169	246
当年获得投资额/亿元	2.47	2.06	2.47
其中：孵化器	0.41	0.28	0.22
众创空间	2.06	1.78	2.25

2. 知识产权情况

截至 2018 年年底，云南省创业孵化机构内在孵企业拥有有效知识产权数达 7268 件，较 2017 年增长了 3000 余件，增长率达 93.0%。其中，众创空间内在孵企业拥有有效知识产权数达 3573 件，是 2017 年的 2.0 倍。拥有有效发明专利数为 755 件，比 2017 年多近 200 件，增长率达 32.7%（表 5-148）。

表 5-148　云南省创业孵化机构知识产权情况　　　　　　　　　单位：件

知识产权情况	2016 年	2017 年	2018 年
拥有有效知识产权数	2444	3765	7268
其中：孵化器	1384	1963	3695
众创空间	1060	1802	3573
拥有有效发明专利数	372	569	755
其中：孵化器	221	247	343
众创空间	151	322	412

3. 吸纳就业情况

2018 年，云南省创业孵化机构内在孵企业共吸纳就业 44 510 人，较 2017 年增长了 11.7%。其中，在孵化器和众创空间中应届毕业大学生创业就业共 6390 人，较 2017 年增长了 8.1%（表 5-149）。

表 5-149　云南省创业孵化机构吸纳就业情况　　　　　　　　　单位：人

年份	在孵企业吸纳就业情况			其中：应届毕业大学生创业就业		
	总数	孵化器	众创空间	总数	孵化器	众创空间
2016	19 797	15 662	4135	3269	1743	1526
2017	39 836	22 382	17 454	5911	2236	3675
2018	44 510	22 958	21 552	6390	2744	3646

(三) 自身建设情况

1. 收入和运营成本情况

2018年，云南省创业孵化机构总收入4.01亿元，较2017年增长了32.8%。其中，其他收入最多，占比达39%；其次是综合服务收入，占比为33%。

2018年，云南省创业孵化机构总成本4.32亿元，较2017年增长了13.1%。其中，场地费用占比最高，达35%；其次是其他费用，占比为25%（表5-150和图5-73）。

表5-150　云南省创业孵化机构收入和运营成本情况　　　　　　　　单位：亿元

年份	收入			运营成本		
	总收入	孵化器	众创空间	总成本	孵化器	众创空间
2016	1.63	1.12	0.51	2.32	1.30	1.02
2017	3.02	1.42	1.60	3.82	1.92	1.90
2018	4.01	1.36	2.65	4.32	1.59	2.73

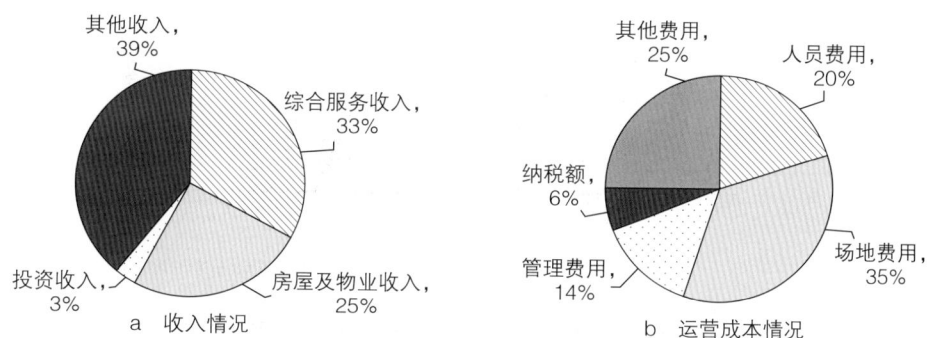

图5-73　云南省创业孵化机构收入和运营成本情况

2018年，云南省创业孵化机构纳税额达0.28亿元，较2017年增长了66.6%。其中，孵化器纳税额0.19亿元，众创空间纳税额0.09亿元。

2. 服务人员情况

2018年，云南省创业孵化机构共有管理服务人员7966人，较2017年增长了119.0%。

2018年，云南省创业孵化机构共有创业导师4501人，较2017年增长了47.4%（图5-74）。

3. 创业辅导情况

2018年，云南省创业孵化机构共举办创新创业活动2167场，较2017年减少了13.4%；共开展创业教育培训2671场，较2017年减少了44.2%（图5-75）。

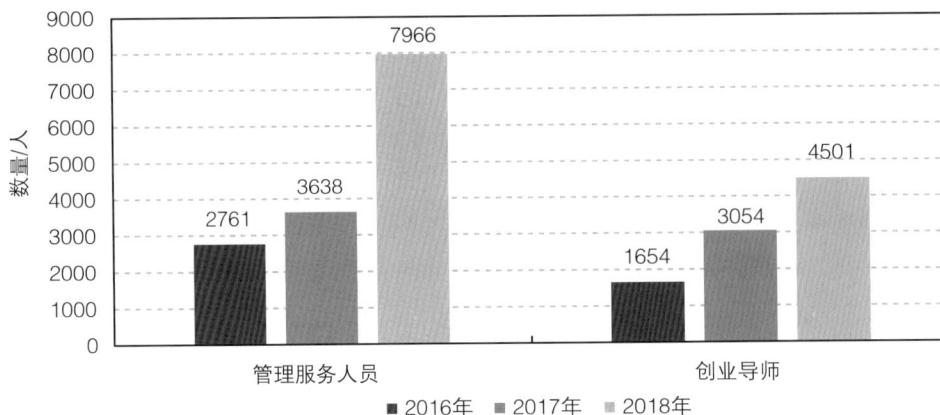

图 5－74　云南省创业孵化机构服务人员情况

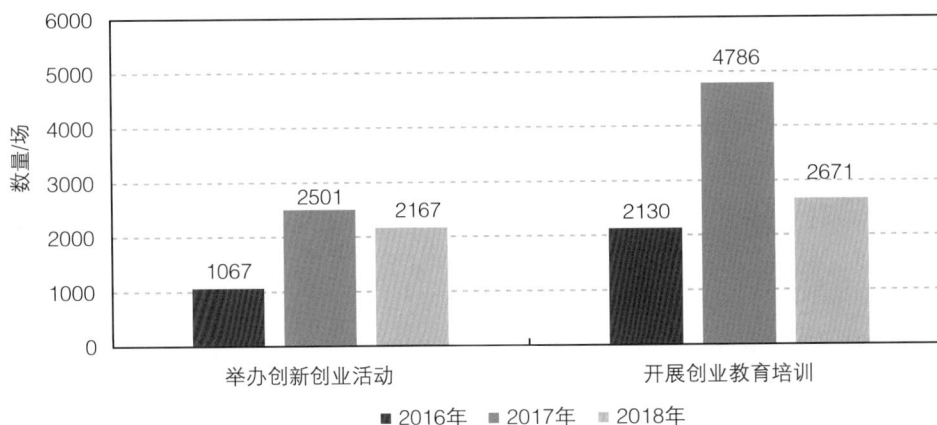

图 5－75　云南省创业孵化机构创业辅导情况

二十六、西藏自治区创业孵化发展情况

（一）总体情况

2018 年，西藏自治区共有创业孵化机构 1 家，且为国家级孵化器。创业孵化机构总面积为 0.002 百万平方米，与 2017 年持平。创业孵化机构内在孵企业数量达 13 家。其中，当年上市（挂牌）企业有 0 家。

（二）绩效情况

1. 投融资情况

2018 年，西藏自治区创业孵化机构内当年获得投融资的企业数量为 3 家；当年获得的投资总额为 0.07 亿元，实现 0 的突破。

2. 知识产权情况

截至 2018 年年底，西藏自治区创业孵化机构内在孵企业拥有有效知识产权数为 19 件，较 2017 年减少了 71 件。拥有有效发明专利数为 2 件，比 2017 年减少 5 件（表 5 – 151）。

表 5 – 151　西藏自治区创业孵化机构知识产权情况　　　　　　　　　　单位：件

知识产权情况	2016 年	2017 年	2018 年
拥有有效知识产权数	40	90	19
拥有有效发明专利数	16	7	2

3. 吸纳就业情况

2018 年，西藏自治区创业孵化机构内在孵企业共吸纳就业 3823 人。其中，在孵化器和众创空间中应届毕业大学生创业就业共 713 人。

（三）自身建设情况

1. 收入和运营成本情况

2018 年，西藏自治区创业孵化机构总收入依旧为 0。创业孵化机构总成本为 0.03 亿元，其中人员费用占比高达 30%（图 5 – 76）。

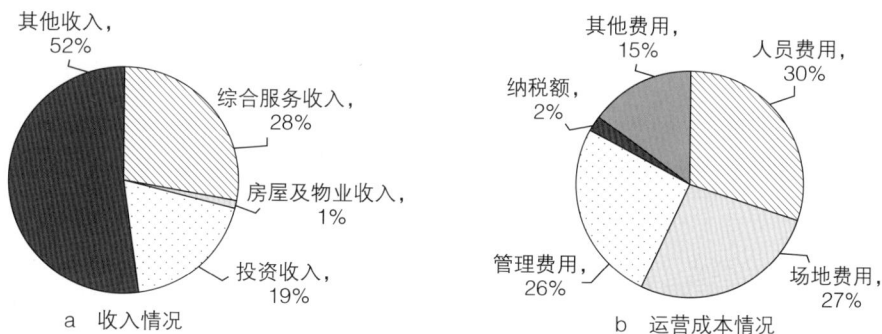

图 5 – 76　西藏自治区创业孵化机构收入和运营成本情况

2. 服务人员情况

2018 年，西藏自治区创业孵化机构共有管理服务人员 380 人，与 2017 年相比有较大变动。

2018 年，西藏自治区创业孵化机构共有创业导师 654 人，较 2017 年相比多 630 人（图 5 – 77）。

3. 创业辅导情况

2018 年，西藏自治区创业孵化机构共举办创新创业活动 240 场；共开展创业教育培训 235 场（图 5 – 78）。

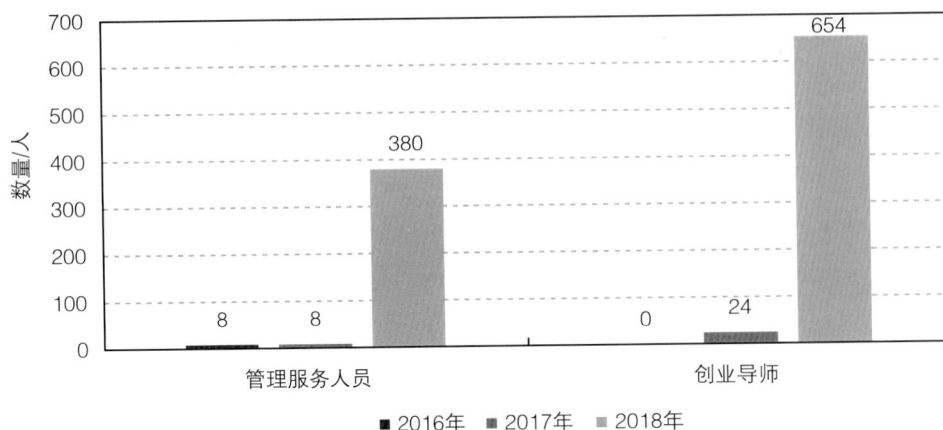

图 5-77 西藏自治区创业孵化机构服务人员情况

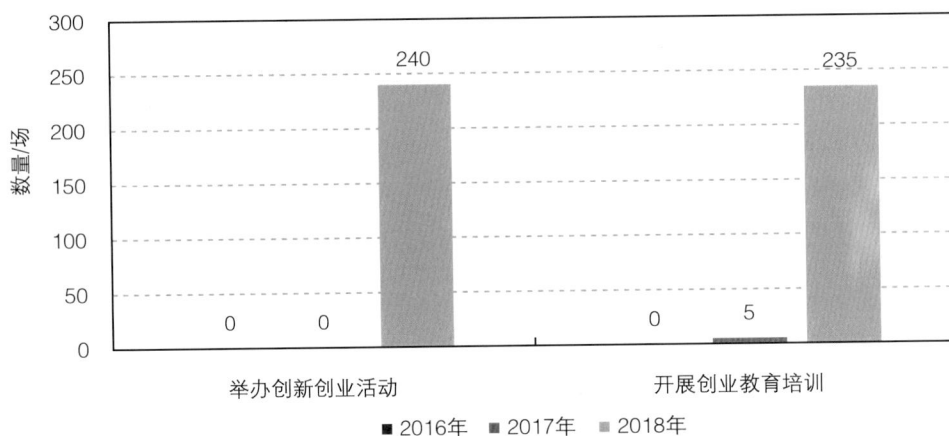

图 5-78 西藏自治区创业孵化机构创业辅导情况

二十七、陕西省创业孵化发展情况

（一）总体情况

2018 年，陕西省共有创业孵化机构 293 家，较 2017 年增加了 11.8%。其中，孵化器 69 家，较 2017 年减少了 16 家，国家级孵化器 30 家，占比为 43.5%；众创空间 224 家，较 2017 年增加了 47 家，在国家备案的众创空间 71 家，占比为 31.7%。

2018 年，陕西省创业孵化机构面积达 3.84 百万平方米，较 2017 年增加了 4.9%。其中，孵化器面积 2.49 百万平方米，较 2017 年下降了 10.4%；众创空间面积 1.35 百万平方米，较 2017 年增加了 53.4%（表 5-152）。

表 5 - 152　陕西省创业孵化机构数量及面积

分类	2016 年	2017 年	2018 年
创业孵化机构数量/家	227	262	293
孵化器数量	66	85	69
其中：国家级孵化器	27	31	30
众创空间数量	161	177	224
其中：在国家备案的众创空间	42	71	71
创业孵化机构面积/百万平方米	3.84	3.66	3.84
孵化器面积	2.84	2.78	2.49
众创空间面积	1.00	0.88	1.35

2018 年，陕西省创业孵化机构内在孵企业数量达 10 150 家，较 2017 年增长了 20.8%。其中，孵化器当年在孵企业数量 3644 家，较 2017 年减少了 11.0%；众创空间当年在孵企业数量 6506 家，较 2017 年增加了 2197 家。

2018 年，陕西省创业孵化机构内当年上市（挂牌）企业总数为 14 家，较 2017 年减少 31 家。其中，孵化器内当年上市（挂牌）的企业有 6 家，较 2017 年减少 19 家，众创空间内当年上市（挂牌）的企业有 8 家，较 2017 年减少 12 家（表 5 - 153）。

表 5 - 153　陕西省创业孵化机构在孵企业情况

单位：家

年份	在孵企业数量			当年上市（挂牌）企业数量		
	总数	孵化器	众创空间	总数	孵化器	众创空间
2016	5713	3037	2676	45	24	21
2017	8405	4096	4309	45	25	20
2018	10 150	3644	6506	14	6	8

（二）绩效情况

1. 投融资情况

2018 年，陕西省创业孵化机构内当年获得投融资的企业数量为 1042 家，较 2017 年减少了 7.6%；当年获得投资额达 42.88 亿元，较 2017 年增长了 50.4%（表 5 - 154）。

表 5-154 陕西省创业孵化机构内获得投融资情况

获得投融资情况	2016 年	2017 年	2018 年
当年获得投融资的企业数量/家	716	1128	1042
其中：孵化器	267	412	360
众创空间	449	716	682
当年获得投资额/亿元	19.26	28.52	42.88
其中：孵化器	10.84	17.42	15.09
众创空间	8.42	11.10	27.79

2. 知识产权情况

截至 2018 年年底，陕西省创业孵化机构内在孵企业拥有有效知识产权数达 16 270 件，较 2017 年增长了 44.0%。其中，众创空间内在孵企业拥有有效知识产权数达 7324 件，较 2017 年增长了 117.4%。拥有有效发明专利数为 3242 件，较 2017 年增长了 17.1%（表 5-155）。

表 5-155 陕西省创业孵化机构知识产权情况　　　　　　　　　单位：件

知识产权情况	2016 年	2017 年	2018 年
拥有有效知识产权数	8309	11 295	16 270
其中：孵化器	6575	7926	8946
众创空间	1734	3369	7324
拥有有效发明专利数	2604	2768	3242
其中：孵化器	1992	1812	1984
众创空间	612	956	1258

3. 吸纳就业情况

2018 年，陕西省创业孵化机构内在孵企业共吸纳就业 111 484 人，较 2017 年增长了 3.1%。其中，在孵化器和众创空间中应届毕业大学生创业就业共 13 190 人，较 2017 年减少了 28.0%（表 5-156）。

表 5-156 陕西省创业孵化机构吸纳就业情况　　　　　　　　　单位：人

年份	在孵企业吸纳就业情况			其中：应届毕业大学生创业就业		
	总数	孵化器	众创空间	总数	孵化器	众创空间
2016	86 510	65 107	21 403	13 766	5970	7796
2017	108 109	78 697	29 412	18 324	7992	10 332
2018	111 484	73 304	38 180	13 190	6953	6237

（三）自身建设情况

1. 收入和运营成本情况

2018 年，陕西省创业孵化机构总收入 16.55 亿元，较 2017 年增长了 26.1%。其中，综合服务收入最多，占比达 41%；其次是房屋及物业收入，占比为 29%。

2018 年，陕西省创业孵化机构总成本 12.18 亿元，较 2017 年增长了 15.1%。其中，其他费用占比最高，达 30%；其次是场地费用，占比为 23%（表 5 - 157 和图 5 - 79）。

表 5 - 157　陕西省创业孵化机构收入和运营成本情况　　　　单位：亿元

年份	收入			运营成本		
	总收入	孵化器	众创空间	总成本	孵化器	众创空间
2016	11.41	9.21	2.20	9.29	6.06	3.23
2017	13.12	9.11	4.01	10.58	6.05	4.53
2018	16.55	11.12	5.43	12.18	7.12	5.06

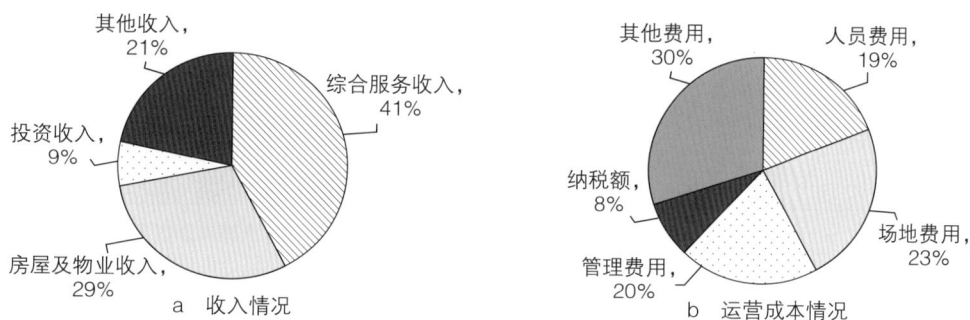

图 5 - 79　陕西省创业孵化机构收入和运营成本情况

2018 年，陕西省创业孵化机构纳税额达 0.99 亿元，较 2017 年增长了 35.3%。其中，孵化器纳税额 0.83 亿元，众创空间纳税额 0.16 亿元。

2. 服务人员情况

2018 年，陕西省创业孵化机构共有管理服务人员 4356 人。

2018 年，陕西省创业孵化机构共有创业导师 8401 人，比 2017 年多将近 2000 人，增长率达 28.8%（图 5 - 80）。

3. 创业辅导情况

2018 年，陕西省创业孵化机构共举办创新创业活动 5359 场，较 2017 年减少了 15.5%；共开展创业教育培训 6699 场，较 2017 年增长了 14.0%（图 5 - 81）。

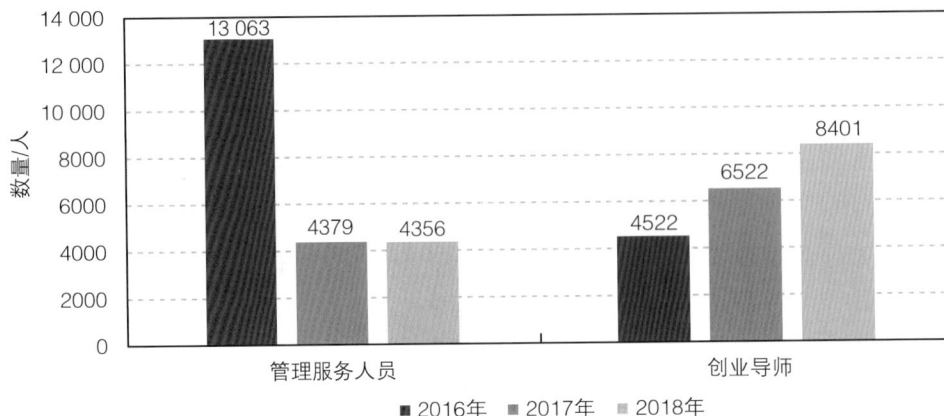

图 5 -80　陕西省创业孵化机构服务人员情况

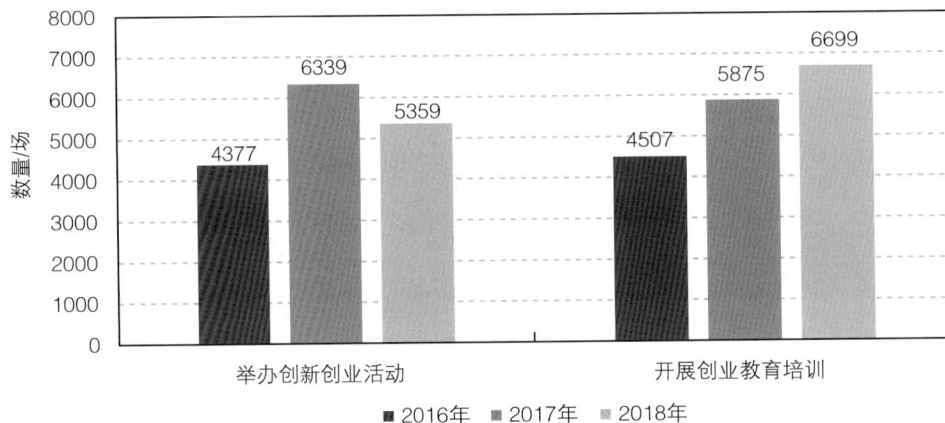

图 5 -81　陕西省创业孵化机构创业辅导情况

二十八、甘肃省创业孵化发展情况

（一）总体情况

2018 年，甘肃省共有创业孵化机构 301 家，较 2017 年增加了 13.2%。其中，孵化器 86 家，较 2017 年增加了 2 家，国家级孵化器 8 家，占比为 9.3%；众创空间 215 家，虽较 2017 年增加了 33 家，但在国家备案的众创空间减少到 29 家，占比为 13.5%。

2018 年，甘肃省创业孵化机构面积达 3.96 百万平方米，较 2017 年增加了 5.6%。其中，孵化器面积 3.07 百万平方米，较 2017 年下降了 0.97%；众创空间面积 0.89 百万平方米，较 2017 年增加了 36.9%（表 5 -158）。

表 5 – 158　甘肃省创业孵化机构数量及面积

分类	2016 年	2017 年	2018 年
创业孵化机构数量/家	281	266	301
孵化器数量	70	84	86
其中：国家级孵化器	7	8	8
众创空间数量	211	182	215
其中：在国家备案的众创空间	14	30	29
创业孵化机构面积/百万平方米	5.02	3.75	3.96
孵化器面积	3.15	3.10	3.07
众创空间面积	1.87	0.65	0.89

2018 年，甘肃省创业孵化机构内在孵企业数量达 6431 家，较 2017 年减少了 4.5%。其中，孵化器当年在孵企业数量 2820 家，较 2017 年增加了 4 家；众创空间当年在孵企业数量 3611 家，较 2017 年减少了 310 家。

2018 年，甘肃省创业孵化机构内当年上市（挂牌）企业总数为 2 家，较 2017 年减少了 6 家。其中，孵化器内当年上市（挂牌）的企业有 0 家，众创空间内当年上市（挂牌）的企业有 2 家（表 5 – 159）。

表 5 – 159　甘肃省创业孵化机构在孵企业情况　　　　　　　　单位：家

年份	在孵企业数量			当年上市（挂牌）企业数量		
	总数	孵化器	众创空间	总数	孵化器	众创空间
2016	6080	1992	4088	37	14	23
2017	6737	2816	3921	8	2	6
2018	6431	2820	3611	2	0	2

（二）绩效情况

1. 投融资情况

2018 年，甘肃省创业孵化机构内当年获得投融资的企业数量为 635 家，较 2017 年减少了 30.1%；当年获得投资额达 6.43 亿元，较 2017 年减少了 48.4%（表 5 – 160）。

表 5 - 160　甘肃省创业孵化机构内获得投融资情况

获得投融资情况	2016 年	2017 年	2018 年
当年获得投融资的企业数量/家	888	908	635
其中：孵化器	50	91	88
众创空间	838	817	547
当年获得投资额/亿元	20.73	12.45	6.43
其中：孵化器	1.54	2.18	1.72
众创空间	19.19	10.27	4.71

2. 知识产权情况

截至 2018 年年底，甘肃省创业孵化机构内在孵企业拥有有效知识产权数达 5569 件，较 2017 年增长了 98.5%。其中，孵化器内在孵企业拥有有效知识产权数达 1857 件，较 2017 年增长了 44.3%。拥有有效发明专利数为 1201 件，比 2017 年增加 402 件（表 5 - 161）。

表 5 - 161　甘肃省创业孵化机构知识产权情况　　　　　　　　　　单位：件

知识产权情况	2016 年	2017 年	2018 年
拥有有效知识产权数	2631	2806	5569
其中：孵化器	1016	1287	1857
众创空间	1615	1519	3712
拥有有效发明专利数	870	799	1201
其中：孵化器	300	373	534
众创空间	570	426	667

3. 吸纳就业情况

2018 年，甘肃省创业孵化机构内在孵企业共吸纳就业 52 926 人，较 2017 年增加了 9.5%。其中，在孵化器和众创空间中应届毕业大学生创业就业共 8064 人，较 2017 年减少了 25.1%（表 5 - 162）。

表 5 - 162　甘肃省创业孵化机构吸纳就业情况　　　　　　　　　　单位：人

年份	在孵企业吸纳就业情况			其中：应届毕业大学生创业就业		
	总数	孵化器	众创空间	总数	孵化器	众创空间
2016	48 767	27 844	20 923	12 478	5777	6701
2017	48 338	32 758	15 580	10 773	6361	4412
2018	52 926	34 407	18 519	8064	4811	3253

（三）自身建设情况

1. 收入和运营成本情况

2018 年，甘肃省创业孵化机构总收入 9.45 亿元，较 2017 年减少了 8.3%。其中，其他收入最多，占比达 40%；其次是综合服务收入，占比为 27%。

2018 年，甘肃省创业孵化机构总成本 8.28 亿元，较 2017 年减少了 22.8%。其中，场地费用占比最高，达 37%；其次是人员费用，占比为 21%（表 5-163 和图 5-82）。

表 5-163　甘肃省创业孵化机构收入和运营成本情况　　　　　　　单位：亿元

年份	收入			运营成本		
	总收入	孵化器	众创空间	总成本	孵化器	众创空间
2016	10.01	4.66	5.35	11.16	5.75	5.41
2017	10.30	6.97	3.33	10.72	7.53	3.19
2018	9.45	5.54	3.91	8.28	5.29	2.99

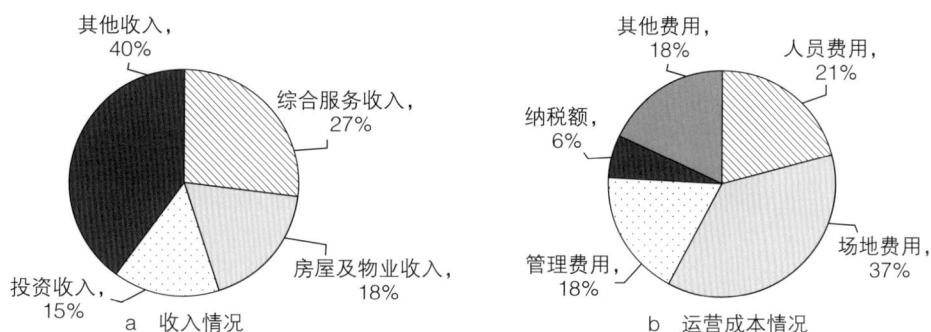

图 5-82　甘肃省创业孵化机构收入和运营成本情况

2018 年，甘肃省创业孵化机构纳税额达 0.47 亿元，较 2017 年增长了 3.4%。其中，孵化器纳税额 0.35 亿元，众创空间纳税额 0.12 亿元。

2. 服务人员情况

2018 年，甘肃省创业孵化机构共有管理服务人员 6647 人，较 2017 年增加了 7.8%。

2018 年，甘肃省创业孵化机构共有创业导师 4282 人，比 2017 年多 800 余人，增长率达 23.9%（图 5-83）。

3. 创业辅导情况

2018 年，甘肃省创业孵化机构共举办创新创业活动 2924 场，较 2017 年减少了 16.0%；共开展创业教育培训 3928 场，较 2017 年下降了 19.3%（图 5-84）。

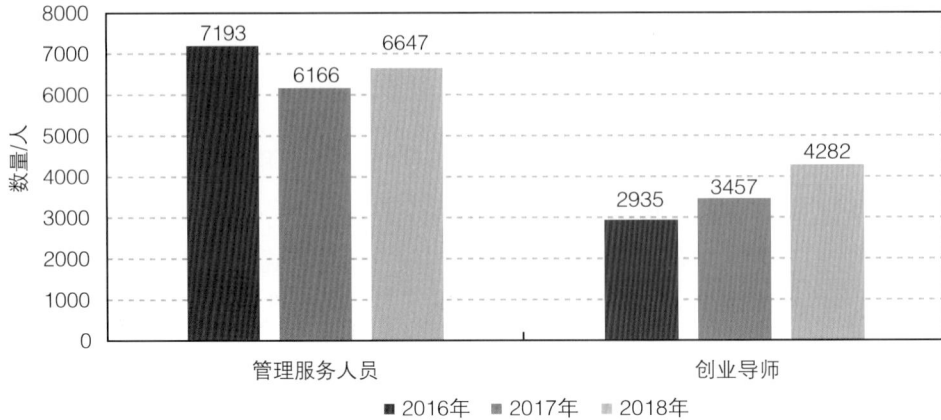

图 5 – 83　甘肃省创业孵化机构服务人员情况

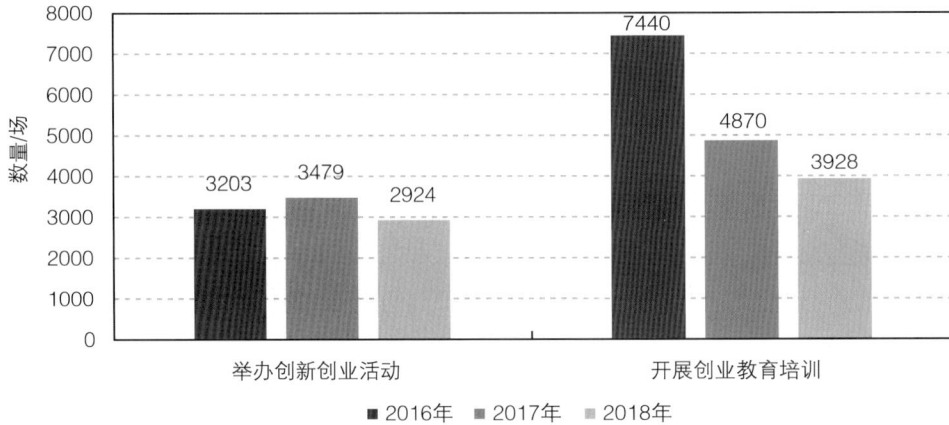

图 5 – 84　甘肃省创业孵化机构创业辅导情况

二十九、青海省创业孵化发展情况

（一）总体情况

2018 年，青海省共有创业孵化机构 50 家，是 2017 年的 3 倍多。其中，孵化器 14 家，较 2017 年增加了 27.3%，国家级孵化器 5 家，占比为 35.7%；众创空间 36 家，在国家备案的众创空间 11 家，约为 2017 年的 3 倍。

2018 年，青海省创业孵化机构面积为 1.35 百万平方米，较 2017 年增加了 5.5%。其中，孵化器面积 1.19 百万平方米，较 2017 年减少了 6.3%；众创空间面积 0.16 百万平方米，是 2017 年的 22 倍多（表 5 – 164）。

表 5-164　青海省创业孵化机构数量及面积

分类	2016 年	2017 年	2018 年
创业孵化机构数量/家	9	15	50
孵化器数量	5	11	14
其中：国家级孵化器	5	5	5
众创空间数量	4	4	36
其中：在国家备案的众创空间	4	4	11
创业孵化机构面积/百万平方米	0.41	1.28	1.35
孵化器面积	0.40	1.27	1.19
众创空间面积	0.009	0.007	0.16

2018 年，青海省创业孵化机构内在孵企业数量达 1343 家，是 2017 年的 2 倍多。其中，孵化器当年在孵企业数量 457 家，较 2017 年减少了 10.9%；众创空间当年在孵企业数量 886 家，是 2017 年的 8 倍多。

2018 年，青海省创业孵化机构内当年上市（挂牌）企业总数为 2 家，且为众创空间内当年上市（挂牌）的企业（表 5-165）。

表 5-165　青海省创业孵化机构在孵企业情况　　　　　　　　　　　　　　　　单位：家

年份	在孵企业数量			当年上市（挂牌）企业数量		
	总数	孵化器	众创空间	总数	孵化器	众创空间
2016	436	318	118	0	0	0
2017	614	513	101	1	1	0
2018	1343	457	886	2	0	2

（二）绩效情况

1. 投融资情况

2018 年，青海省创业孵化机构内当年获得投融资的企业数量为 120 家，是 2017 年的 6 倍多；当年获得投资额达 1.12 亿元，较 2017 年增加 489.5%（表 5-166）。

表 5 - 166　青海省创业孵化机构内获得投融资情况

获得投融资情况	2016 年	2017 年	2018 年
当年获得投融资的企业数量/家	31	19	120
其中：孵化器	22	11	3
众创空间	9	8	117
当年获得投资额/亿元	0.40	0.19	1.12
其中：孵化器	0.23	0.09	0.04
众创空间	0.17	0.10	1.08

2. 知识产权情况

截至 2018 年年底，青海省创业孵化机构内在孵企业拥有有效知识产权数达 965 件，是 2017 年的 2 倍多。其中，孵化器内在孵企业拥有有效知识产权数达 548 件，较 2017 年增长 42.3%。拥有有效发明专利数为 420 件，比 2017 年多 248 件，增长率达 144.2%（表 5 - 167）。

表 5 - 167　青海省创业孵化机构知识产权情况　　　　　　　　　　单位：件

知识产权情况	2016 年	2017 年	2018 年
拥有有效知识产权数	271	414	965
其中：孵化器	241	385	548
众创空间	30	29	417
拥有有效发明专利数	82	172	420
其中：孵化器	70	151	273
众创空间	12	21	147

3. 吸纳就业情况

2018 年，青海省创业孵化机构内在孵企业共吸纳就业 17 840 人，较 2017 年增长 91.5%。其中，在孵化器和众创空间中应届毕业大学生创业就业共 1195 人，较 2017 年增长 58.7%（表 5 - 168）。

表 5 - 168　青海省创业孵化机构吸纳就业情况　　　　　　　　　　单位：人

年份	在孵企业吸纳就业情况			其中：应届毕业大学生创业就业		
	总数	孵化器	众创空间	总数	孵化器	众创空间
2016	7855	6219	1636	1616	281	1335
2017	9315	9221	94	753	697	56
2018	17 840	6969	10 871	1195	492	703

（三）自身建设情况

1. 收入和运营成本情况

2018 年，青海省创业孵化机构总收入 2.51 亿元，较 2017 年增长了 54.0%。其中，其他收入最多，占比为 42%；其次是房屋及物业收入，占比为 24%。

2018 年，青海省创业孵化机构总成本 2.04 亿元，较 2017 年增长了 88.9%。其中，其他费用占比最高，达 42%；其次是管理费用，占比为 23%（表 5 – 169 和图 5 – 85）。

表 5 – 169　青海省创业孵化机构收入和运营成本情况　　　　　　　　　单位：亿元

年份	收入			运营成本		
	总收入	孵化器	众创空间	总成本	孵化器	众创空间
2016	0.52	0.49	0.03	3.28	3.26	0.02
2017	1.63	1.61	0.02	1.08	1.06	0.02
2018	2.51	1.97	0.54	2.04	1.51	0.53

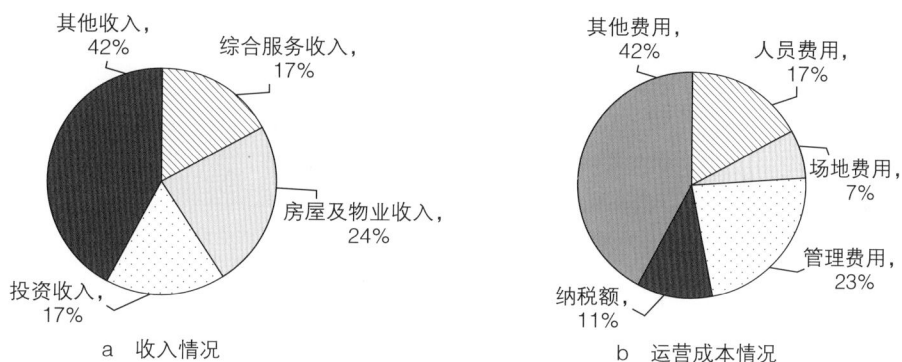

图 5 – 85　青海省创业孵化机构收入和运营成本情况

2018 年，青海省创业孵化机构纳税额达 0.22 亿元，较 2017 年增长 83.3%。其中，孵化器纳税额占主要部分，众创空间纳税额仅为 0.08 亿元。

2. 服务人员情况

2018 年，青海省创业孵化机构共有管理服务人员 1323 人，是 2017 年的 3.9 倍。

2018 年，青海省创业孵化机构共有创业导师 1646 人，是 2017 年的 2.6 倍（图 5 – 86）。

3. 创业辅导情况

2018 年，青海省创业孵化机构共举办创新创业活动 459 场，是 2017 年的近 10 倍；共开展创业教育培训 864 场，较 2017 年增长了 146.2%（图 5 – 87）。

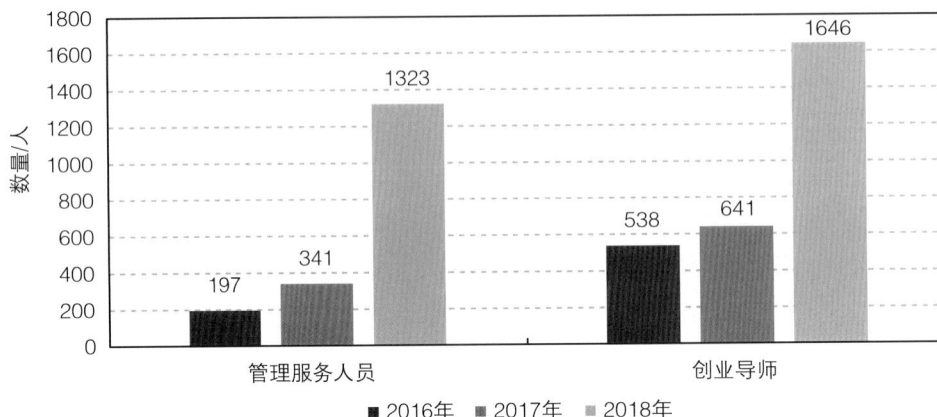

图 5 –86　青海省创业孵化机构服务人员情况

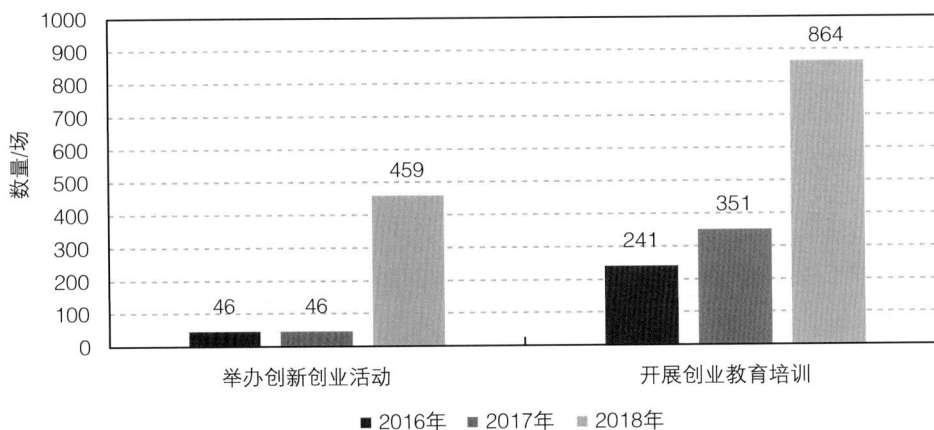

图 5 –87　青海省创业孵化机构创业辅导情况

三十、宁夏回族自治区创业孵化发展情况

（一）总体情况

2018 年，宁夏回族自治区共有创业孵化机构 50 家，较 2017 年增加了 16 家。其中，孵化器 18 家，较 2017 年增加了 1 家，国家级孵化器 4 家，占比为 22.2%；众创空间 32 家，较 2017 年增加了 15 家，在国家备案的众创空间 7 家，占比为 21.9%。

2018 年，宁夏回族自治区创业孵化机构面积为 0.70 百万平方米，较 2017 年增加了 18.6%。其中，孵化器面积 0.50 百万平方米，与 2017 年保持一致；众创空间面积 0.20 百万平方米，是 2017 年的 2 倍多（表 5 –170）。

表 5-170　宁夏回族自治区创业孵化机构数量及面积

分类	2016 年	2017 年	2018 年
创业孵化机构数量/家	26	34	50
孵化器数量	14	17	18
其中：国家级孵化器	3	4	4
众创空间数量	12	17	32
其中：在国家备案的众创空间	0	5	7
创业孵化机构面积/百万平方米	0.46	0.59	0.70
孵化器面积	0.39	0.50	0.50
众创空间面积	0.07	0.09	0.20

2018 年，宁夏回族自治区创业孵化机构内在孵企业数量达 1372 家，较 2017 年增长了 70.0%。其中，孵化器当年在孵企业数量 629 家，较 2017 年增长了 19.8%；众创空间当年在孵企业数量 743 家，较 2017 年增长了 163.5%。

2018 年，宁夏回族自治区创业孵化机构内当年上市（挂牌）企业总数为 14 家，较 2017 年增加了 9 家。其中，孵化器内当年上市（挂牌）的企业有 10 家；众创空间内当年上市（挂牌）的企业有 4 家（表 5-171）。

表 5-171　宁夏回族自治区创业孵化机构在孵企业情况　　　　　　　单位：家

年份	在孵企业数量			当年上市（挂牌）企业数量		
	总数	孵化器	众创空间	总数	孵化器	众创空间
2016	731	376	355	2	2	0
2017	807	525	282	5	3	2
2018	1372	629	743	14	10	4

（二）绩效情况

1. 投融资情况

2018 年，宁夏回族自治区创业孵化机构内当年获得投融资的企业数量为 115 家；当年获得投资额达 1.58 亿元，较 2017 年增长 36.2%（表 5-172）。

表 5 –172　宁夏回族自治区创业孵化机构内获得投融资情况

获得投融资情况	2016 年	2017 年	2018 年
当年获得投融资的企业数量/家	69	41	115
其中：孵化器	27	9	7
众创空间	42	32	108
当年获得投资额/亿元	1.06	1.16	1.58
其中：孵化器	0.34	0.65	0.15
众创空间	0.72	0.51	1.43

2. 知识产权情况

截至 2018 年年底，宁夏回族自治区创业孵化机构内在孵企业拥有有效知识产权数达 1626 件，较 2017 年增长 71.7%。其中，孵化器内在孵企业拥有有效知识产权数达 1072 件，较 2017 年增长 28.8%。拥有有效发明专利数为 172 件，比 2017 年增加 22.0%。其中，众创空间拥有有效发明专利数为 117 件，是 2017 年的 6 倍多（表 5 –173）。

表 5 –173　宁夏回族自治区创业孵化机构知识产权情况　　　　单位：件

知识产权情况	2016 年	2017 年	2018 年
拥有有效知识产权数	862	947	1626
其中：孵化器	749	832	1072
众创空间	113	115	554
拥有有效发明专利数	158	141	172
其中：孵化器	147	122	55
众创空间	11	19	117

3. 吸纳就业情况

2018 年，宁夏回族自治区创业孵化机构内在孵企业共吸纳就业 10 131 人，较 2017 年增长 40.1%。其中，在孵化器和众创空间中应届毕业大学生创业就业共 1018 人，较 2017 年减少 12.0%（表 5 –174）。

表 5 –174　宁夏回族自治区创业孵化机构吸纳就业情况　　　　单位：人

年份	在孵企业吸纳就业情况			其中：应届毕业大学生创业就业		
	总数	孵化器	众创空间	总数	孵化器	众创空间
2016	7046	5761	1285	973	512	461
2017	7229	5672	1557	1272	743	529
2018	10 131	6329	3802	1018	443	575

（三）自身建设情况

1. 收入和运营成本情况

2018年，宁夏回族自治区创业孵化机构总收入1.32亿元，与2017年基本持平。其中，综合服务收入最多，占比为56%；其次是其他收入，占比为27%。

2018年，宁夏回族自治区创业孵化机构总成本1.59亿元，较2017年增长54.4%。其中，管理费用占比最高，达39%；其次是人员费用，占比为19%（表5-175和图5-88）。

表5-175　宁夏回族自治区创业孵化机构收入和运营成本情况　　　　　单位：亿元

年份	收入			运营成本		
	总收入	孵化器	众创空间	总成本	孵化器	众创空间
2016	1.17	1.09	0.08	1.12	0.84	0.28
2017	1.34	1.22	0.12	1.03	0.82	0.21
2018	1.32	0.75	0.57	1.59	0.98	0.61

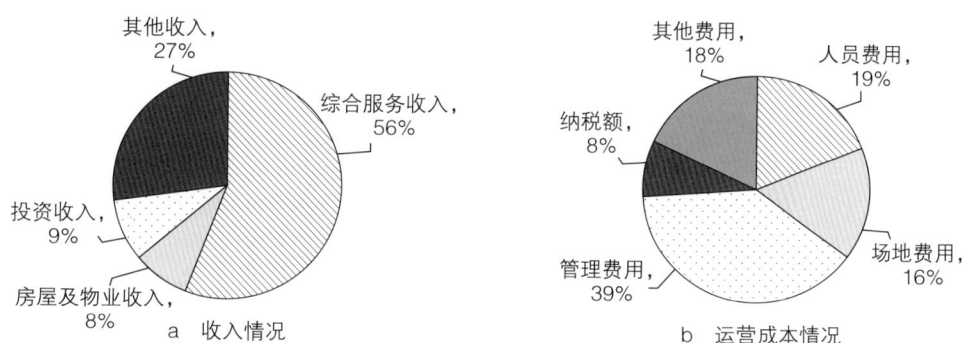

图5-88　宁夏回族自治区创业孵化机构收入和运营成本情况

2018年，宁夏回族自治区创业孵化机构纳税额达0.12亿元，较2017年增加20%。其中，孵化器纳税额0.11亿元，众创空间纳税额0.01亿元。

2. 服务人员情况

2018年，宁夏回族自治区创业孵化机构共有管理服务人员1258人，较2017年增长116.2%。

2018年，宁夏回族自治区创业孵化机构共有创业导师752人，比2017年多200余人，增长率达47.2%（图5-89）。

3. 创业辅导情况

2018年，宁夏回族自治区创业孵化机构共举办创新创业活动530场，较2017年增加了113.7%；共开展创业教育培训483场，较2017年下降了3.6%（图5-90）。

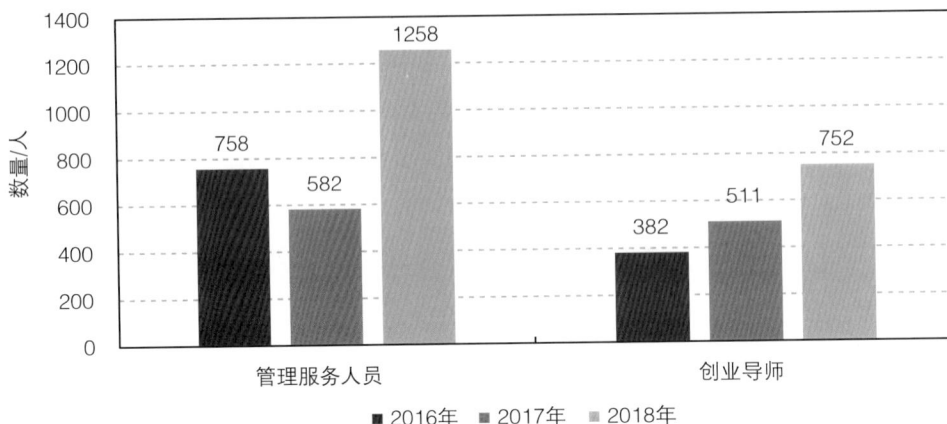

图 5-89 宁夏回族自治区创业孵化机构服务人员情况

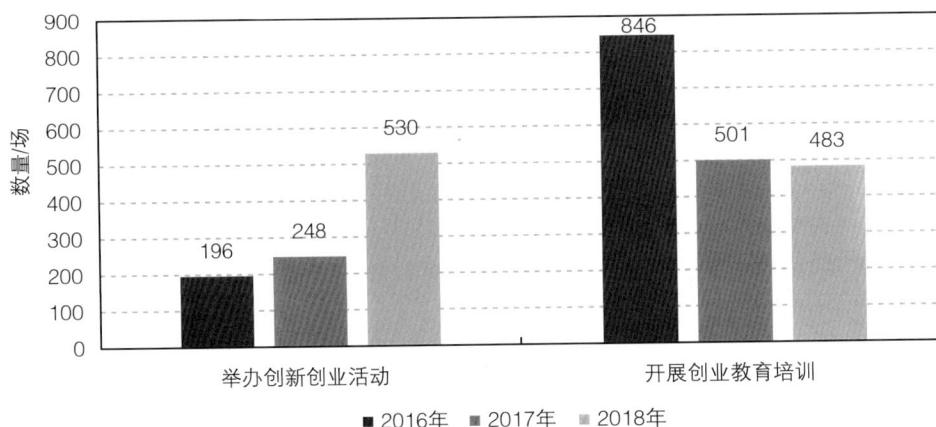

图 5-90 宁夏回族自治区创业孵化机构创业辅导情况

三十一、新疆维吾尔自治区创业孵化发展情况

（一）总体情况

2018 年，新疆维吾尔自治区共有创业孵化机构 73 家，较 2017 年增加了 1 家。其中，孵化器 24 家，与 2017 年持平，国家级孵化器 9 家，占比为 37.5%；众创空间 49 家，较 2017 年增加了 1 家，在国家备案的众创空间 23 家，占比为 46.9%。

2018 年，新疆维吾尔自治区创业孵化机构面积达 0.95 百万平方米，较 2017 年增加了 1.1%。其中，孵化器面积 0.81 百万平方米，较 2017 年增加了 1.3%；众创空间面积 0.14 百万平方米，与 2017 年保持一致（表 5-176）。

表 5-176　新疆维吾尔自治区创业孵化机构数量及面积

分类	2016 年	2017 年	2018 年
创业孵化机构数量/家	46	72	73
孵化器数量	17	24	24
其中：国家级孵化器	8	9	9
众创空间数量	29	48	49
其中：在国家备案的众创空间	14	23	23
创业孵化机构面积/百万平方米	0.70	0.94	0.95
孵化器面积	0.60	0.80	0.81
众创空间面积	0.10	0.14	0.14

2018 年，新疆维吾尔自治区创业孵化机构内在孵企业数量达 3576 家，较 2017 年增长 30.0%。其中，孵化器当年在孵企业数量 1640 家，较 2017 年增加了 17.6%；众创空间当年在孵企业数量 1936 家，较 2017 年增加了 579 家。

2018 年，新疆维吾尔自治区创业孵化机构内当年上市（挂牌）企业总数为 4 家，较 2017 年增加了 4 家（表 5-177）。

表 5-177　新疆维吾尔自治区创业孵化机构在孵企业情况　　　　　　　　单位：家

年份	在孵企业数量			当年上市（挂牌）企业数量		
	总数	孵化器	众创空间	总数	孵化器	众创空间
2016	1967	1046	921	5	5	0
2017	2751	1394	1357	0	0	0
2018	3576	1640	1936	4	4	0

（二）绩效情况

1. 投融资情况

2018 年，新疆维吾尔自治区创业孵化机构内当年获得投融资的企业数量为 134 家，较 2017 年减少了 23.4%；当年获得投资额达 1.52 亿元，较 2017 年增加了 4.8%（表 5-178）。

表 5-178　新疆维吾尔自治区创业孵化机构内获得投融资情况

获得投融资情况	2016 年	2017 年	2018 年
当年获得投融资的企业数量/家	142	175	134
其中：孵化器	55	63	60
众创空间	87	112	74
当年获得投资额/亿元	2.32	1.45	1.52
其中：孵化器	1.28	0.64	1.29
众创空间	1.04	0.81	0.23

2. 知识产权情况

截至 2018 年年底，新疆维吾尔自治区创业孵化机构内在孵企业拥有有效知识产权数达 3170 件，较 2017 年增长了 500 余件，增长率达 20.4%。其中，孵化器内在孵企业拥有有效知识产权数达 608 件，较 2017 年减少 21.6%。拥有有效发明专利数为 344 件，比 2017 年少 4 件（表 5-179）。

表 5-179　新疆维吾尔自治区创业孵化机构知识产权情况　　　　　　　　单位：件

知识产权情况	2016 年	2017 年	2018 年
拥有有效知识产权数	2206	2633	3170
其中：孵化器	1721	1857	2562
众创空间	485	776	608
拥有有效发明专利数	347	348	344
其中：孵化器	239	229	256
众创空间	108	119	88

3. 吸纳就业情况

2018 年，新疆维吾尔自治区创业孵化机构内在孵企业共吸纳就业 22 826 人，较 2017 年增长 15.2%。其中，在孵化器和众创空间中应届毕业大学生创业就业 2870 人，较 2017 年减少 16.8%（表 5-180）。

表 5-180　新疆维吾尔自治区创业孵化机构吸纳就业情况　　　　　　　　单位：人

年份	在孵企业吸纳就业情况			其中：应届毕业大学生创业就业		
	总数	孵化器	众创空间	总数	孵化器	众创空间
2016	13 972	10 439	3533	2388	1564	824
2017	19 815	14 101	5714	3451	1658	1793
2018	22 826	15 506	7320	2870	1992	878

（三）自身建设情况

1. 收入和运营成本情况

2018年，新疆维吾尔自治区创业孵化机构总收入2.63亿元，较2017年减少了7.7%。其中，房屋及物业收入和其他收入较多，占比分别为50%和30%。

2018年，新疆维吾尔自治区创业孵化机构总成本2.53亿元，较2017年增长了2.8%。其中，其他费用占比最高，达30%；其次是管理费用，占比达26%（表5-181和图5-91）。

表5-181　新疆维吾尔自治区创业孵化机构收入和运营成本情况　　　　　　单位：亿元

年份	收入			运营成本		
	总收入	孵化器	众创空间	总成本	孵化器	众创空间
2016	2.27	1.80	0.47	1.58	1.08	0.50
2017	2.85	2.12	0.73	2.46	1.45	1.01
2018	2.63	2.00	0.63	2.53	1.95	0.58

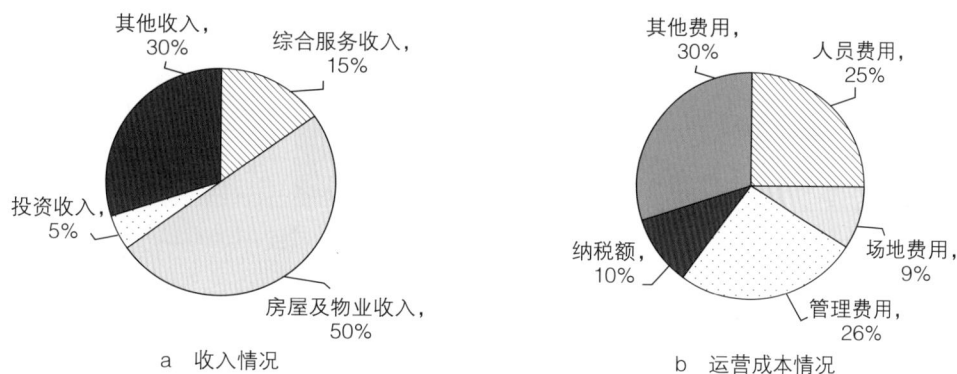

图5-91　新疆维吾尔自治区创业孵化机构收入和运营成本情况

2018年，新疆维吾尔自治区创业孵化机构纳税额达0.27亿元，较2017年增长35%。其中，孵化器纳税额0.23亿元，众创空间纳税额0.04亿元。

2. 服务人员情况

2018年，新疆维吾尔自治区创业孵化机构共有管理服务人员1731人，较2017年增长了8.4%。

2018年，新疆维吾尔自治区创业孵化机构共有创业导师1487人，较2017年多100余人，增长率达14.1%（图5-92）。

3. 创业辅导情况

2018年，新疆维吾尔自治区创业孵化机构共举办创新创业活动935场，较2017年减少了14.8%；共开展创业教育培训1250场，较2017年减少了4.5%（图5-93）。

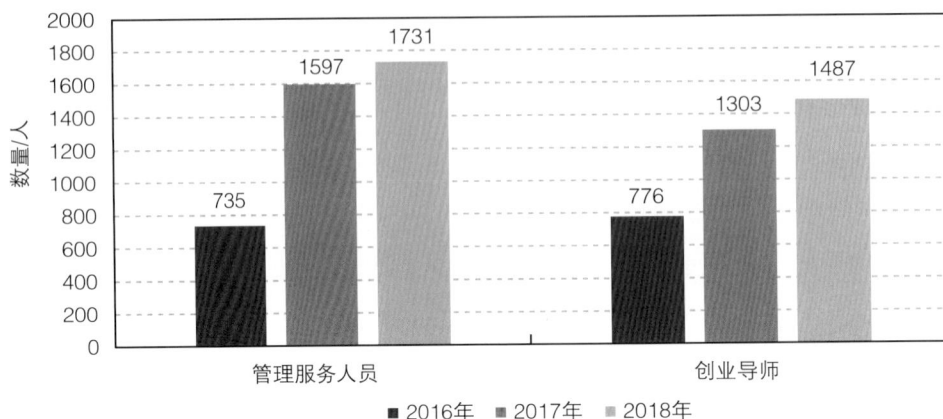

图 5-92　新疆维吾尔自治区创业孵化机构服务人员情况

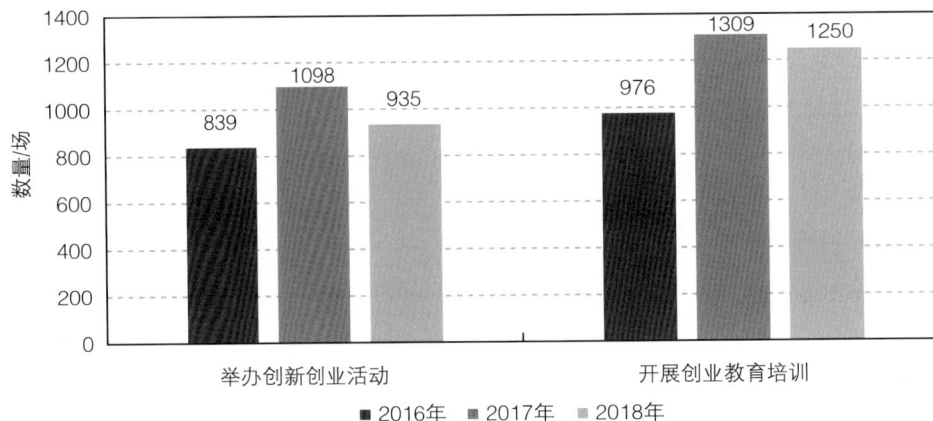

图 5-93　新疆维吾尔自治区创业孵化机构创业辅导情况

三十二、新疆生产建设兵团创业孵化发展情况

（一）总体情况

2018 年，新疆生产建设兵团共有创业孵化机构 61 家，较 2017 年增加了 27.1%。其中，孵化器 10 家，较 2017 年增加了 1 家，国家级孵化器 5 家，占比为 50.0%；众创空间 51 家，较 2017 年增加了 12 家，在国家备案的众创空间 12 家，占比为 23.5%。

2018 年，新疆生产建设兵团创业孵化机构面积达 5.13 百万平方米，较 2017 年增加了 8 倍。其中，孵化器面积 4.85 百万平方米，较 2017 年增加了 9 倍多；众创空间总面积 0.28 百万平方米，是 2017 年的 3 倍多（表 5-182）。

表 5-182　新疆生产建设兵团创业孵化机构数量及面积

分类	2016 年	2017 年	2018 年
创业孵化机构数量/家	48	48	61
孵化器数量	10	9	10
其中：国家级孵化器	4	5	5
众创空间数量	38	39	51
其中：在国家备案的众创空间	7	11	12
创业孵化机构面积/百万平方米	4.02	0.57	5.13
孵化器面积	3.99	0.48	4.85
众创空间面积	0.03	0.09	0.28

2018 年，新疆生产建设兵团创业孵化机构内在孵企业数量达 1103 家，较 2017 年增长 8.0%。其中，孵化器当年在孵企业数量 528 家，较 2017 年增加了 20.3%；众创空间当年在孵企业数量 575 家，较 2017 年减少了 1.2%。

2018 年，新疆生产建设兵团创业孵化机构内当年上市（挂牌）企业总数为 0 家（表 5-183）。

表 5-183　新疆生产建设兵团创业孵化机构在孵企业情况　　　　　　单位：家

年份	在孵企业数量			当年上市（挂牌）企业数量		
	总数	孵化器	众创空间	总数	孵化器	众创空间
2016	795	376	419	0	0	0
2017	1021	439	582	1	0	1
2018	1103	528	575	0	0	0

（二）绩效情况

1. 投融资情况

2018 年，新疆生产建设兵团创业孵化机构内当年获得投融资的企业数量为 98 家，较 2017 年增长了 19.5%，其中孵化器内当年获得投融资的企业数量为 19 家，减少了 8 家；当年获得投资额达 1.03 亿元，是 2017 年的 0.6 倍（表 5-184）。

表 5-184　新疆生产建设兵团创业孵化机构内获得投融资情况

获得投融资情况	2016 年	2017 年	2018 年
当年获得投融资的企业数量/家	58	82	98
其中：孵化器	2	27	19
众创空间	56	55	79
当年获得投资额/亿元	0.78	1.76	1.03
其中：孵化器	0.01	0.22	0.11
众创空间	0.77	1.54	0.92

2. 知识产权情况

截至 2018 年年底，新疆生产建设兵团创业孵化机构内在孵企业拥有有效知识产权数达 439 件，较 2017 年减少 3.7%。其中，孵化器内在孵企业拥有有效知识产权数达 160 件，是 2017 年的 0.78 倍。拥有有效发明专利数为 103 件，比 2017 年少 70 件，减少率达 40.5%（表 5-185）。

表 5-185　新疆生产建设兵团创业孵化机构知识产权情况　　　　　　　　单位：件

知识产权情况	2016 年	2017 年	2018 年
拥有有效知识产权数	254	456	439
其中：孵化器	63	206	160
众创空间	191	250	279
拥有有效发明专利数	101	173	103
其中：孵化器	40	102	45
众创空间	61	71	58

3. 吸纳就业情况

2018 年，新疆生产建设兵团创业孵化机构内在孵企业共吸纳就业 9260 人，较 2017 年降低 8.9%。其中，在孵化器和众创空间中应届毕业大学生创业就业 616 人，较 2017 年降低 46.9%（表 5-186）。

表 5-186　新疆生产建设兵团创业孵化机构吸纳就业情况　　　　　　　　单位：人

年份	在孵企业吸纳就业情况			其中：应届毕业大学生创业就业		
	总数	孵化器	众创空间	总数	孵化器	众创空间
2016	8220	6306	1914	1568	1239	329
2017	10 169	6618	3551	1160	471	689
2018	9260	6822	2438	616	291	325

（三）自身建设情况

1. 收入和运营成本情况

2018 年，新疆生产建设兵团创业孵化机构总收入 3.10 亿元，是 2017 年的 1.29 倍。其中，其他收入最多，占比为 31%；其次是综合服务收入，占比为 29%。

2018 年，新疆生产建设兵团创业孵化机构总成本 1.95 亿元，较 2017 年增长 107.4%。其中，管理费用占比最高，达 47%；其次是其他费用，占比为 24%（表 5-187 和图 5-94）。

表 5-187　新疆生产建设兵团创业孵化机构收入和运营成本情况　　　　单位：亿元

年份	收入			运营成本		
	总收入	孵化器	众创空间	总成本	孵化器	众创空间
2016	0.54	0.42	0.12	0.68	0.49	0.19
2017	2.40	1.55	0.85	0.94	0.60	0.34
2018	3.10	1.75	1.35	1.95	0.62	1.33

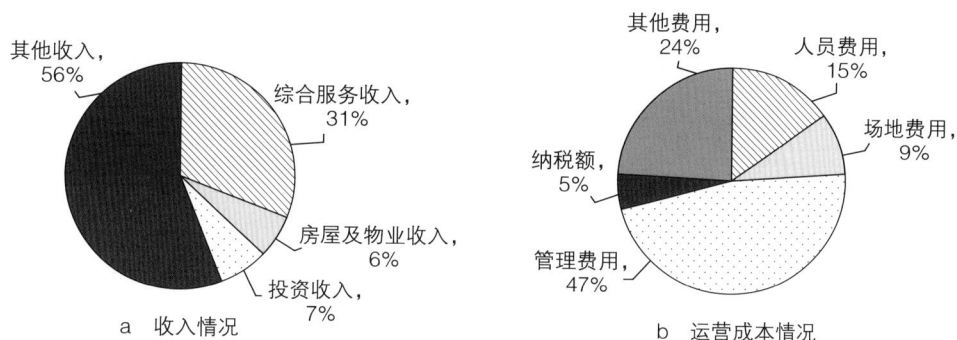

图 5-94　新疆生产建设兵团创业孵化机构收入和运营成本情况

2018 年，新疆生产建设兵团创业孵化机构纳税额为 9993.03 万元，较 2017 年增长 33.2%。其中，孵化器纳税额 6420.4 万元，众创空间纳税额 3572.63 万元。

2. 服务人员情况

2018 年，新疆生产建设兵团创业孵化机构共有管理服务人员 798 人，不到 2017 年的一半。

2018 年，新疆生产建设兵团创业孵化机构共有创业导师 546 人，比 2017 年多 73 人，增长率达 15.4%（图 5-95）。

3. 创业辅导情况

2018 年，新疆生产建设兵团创业孵化机构共举办创新创业活动 441 场，较 2017 年减少了 15.0%；共开展创业教育培训 1091 场，较 2017 年增长了 72.4%（图 5-96）。

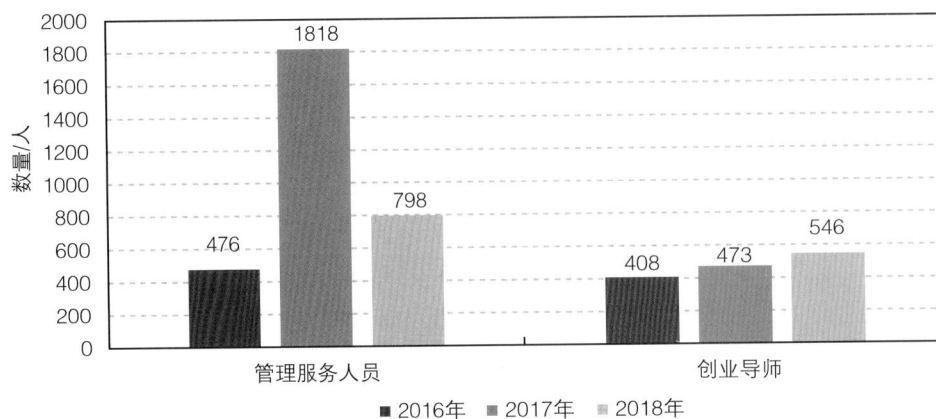

图 5-95　新疆生产建设兵团创业孵化机构服务人员情况

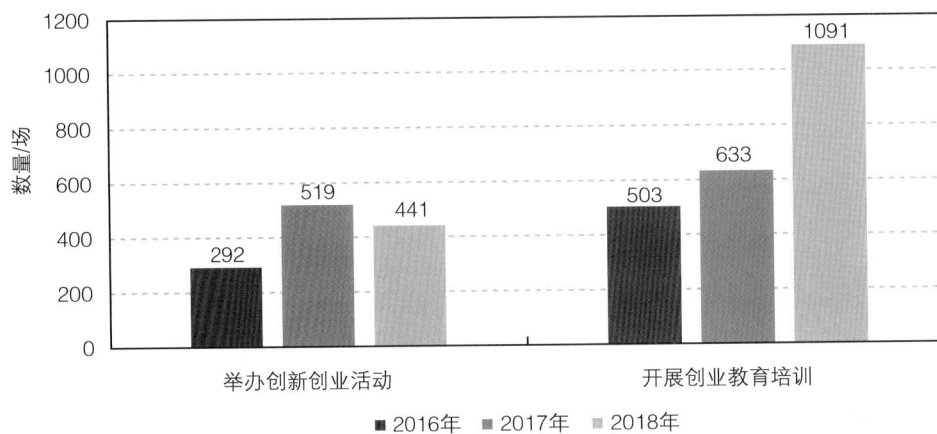

图 5-96　新疆生产建设兵团创业孵化机构创业辅导情况

附录 A　港澳地区部分创业孵化机构情况

截至 2018 年，港澳地区共有 2 家国家级创业孵化机构，分别是位于香港的国家级科技企业孵化器——香港科技园公司（以下简称"香港科技园"），以及位于澳门的国家备案众创空间——澳门青年创业孵化中心。

（一）香港科技园发展情况

香港科技园是香港特别行政区政府设立的法定机构，于 2001 年 5 月 7 日正式开始运作，其主要工作是为科技公司提供创业孵化和一站式综合配套服务，在推动香港的科技企业发展方面发挥了重要作用。作为香港最大的创业培育基地，2017 年，香港科技园被科技部评定为"国家级科技企业孵化器"，成为香港首家被授予此称号的机构。

香港科技园园区面积达 33 万平方米，管理人员为 44 人，全部具有大专及以上学历。2018 年，香港科技园园区内在孵企业数为 343 家，当年获得知识产权数为 62 件，在孵企业中大专以上学历人数占企业总人数的比例超过 80%，累计毕业企业达 622 家，园区自有种子资金或孵化资金额达 14 亿港币。

香港科技园为园区内企业提供了完善的配套服务，包括搭建公共技术服务平台、推进校企合作、开展市场推广、对接投融资机构等。香港科技园与各类专业机构、公益组织、同行业者开展多项紧密合作，向外谋资源、对内促发展，为企业成长各环节提供全面支撑。例如，与香港四大国际会计师事务所、英特尔投资、奥睿律师事务所等建立伙伴关系，为在孵企业提供财税、投融资、法律等方面的专业支持。与北京、天津、上海、深圳等地的众创空间开展合作，搭建两地青年创业交流合作平台，拓宽与内地创业者、投资者的合作渠道。与美国摩根大通、法国社企培育机构 CDI 等建立深度合作，为创业企业寻找海外投资，开拓欧美市场提供机会。

香港科技园还设立多个面向全球创业者和创业企业的培训计划，以开放的态度助力全球创业企业发展。例如，与香港青少年服务处等联合推出"赛马会社科技及青年创业培育计划"，提供机会让在校学生体验如何利用科技创新解决社会问题，培养青少年的创新创业精神；面向初创企业推出"企业飞跃计划"，由创业导师、投资者及行业知名企业家组成专家顾问团，为初创企业提供量身定制的企业管理、战略咨询、营销咨询、投融资等服务；成立环球创业飞跃学院，在全球范围筛选创业企业，并与行业龙头企业对接，借力龙头企业为创业企业提供研发支持、市场定位、投资对接等针对性服务。

（二）澳门青年创业孵化中心

澳门青年创业孵化中心成立于 2015 年，是澳门特别行政区政府经济局下设机构，2017 年正式委托澳中致远投资发展有限公司运营，其主要工作是为澳门创新创业者提供一站式、多元化的创业支持服务。2018 年，澳门青年创业孵化中心纳入国家备案众创空间管理服务体系，有效地促进了澳门与内地创新创业资源的进一步接轨，加速澳门融入国家"大众创业、万众创新"的发展大局之中。

2018 年，澳门青年创业孵化中心的场地总面积为 2800 平方米，服务场地面积为 1300 平方米，占比为 46.4%，提供创业工位 60 个。入驻创业团队和企业 77 家，新增注册企业 6 家，获得融资的企业数为 5 家，举办的创业活动数为 24 次。2018 年，澳门青年创业孵化中心共有 30 名专职管理人员，65 名专职或兼职导师，为入驻的团队和企业提供创业培训、咨询辅导、投融资对接、交流合作、宣传推广等一站式服务。此外，澳门青年创业孵化中心积极与国内外机构合作，为澳门创业者提供创业空间、商业培训和交流活动。例如，2018 年 5 月，澳门青年创业孵化中心与澳门大学、广州市研究机构签署了三方"合作框架协议"，进一步探索两地青年联合创建新的创新创业平台。2018 年 12 月，澳门青年创业孵化中心成为珠三角区域孵化联盟发起会员，加速了澳门与内地创新创业事业的有效融合。

附录 B　2018 年创业孵化大事记

1 月 16 日，在杭州临安联合举办以"新时代、新使命、新征程"为主题的中国创新创业峰会，共同探讨新时代下中国创新创业发展之路，着力促进创新创业与实体经济发展的深度融合，推动大众创业、万众创新上水平。

3 月 30 日，启动科技企业孵化器管理办法修订工作，在北京组织召开专题研讨会，进一步明确科技企业孵化器在新时代的内涵和功能定位，完善科技企业孵化器的管理工作。

4 月，开展"寻找百家特色众创空间"活动，引导众创空间向特色化、品牌化发展。

6 月 29 日，在中国海外学子创业周期间，举办"2018 中国海创周海归创业领袖峰会""中国海创周创业孵化峰会——智能改变世界"等活动，并发布《中国创业孵化发展报告 2018》《中国城市创孵指数 2018》。全国政协副主席、致公党中央主席、中国科协主席万钢，科技部党组成员夏鸣九出席并讲话。

9 月 20—22 日，推动孵化器区域交流合作，在上海举办以"深化华东网络协同构建孵化产业生态"为主题的第十七届华东科技企业孵化器网络年会。总结华东六省一市孵化器和众创空间的创新实践经验，研讨区域协同发展新体系，为全国的孵化器发展提供更多可以借鉴和推广的经验。

10 月 8 日，推动港澳地区首个国家备案众创空间落户澳门青年创业孵化中心，张建国副部长出席揭牌仪式。通过国家级创业孵化体系的建设，进一步加强香港、澳门与内地在创新创业载体上的合作和融通，充分调动三地的创新创业资源，为三地青年搭建创新创业的平台。

10 月 9 日，第四届全国大众创业万众创新活动周期间，举办"众创空间·升级发展"主题展示活动，发布《中国众创空间白皮书》《中国城市双创观察·成都》。全国政协副主席、致公党中央主席、中国科协主席万钢亲临现场，对展示给予了高度肯定。科技部部长王志刚对展示做出高度肯定的批示。

10 月 29 日至 11 月 2 日，在重庆举办"2018 年度科技企业孵化器主任培训班"。

11 月 1 日科技部联合财政部、税务总局、教育部发文，对国家级、省级科技企业孵化器，大学科技园和国家备案众创空间自用及无偿或通过出租等方式提供给在孵对象使用的房产、土地，免征房产税和城镇土地使用税；对其向在孵对象提供孵化服务取得的收入，免征增值税。

12 月 7 日，泛珠三角区域孵化联盟成立大会暨协同创新发展论坛在广州举办，以有效促进区域创业孵化协同发展。

12 月 14 日，在系统调研和广泛征求意见的基础上，研究起草了《科技企业孵化器管理办法》并正式印发。

12 月 18 日，在南京江宁高新区举办 2018 年度全国科技创业孵化管理业务培训班，推动税收政策进一步落地。